Prépas commerciales

ECG/ECT 2025

L'image

50 œuvres en fiches pour réussir sa dissertation de culture générale

Collectif sous la direction de
Éric Oudin, Cyril Morana et Chloé Deschard
Stéphane Arthur
Aymeric Bonnin
Jean-Baptiste Cayla
Benoît Donnet
Fanny Eouzan
David Larre
Christine Leroy
Olivier Leroy
Guillaume Lurson
Emmanuel Maudet
Roselyne Milani
Yannick Mouren
Thierry Payen de la Garanderie
Aurélie Renault

W0321204

ellipses

ISBN 9782340-087637
©Ellipses Édition Marketing S.A., 2024
8/10 rue la Quintinie 75015 Paris

DANGER
LE
PHOTOCOPILLAGE
TUE LE LIVRE

Le Code de la propriété intellectuelle n'autorisant, aux termes de l'article L. 122-5.2° et 3°a), d'une part, que les « copies ou reproductions strictement réservées à l'usage privé du copiste et non destinées à une utilisation collective », et d'autre part, que les analyses et les courtes citations dans un but d'exemple et d'illustration, « toute représentation ou reproduction intégrale ou partielle faite sans le consentement de l'auteur ou de ses ayants droit ou ayants cause est illicite » (art. L. 122-4).
Cette représentation ou reproduction, par quelque procédé que ce soit constituerait une contrefaçon sanctionnée par les articles L. 335-2 et suivants du Code de la propriété intellectuelle.

www.editions-ellipses.fr

Table des matières

Philosophie

Arts

Cinéma

Dissertations

Avant-propos

Aux concours d'entrée des grandes écoles de commerce, les candidats doivent rédiger une dissertation sur un thème imposé – pour la session 2025, ce thème est *l'image* – qui n'est ni une dissertation littéraire ni une dissertation philosophique mais une dissertation de culture générale. Pour ce faire, ils sont invités à puiser dans une culture littéraire et philosophique se rapportant au thème, acquise au cours de l'année. Mais rien n'interdit qu'ils fassent également appel à leur culture cinématographique, musicale, artistique, scientifique, politique... C'est bien rappelons-le, de culture générale dont il s'agit.

La spécificité du thème de l'image nous a conduit à proposer, en plus des fiches traditionnelles (littérature, philosophie et cinéma), quatre fiches consacrées à des œuvres d'art. La peinture est une « chose mentale » disait Léonard de Vinci, ce qui revient à dire qu'elle ne propose pas tant des images qu'elle ne pense l'image. On en dirait autant du cinéma et de la littérature. Quant à la philosophie, elle a sans doute commencé avec Platon qui se demandait si l'image est bien une chose réelle ou un semblant. Les images, quelles qu'elles soient, ont toujours donné à penser.

Il nous a semblé utile d'ajouter quelques exemples de sujets de dissertation pour le traitement desquels nous proposons des devoirs entièrement rédigés et suggérons des exemples qui mettent en lumière la manière dont *les fiches* peuvent être utilisées : une illustration des bienfaits de ce manuel en quelque sorte.

Il y a une sagesse de l'image puisqu'on peut, dit-on, être sage (c'est-à-dire conformément au sens premier du mot *sophia*, savant) *comme une image*... Formons le vœu d'aider nos lecteurs dans ce noble objectif.

Les auteurs

Littérature

Homère,
L'Iliade
Ou l'image comme bouclier

Une mère sait que son fils va mourir dans la fleur de son âge. Pleine d'angoisse, elle le voit décidé à partir au combat. Comme il n'a plus d'armes (un ami lui a emprunté les siennes, s'est fait tuer et dépouiller), la mère n'a d'autre recours que de lui en procurer de nouvelles, les meilleures qui soient, les plus solides et, surtout, les plus belles. Comme cette mère, Thétis, est une déesse, elle va demander à Héphaïstos, le dieu forgeron, de façonner une cuirasse, des jambières et, surtout, un magnifique bouclier. Le fils, c'est le héros grec Achille, dont l'*Iliade* raconte la colère (en grec, *mènis* : c'est le premier mot du poème), depuis son début, à l'occasion d'une querelle avec Agamemnon, le chef de l'expédition grecque à Troie, jusqu'à sa fin, quand Achille, pris de pitié, accepte de rendre le cadavre du Troyen Hector à son père, le vieux roi Priam. L'effet principal de cette colère, c'est de séparer Achille des autres Grecs. Le retour au combat est une réintégration. Ce n'est pas encore tout à fait la fin de la *mènis*, mais c'est une inflexion importante dans le développement dramatique de l'épopée.

I. Le bouclier d'Achille : une *ekphrasis*

On appelle « le bouclier d'Achille » la description du bouclier en train d'être forgé, ou, plus exactement, la description de l'image ornant le bouclier, ce que l'on appelle un épisème, du grec *sèma*, le signe (voir l'article de F. Lissarrague).

La très célèbre description de cet épisème au chant XVIII de l'*Iliade* est d'abord surprenante par sa longueur : c'est un morceau autonome de 130 vers, qui constitue une pause dans le récit et impressionne par l'abondance des figures représentées. Cette description est surprenante aussi par la façon dont elle glisse vers la narration : les scènes sont racontées autant que décrites. Elles prennent vie, l'image s'anime, dotée de cette qualité que les Grecs appellent l'*enargeia*, notion de rhétorique traduite en latin par *evidentia*, « l'évidence », par laquelle la représentation produit un effet de présence. Cette description est aussi vertigineuse par la mise en abyme qu'elle propose puisque l'image (littéraire) est ici la représentation d'une image (plastique), l'image d'une image. Cette technique littéraire est traditionnellement désignée par le terme d'*ekphrasis* (en grec, « description »). Une forte impression d'harmonie se dégage de cet ensemble.

II. L'image comme prouesse

Avec Thétis, on pénètre dans la forge du dieu forgeron pour assister à la création de la décoration figurée dans l'ordre du geste de l'artisan, qui fabrique d'abord un support formé de cinq couches de métal : une page blanche. Sur cette superficie, il façonne des motifs : depuis la terre, le ciel, la mer, le soleil, la lune et les étoiles – énumération qui figure au début du texte –, jusqu'à l'océan, à l'extrême bord du bouclier, qui est aussi le bord de la description, à la fois la fin de l'objet décrit et la fin de la description. Entre les deux, se déploie une composition fourmillant de détails, comprenant deux villes (l'une en paix, l'autre en guerre), des scènes de la vie à la campagne (labours, moissons, vendanges), un troupeau de vaches revenant à l'étable et attaqué par des lions, et des danses de jeunes gens entourés de spectateurs. L'image se déplie donc à deux niveaux : ce que figure le forgeron, qui fait l'objet de la description, et ce que figure le poète, qui suit pas à pas les étapes de la fabrication (en grec, *poièsis*). Ce que fait l'un est en miroir de ce que fait l'autre. Aux deux premiers niveaux d'images, vient donc s'articuler un troisième niveau, un niveau métalittéraire : le texte figure le décor d'un bouclier mais figure aussi le travail de figuration – mise en abyme d'autant plus sensible que, parmi les images façonnées par le dieu, il y a des scènes de guerre autour d'une cité assiégée : comme une guerre de Troie en miniature. Cette réflexivité vertigineuse de la description donne une impression de virtuosité. Comme l'image façonnée par le divin forgeron, l'image poétique s'exhibe comme œuvre, et même comme chef-d'œuvre, comme œuvre mémorable, c'est-à-dire glorieuse, ce qui se dit en grec *klutos*, adjectif qui qualifie aussi bien Héphaïstos que les armes qu'il fabrique et qui définit la fonction première du poème épique : *klutos* en cela aussi qu'il est pourvoyeur de cette gloire singulière qu'est le *kleos* (les deux mots grecs reposent sur le même racine). Comme l'habit de lumière du torero, les armes d'Achille sont une prouesse.

Au premier niveau de lecture, c'est une prouesse technique, voire technologique, qui prend place aux côtés d'objets singuliers aperçus dans l'atelier du forgeron, comme ces trépieds capables de se déplacer tout seuls (*automatoi*) : leurs roulettes leur permettent de glisser jusqu'au banquet des dieux et de revenir au placard sans qu'il soit besoin de domestiques (v. 376-377). On croise aussi deux androïdes qui aident le dieu boiteux à se déplacer, « toutes d'or, pareilles à des filles vivantes. » (v. 418, trad. J.-L. Backès). À l'instar de ces robots antiques, les figures façonnées sur le bouclier ont l'air vivantes. Ainsi, l'image visible est aussi audible, par exemple dans ce petit tableau en marge d'une scène de vendange : « Au milieu d'eux, un enfant, avec une cithare sonore,/Jouait doucement et chantait le beau chant de Linos,/D'une voix délicate ; eux, l'accompagnaient/En chantant, en criant, en frappant du pied » (v. 569-572). Bien entendu, il ne s'agit pas tant ici d'une prouesse technologique que d'une prouesse artistique, non pas tant d'une image sonore que d'une image telle qu'elle permet au spectateur d'imaginer les sons pour compléter la scène visible et la rendre pleinement à la vie. Un peu plus haut, on voit un homme qui sert aux laboureurs « une coupe de vin doux » (v.

546), tandis que le roi spectateur de cette scène est « silencieux » et « le cœur en joie » (v. 556-557). Voir, c'est donc aussi entendre, goûter, éprouver : une expérience sensorielle totale… mais l'on ne voit pas directement cette image façonnée : on la lit, on la devine par la médiation du poème qui la décrit, qui l'interprète. Le point de vue épouse le point de vue du lecteur-spectateur devant qui se déploie l'œuvre dans le temps de son élaboration et dans l'épaisseur de sa réception par une sensibilité imaginative, donc capable de produire, à son tour, des images.

Selon un dispositif mimétique complexe, l'image forgée sur le bouclier est une image inchoative et médiatisée par le texte épique qui la représente en exaltant sa puissance de suggestion.

III. L'image comme amulette

Cette représentation donne l'impression d'une totalité cosmique résumée par la forme circulaire. Les scènes représentées sont juxtaposées sur le bouclier, mises bout à bout et comme cousues dans la trame du texte. La liaison entre les différentes scènes est assurée par les gestes successifs et répétitifs d'Héphaïstos, qui boucle son œuvre, dont la totalité circulaire trouve un écho dans des détails figurés : le cercle de justice dans la cité en paix par exemple, ou encore le cercle des danseurs. L'équilibre de la guerre et de la paix, l'ordre des saisons rythmé par les travaux des champs : tout produit une impression d'harmonie dans la diversité. L'image du bouclier ouvre une brèche à l'intérieur du monde en crise que représente l'épopée. Elle offre une vue éloignée, panoramique : le monde des hommes vu par des dieux, dans une perspective diminuante en contrepoint des amplifications épiques. Par cette représentation réduite de la fourmilière humaine, le monde est ramené aux dimensions d'un bouclier. Les combats de *l'Iliade* sont replacés dans une perspective cosmique qui sert de cadre aux actions humaines. Ainsi envisagée, l'image a une fonction dramatique. Elle relie Achille au reste de l'humanité, dont la colère l'avait jusqu'ici séparé. Elle n'est pas seulement spectacle mais vision, initiation et, par-là, participe à la transformation du héros. Cette image va accompagner Achille, même quand, au plus fort de la rage vengeresse, il se lance dans un carnage qui s'apparente, pour le dire en termes modernes, à des crimes de guerre (chant XXI). Le bouclier opère alors comme un talisman en maintenant le héros dans le cercle de l'humanité. L'image sur le bouclier est une image-bouclier : elle protège.

On peut s'interroger en dernier lieu sur ce qui relie l'épisème au porteur du bouclier. Ce que fabrique Héphaïstos est, à bien des égards, une cosmogonie. L'ordre des figures qui servent de cadre rappelle la succession généalogique des puissances qui, dans la *Théogonie* d'Hésiode, conduisent du Chaos au monde équilibré présidé par les dieux olympiens : la Terre d'abord, qui engendre le Ciel étoilé, couple primordial qui engendre à son tour Océan. Or, si Héphaïstos façonne en dernier « la grande force du fleuve Océan », c'est certainement parce qu'il confie cet objet à la Néréide Thétis, petite-fille d'Océan. L'image est aussi, par conséquent, mémoire généalogique, discrètement « personnalisée » et non uniquement universelle : elle relie Achille à la lignée cosmique de sa mère susceptible de protéger le héros et de lui donner force. Peut-être s'agit-il, sinon d'empêcher, du moins de retarder la mort déjà prévue d'Achille, mais il s'agit surtout d'accompagner le mouvement de l'action épique, en ramenant le héros de la colère à la pitié concomitante de la reconnaissance d'une commune humanité.

L'image est représentation du monde dans une relation mimétique (*eikôn*), mais elle est aussi signe (*sèma*), qui inscrit dans le métal brillant la gloire immortelle du héros épique : la gloire de s'être souvenu qu'il était homme.

Littérature

Pour aller plus loin

- Homère, *Iliade*, XVIII, v. 477-617 (par exemple dans la traduction de J.-L. Backès, Folio Classique).
- A.-M. Lecoq, « Poésie et peinture : le bouclier d'Achille », *CRAI*, 2004, 148-1, p. 11-42 (https://doi.org/10.3406/crai.2004.22686) [La célébrité de ce passage de *l'Iliade* est due aux imitations ultérieures – en premier chef, la description du bouclier d'Enée dans *l'Enéide* de Virgile –, mais aussi aux vifs débats qui ont nourri, à l'époque classique, la Querelle d'Homère, un des champs de bataille de la Querelle des Anciens et des Modernes].
- F. Lissarrague, « Le temps des boucliers », *Traditions et temporalités des images*, Hors-série 1, 2008 (https://doi.org/10.4000/imagesrevues.850).
- F. Caudon, « Tableaux, descriptions, paysage. Pour une interprétation inchoative des images », *Cahiers Gaston Bachelard* 15, 2018, p. 105-118 (https://doi.org/10.3406/cgbac.2018.1196) [sur la notion d'*ekphrasis*].

L'Arioste, *Le Roland furieux*

Ou les images de la magicienne Alcine

Publié pour la première fois en 1516, le *Roland furieux* est une épopée de 46 chants qui a pour toile de fond historique les Croisades. Le poète Ludovic Arioste développe deux intrigues principales : les amours contrariées de Roland (le neveu de Charlemagne) pour la belle fugitive, Angélique, au point de devenir fou furieux lorsqu'il découvre sa trahison ; et les amours de Bradamante, guerrière chrétienne et Roger, chevalier sarrasin. De leur union naîtra la lignée des Este, seigneurs de Ferrare. Le moteur de la narration est l'errance des chevaliers à travers les forêts et les champs de bataille. Comme dans l'épopée homérique où Circé empêchait Ulysse de rentrer à Ithaque, la magicienne Alcine retient Roger prisonnier de son île pour l'empêcher d'accomplir son destin.

I. L'image trompeuse de la magicienne à la Renaissance

Dans son parcours initiatique vers le mariage avec Bradamante, Roger rencontre un animal merveilleux, l'hippogriffe, qui l'emmène sur l'île de la magicienne Alcina, véritable paradis constitué d'un jardin (VI, 72-76) qui entoure un palais (VII, 10). Mais c'est un paradis artificiel dont les ornements sont les vestiges de la passion maléfique d'Alcine : fontaines, arbres, rochers, ne sont autres que les anciens amants dont la séductrice s'est lassée (VI, 52). Dans ce décor enchanteur, Alcine apparaît : « Elle était si bien faite de sa personne, que les peintres industrieux ne sauraient en imaginer de plus parfaite. Sa longue chevelure retombait en boucles, et il n'est pas d'or plus resplendissant et plus chatoyant. Sur sa joue délicate étaient semés les roses et les lis ; son front, d'un pur ivoire, terminait un visage admirablement proportionné ». Cette image de la femme parfaite (VII, 11-17) efface celle de sa promise, Bradamante (VII, 18) : « La belle dame qu'il aimait est maintenant loin de son cœur ; car, par ses enchantements, Alcine l'a guéri de toutes ses anciennes blessures amoureuses, et d'elle seule, de son amour, elle le rend soucieux ». Son image seule reste désormais gravée dans le cœur du bon Roger.

Elle le retient prisonnier dans les voluptés de l'amour quand une autre magicienne, Mélisse, arrive avec un anneau magique qui détruit ses enchantements. Alcine, dont la beauté est factice, est en réalité vieille et difforme : « Alcine avait le visage pâle, ridé, maigre ; les cheveux blancs et rares. Sa taille n'atteignait pas six palmes. Toutes les dents de sa bouche étaient tombées, car elle était plus vieille qu'Hécube, la Sibylle de Cumes et bien d'autres. Mais elle savait si bien se servir d'un art inconnu de nos jours qu'elle pouvait paraître belle et toute jeune » (VII, 73).

Cette image correspond à la conception de son temps. La condamnation esthétique du corps féminin vieilli est un *topos* de la Renaissance.

II. La magicienne et son décor à l'opéra

Dans l'épopée de la Renaissance, le personnage de la magicienne Alcine n'est qu'une image muette. Elle aura en revanche le premier rôle dans les opéras des XVIIe et du XVIIIe siècles, inspirés du *Roland furieux*. Sur la scène, même au XVIIe siècle encore marqué par l'assimilation néoplatonicienne entre le Bien et le Beau, Alcina ne sera jamais laide. L'opéra qui naît en 1600 dans les cours italiennes avant de gagner toute l'Europe est un art qui doit étonner et émerveiller. On comprend aisément que la magicienne et son île enchantée deviennent le sujet de prédilection des pièces « à machines », donnant lieu à des transformations à vue (apparition de monstres) et des décors somptueux (batailles navales dans les bassins de Versailles, pyrotechnie...).

Dans l'épopée homérique, Circé tombe amoureuse d'Ulysse et, pour lui plaire, rend forme humaine à ses compagnons qu'elle avait transformés en porcs. Dans l'opéra de Haendel (représenté pour la première fois à Londres en 1734), l'amour fidèle pour Roger est la véritable cause de la perte des pouvoirs d'Alcine. Le spectacle nous donne à voir une véritable palette du sentiment amoureux, chaque air en développant une nuance. Les enchantements peuvent se résumer à une allégorie de l'amour qui transforme la perception de la nature. Les *Verdi prati* (vertes prairies) porteront tout le poids de la transformation. Dans son air, Roger fait ses adieux à un monde qui l'a séduit, méditant sur le caractère éphémère de toute beauté. Le monde de l'illusion s'est écroulé et il doute de ce qu'il voit. Son air *Mi lusinga il dolce affetto* (le doux sentiment me séduit) traduit son dilemme entre désir de vérité et illusion. Mais peut-être relève-t-il d'une hésitation réelle entre les deux femmes ? Au moment où, abandonnée, elle veut recourir à la magie, Alcine est victime de la contradiction qu'elle a créée entre un monde factice et une passion sincère.

Sa situation est plus émouvante que celle des magiciennes des opéras précédents où elle essayait d'utiliser ses pouvoirs pour obtenir un amour et une fidélité artificiels. Ici, la passion sincère a détruit ses pouvoirs, elle est donc face à un double échec, d'autant plus cruel qu'elle ne peut en mourir.

III. L'image désenchantée dans la mise en scène d'opéra aujourd'hui : *Alcina* de Katie Mitchell

Dans les mises en scène de l'opéra *Alcina* de Haendel aujourd'hui, on observe la plupart du temps une application de ce que suggère le livret : une interprète très belle et chantant merveilleusement bien se trouve dans un décor splendide qui disparaît ou s'écroule à la fin, lorsque le sortilège est rompu. Mais dans l'opéra créé au Festival d'Aix-en-Provence en 2015, Katie Mitchell montre une incroyable fidélité à l'épopée de l'Arioste. Le personnage d'Alcine est dédoublé en deux images simultanées : une comédienne âgée, et une jeune chanteuse. Le décor est planté dès l'ouverture : une scène centrale est entourée de deux coulisses reliées par un système de portes que les chanteuses et les comédiennes muettes, incarnant respectivement Alcine et sa sœur Morgane, traversent pendant tout le spectacle. Ainsi la métamorphose est-elle exhibée dès le départ et sera-t-elle au cœur de toute la représentation. Au-dessus des pièces d'un intérieur luxueux, on voit une autre salle secrète avec une machine à naturaliser qui remplace la magie. Les magiciennes deviennent ici des « savantes folles » qui transforment l'énergie vitale en chairs mortes et enferment les animaux (leurs anciens amants transformés) dans des vitrines transparentes évoquant un musée d'histoire naturelle. Bradamante débarque dans cet univers, déguisée en soldat d'une guerre moderne et lorsqu'elle chante son air de bravoure pour reconquérir Ruggiero, elle retrouve son *mundus muliebris*, les armes de la féminité que sont la robe rouge et le maquillage remplaçant les armes réelles.

Au moment de la scène finale où Ruggiero brise l'urne représentant la rupture du sortilège, les deux magiciennes sont aspirées dans leurs laboratoires-coulisses puis enfermées dans des vitrines. Pourtant, dans l'image finale où leurs mains se touchent à travers l'écran de verre, l'amant désenvoûté n'éprouve pas d'horreur pour cette femme vieille mais belle dans sa fragilité et son naturel retrouvé. Cette mise en scène nous donne à voir, finalement, ce que disait déjà l'Arioste. La création d'images illusoires n'est pas le seul apanage de la magicienne (VIII, 1) : « Oh ! Combien d'enchanteresses, combien d'enchanteurs sont parmi nous, que nous ne connaissons pas et qui, par leur adresse à changer de visage, se sont fait aimer des hommes et des femmes ! Ce n'est pas en évoquant les esprits, ni en observant les étoiles, qu'ils font de tels enchantements ; c'est par la dissimulation, le mensonge et les ruses, qu'ils lient les cœurs d'indissolubles nœuds. »

L'épopée de la Renaissance nous présente une magicienne aux deux visages antinomiques. Dans les livrets d'opéra, en revanche, Alcina ne se métamorphosera jamais en vieille sorcière ridée, mais c'est son île, son château ou son jardin merveilleux qui subiront les conséquences de la désillusion de Roger. La mise en scène de Katie Mitchell, exhibant l'artifice et le corps de la femme vieillie, fait en quelque sorte la synthèse de ces deux voies, dans un hommage à l'image de la femme aujourd'hui.

Pour aller plus loin

- L'Arioste, *Le Roland furieux*, Traduction de Francisque Reynard, Paris, Gallimard/Folio classique, 2003 ; L'Arioste, *Le Roland furieux*, Traduit de l'italien, introduit et annoté par Michel Orcel, Paris, Seuil, 2021. Les références indiquées entre parenthèses correspondent au chant (chiffres romains) et au huitain (chiffres arabes).
- *Alcina*, opéra de Haendel dirigé par Andrea Marcon et mis en scène par Katie Mitchell, Festival d'Aix en Provence, juillet 2015 (Dvd, Erato, 2016).
- Olivier Chiquet, « La laideur au féminin dans les traités italiens de la Renaissance : le visage de la vieille Hélène », Le Verger, 2017. https://hal.science/hal-04010719/document.

Pierre Corneille, *L'Illusion comique*

Ou les images animées, le théâtre miroir de la vie

Pierre Corneille (1606-1684) est un dramaturge célèbre pour ses tragédies mais aussi pour sa comédie *L'Illusion comique*, pièce baroque dans laquelle il emprunte au répertoire latin de Plaute la figure comique du soldat fanfaron, ainsi que le lui a commandé Montdory, chef de la troupe du théâtre du Marais qui voulait voir mis à l'honneur Bellemore, un acteur spécialisé dans ce type de rôle. Corneille cherche, dans cette pièce, à plaider pour l'art théâtral qui devient à la mode au XVIIe siècle après avoir été longtemps dévalorisé. Le titre renvoie donc d'abord à cet art de l'illusion qu'est le théâtre, et l'illusion se révèle progressivement comique, comme on le verra.

L'Illusion comique est représentée en 1635, publiée en 1639, et modifiée en 1660 afin de répondre au mieux aux bienséances. Corneille croise plusieurs genres, la pièce à machinerie, la comédie et la tragi-comédie. Un père, nommé Pridamant, se rend chez un mage, Alcandre, afin que ce dernier lui donne des nouvelles de son fils, Clindor, avec lequel il s'est fâché. Les nouvelles de ce fils ne vont pas être données par l'intermédiaire d'un récit comme on s'y attendrait : elles vont prendre la forme d'images animées (« des spectres pareils à des corps animés »). Alcandre vit dans une grotte. Ce lieu est loin d'être anodin. Il était très présent dans les pièces de théâtre baroque d'alors. Corneille nous confronte à des images, celles qui génèrent l'illusion théâtrale et nous montre dans cette pièce comment les images participent à la comédie.

I. La machinerie baroque et la fabrique des images

Au XVIIe siècle, certaines pièces ne se rattachent pas au classicisme mais au baroque, mot issu du portugais, « la perle irrégulière ». Le théâtre baroque ne suit pas de règles et, à en croire le critique Jean Rousset, spécialiste de la littérature baroque, ce théâtre privilégie l'illusion, le merveilleux. Ses personnages sont protéiformes : ils changent d'apparence, parfois de personnalité, et sont instables, comme l'est aussi le Dom Juan de Molière (1665). Ils peuvent, comme le Matamore mis en scène par Corneille, passer d'une posture – le courage – à une autre – la lâcheté – en quelques secondes.

Mais ce qui caractérise le mieux le théâtre baroque, c'est son aspect spectaculaire. Les machinistes du XVIIe siècle faisaient en sorte que les images qui s'offraient au spectateur d'alors soient surprenantes, déroutantes. Il faut que le sol s'ouvre sous les pieds de Dom Juan pour le punir de son libertinage. Il faut aussi que la Médée de Corneille (1634) puisse s'envoler sur un char ailé à la fin de la pièce. Les machinistes du XVIIe siècle multiplient les inventions pour que les images nées de l'imagination des dramaturges puissent prendre vie. Corneille, en choisissant un magicien et une grotte, semble s'inscrire dans cette tradition. Le critique Jean Garapon s'en est amusé dans « Le décor original de l'Illusion comique » : le registre du théâtre du Marais – registre tenu par Laurent Mabelot au XVIIe siècle – comporte une description pouvant nous laisser penser au décor de *l'Illusion comique* : un palais, un magicien, une montagne, une grotte, un parc, « une lune qui marche, des rossignols, un miroir enchanté, une baguette pour le magicien » mais les historiens se sont rendu compte que c'était là le décor d'une autre pièce. En réalité, d'après Garapon, Corneille s'est passé de machines et nous met simplement face à une grotte, une maison, une prison… les didascalies ont dû être suivies par les metteurs en scène d'alors et il a fallu attendre la mise en scène de Louis Jouvet en 1937 pour que le spectacle relève de la féerie.

II. Le pouvoir des images : l'illusion théâtrale

Corneille invite son spectateur à réfléchir au pouvoir du théâtre. Le titre met à l'honneur l'illusion théâtrale : lorsque nous sommes au théâtre, nous croyons, grâce à une suspension provisoire de notre incrédulité – pour reprendre là une célèbre formule de Coleridge –, que ce que nous voyons est vrai. C'est cette illusion qui nous permet de ressentir des émotions, qu'elles relèvent du tragique – terreur et pitié – ou du comique – le rire. Dans *L'Illusion comique*, Pridamant prend place dans la grotte d'Alcandre. Relais du spectateur, il s'assoit et observe ce qu'Alcandre nomme des « spectres parlants » (I, 3), des « fantômes vains » (II, 1). Le spectateur assiste avec lui à la vie de Clindor. Confronté à une comédie dans laquelle Clindor séduit Isabelle que se disputent Matamore, son maître, et Adraste, il bascule ensuite dans une tragi-comédie censée se situer quelques mois plus tard : Clindor aurait séduit une femme, la princesse Rosine, et mourrait sur scène tué par les hommes de main du prince Florilame. La douleur de Pridamant est intense : « Je vais mourir puisque mon fils est mort. » Quelle n'est pas sa surprise de voir Clindor et Isabelle se relever et saluer le public. Il a été pris au piège de l'illusion théâtrale, tout comme le spectateur de la pièce. Le lecteur a compris quant à lui, grâce aux didascalies, que les personnages jouaient désormais des rôles : Clindor et Isabelle sont devenus des comédiens. Pridamant a éprouvé de la terreur et de la pitié mais sa douleur et sa pitié sont bien supérieures à ce que le spectateur éprouve dans la mesure où, pour lui, le théâtre s'est confondu avec le réel. Il est choqué d'apprendre que son fils a embrassé ce métier qu'il méprise mais la tirade finale du mage réhabilite le statut du comédien. Toute la pièce n'avait d'autre but que de faire l'éloge du théâtre. D'où les mises en abyme : celle du spectateur, mais aussi celle du metteur en scène avec Alcandre ou celle du comédien.

Le titre trouve dans ce dénouement tout son sens : l'illusion, nourrie d'images animées, que subit Pridamant, s'avère comique car des personnages que l'on croit morts se relèvent. Le spectateur est lui aussi plongé en pleine illusion comique, du fait des intrigues présentes dans la pièce mais aussi du fait du comique de caractère associé au personnage de Matamore, un personnage qui ne cesse de manier les hyperboles.

III. Images et ethos

En rhétorique, la notion d'éthos renvoie à l'image que l'on cherche à donner de soi à un public, que cette image se construise à l'aide de mots, de gestes, de mimiques ou d'actes. Le personnage de Matamore, maître de Clindor, est un personnage-type du théâtre. Ce soldat fanfaron exploite dans ses tirades énormément d'images qui contribuent à construire son éthos de soldat fanfaron. Il croit, quant à lui, grâce à sa verve, susciter l'admiration de ses auditeurs. L'admiration est, pour Corneille, l'un des ressorts de la tragédie. Tout héros cornélien suscite ce sentiment chez le spectateur. Or, Matamore est un personnage comique. Il y a un décalage certain entre ce qu'il dit et ses actes. Dès son entrée en scène au début de l'acte II, il multiplie les images hyperboliques : « Le seul bruit de mon nom renverse les murailles/Défait les escadrons, et gagne les batailles. » L'alexandrin, vers noble, contribuerait à donner une image héroïque du personnage mais il est dans l'outrance, l'exagération. Il prétend que sa réputation lui permettrait de gagner à lui seul des guerres. Il commanderait « aux trois Parques », les déesses du destin elles-mêmes et aurait donc pouvoir de vie et de mort sur ses semblables. Nouveau Zeus, il peut affirmer : « le foudre est mon canon », « je couche d'un revers mille ennemis à bas. » Cette tirade consacrée à sa force prodigieuse, herculéenne, n'est suivie d'aucun effet : il prétend s'adoucir en voyant apparaître la femme qu'il aime et renoncer à tuer son serviteur, Clindor, qui vient de l'insulter, dit-il, en prétendant qu'il doit réunir une armée pour attaquer le « grand sophi de Perse » ou le « grand mogor. » Le spectateur ne le verra jamais combattre, et pour cause : un monologue révèle toute sa lâcheté. Matamore essaie bien, en utilisant des images, de se convaincre lui-même de sa force et de son courage, mais la réalité l'emporte : dans l'acte III, scène 5, Clindor le qualifie de « souverain poltron ». C'est dans l'acte III, scène 7 que Matamore se montre tel qu'il est. Son monologue se veut informatif et comique. Son écartèlement entre ce qu'il voudrait être – courageux – et ce qu'il est – lâche – renvoie au spectateur une image comique : « Avançons hardiment. Tout le corps me frissonne./ » Le premier hémistiche le pose en soldat courageux tandis que le second montre bien que c'est là pure fanfaronnade. Les metteurs en scène se sont plu à représenter le personnage de Matamore de façon grotesque, lui attribuant des épées et des chapeaux bien trop grands pour lui pour montrer qu'il cherche à endosser un rôle qu'il ne peut tenir.

Pour aller plus loin

- Pierre Corneille, *L'Illusion comique.*
- Jean Rousset, *La littérature baroque à l'âge classique.*

Mme de La Fayette, *La Princesse de Clèves*

Ou les images de l'amour et du paraître

Publié en 1678 de manière anonyme, *La Princesse de Clèves* de Madame de La Fayette est un récit classique au cœur duquel se pose la question de la représentation, les personnages vivant dans un monde social où le paraître et l'analyse de ses passions sont essentiels. Cette œuvre apparaît comme un prolongement des romans précieux. Madame de La Fayette y livre une image pessimiste de l'amour et des désordres qu'il engendre, à travers l'histoire du personnage éponyme qui résiste à sa passion envers le duc de Nemours et se retire de la cour après la mort de son mari, lequel n'a pas supporté l'aveu qu'elle lui a fait qu'elle aimait un autre homme.

I. Une cour où chacun est en représentation

Composé sous le règne de Louis XIV, le récit de Madame de La Fayette a pour cadre la cour d'Henri II, au siècle précédent. Les contemporains ont vu dans ce bref roman (ou cette longue nouvelle) un récit à clef, qui ferait allusion aux mœurs du temps du Roi Soleil, avec les aventures galantes évoquées. Ce monde où chacun est préoccupé de ses aventures extraconjugales cultive le goût du secret, comme en écho au propos que le spectateur du *Tartuffe* de Molière a pu entendre en 1669 : « Le scandale du monde est ce qui fait l'offense./Et ce n'est pas pécher que pécher en silence ». Il faut qu'aucune trace, aucune image susceptibles de révéler une relation intime ne puissent être saisies en public. Chacun est en représentation, sous le regard de tous.

Toute image donnée de soi qui ne soit pas contrôlée peut être perçue comme une faiblesse, indigne de son statut social, dans cet univers où la jalousie n'est pas l'exclusivité du domaine amoureux. L'image authentique peut rendre vulnérable. C'est pourquoi la représentation donnée de soi constitue une sorte d'écran destiné à masquer la véritable image, comme l'a très bien compris Catherine de Médicis, épouse d'Henri II : « L'humeur ambitieuse de la Reine lui faisait trouver une grande douceur à régner ; il semblait qu'elle souffrît sans peine l'attachement du Roi pour la duchesse de Valentinois, et elle n'en témoignait aucune jalousie, mais elle avait une si profonde dissimulation qu'il était difficile de juger de ses sentiments, et la politique l'obligeait d'approcher cette duchesse de sa personne, afin d'en approcher aussi le Roi » (p. 38, édition Folio classique, établie par Bernard Pingaud, Paris, Gallimard, 2000 ; toutes nos citations sont tirées de cette édition). Dans ce contexte, l'introspection à laquelle se livre la princesse de Clèves pour saisir la vérité de son cœur, sans le fard de l'orgueil ou de la bienséance, a d'autant plus d'intérêt. L'écart entre le personnage social, avec la dignité due à son rang et les devoirs inhérents à la situation conjugale, et la personne, touchée par l'amour, impose une épreuve redoutable pour l'esprit désireux que rien ne lui échappe.

II. Une jeune femme singulière

L'apparition de Mademoiselle de Chartres à la cour d'Henri II produit un effet à la mesure de sa beauté et de son élégance : « Il parut alors une beauté à la Cour, qui attira les yeux de tout le monde, et l'on doit croire que c'était une beauté parfaite, puisqu'elle donna de l'admiration dans un lieu où l'on était si accoutumé à voir de si belles personnes » (p. 46). Seul le personnage sémillant du duc de Nemours semble être à son image sur ce point. La cour est de ce fait spectatrice d'un « coup de foudre » qui semble écrit entre deux êtres caractérisés par une beauté extraordinaire. Toutefois, celle qui va devenir la Princesse de Clèves a reçu une certaine éducation, fondée sur la quête de l'élévation morale, grâce à sa mère Madame de Chartres, qui oriente son comportement au sein de la cour, dont elle l'avertit que chacun y est en constante représentation : « Si vous jugez sur les apparences en ce lieu-ci [...], vous serez souvent trompée : ce qui paraît n'est presque jamais la vérité » (p. 71).

Singulière aussi sur le plan moral, la princesse de Clèves ouvre son cœur à son mari, en lui avouant sa passion envers un autre (le duc de Nemours, en l'occurrence), afin qu'il l'aide à lui rester fidèle. L'époux en meurt de dépit, ne supportant pas l'idée et l'image de l'infidélité de cœur de sa femme. La méfiance à l'égard des passions qu'exprime Madame de La Fayette dans ce roman est fortement influencée par le jansénisme, pour qui la passion amoureuse est à la source de la perte de l'individu. Il en résulte une image fort pessimiste de l'amour dans le récit, et des obstacles à surmonter pour l'héroïne, qu'il s'agisse des images que la jalousie fait naître ou de l'inquiétude à propos de son salut, suscitée par la « maladie de langueur » (p. 250) qui l'a atteinte : « Cette vue si longue et si prochaine de la mort fit paraître à Mme de Clèves les choses de cette vie de cet œil si différent dont on les voit dans la santé » (*ibid.*). Si elle ne peut chasser de son cœur l'image du duc de Nemours, la princesse de Clèves se montre désormais préoccupée par les images de l'autre monde : son regard sur l'existence n'est plus le même.

III. Images exemplaires

Deux personnages sont présentés comme des êtres hors norme dans *La Princesse de Clèves*. Le roi Henri II, tout d'abord, au tout début du récit, pour sa fidélité envers Diane de Poitiers, sa dame de cœur, celle qu'il a choisie, à une époque où les mariages sont arrangés : régnant au même siècle que François Ier et que Henri IV, grands collectionneurs de maîtresses, comme Louis XIV au temps de Madame de La Fayette, Henri II incarne une passion qui ne s'émousse pas avec le temps : « Ce prince était galant, bien fait et amoureux ; quoique sa passion pour Diane de Poitiers, duchesse de Valentinois, eût commencé il y avait plus de vingt ans, elle n'en était pas moins violente, et il n'en donnait pas des témoignages moins éclatants » (p. 37). C'est précisément ce que redoute Madame de Clèves, outre la culpabilité de l'adultère : que le duc de Nemours se détourne d'elle avec le temps. Ne lui cédant pas, elle entretient sa passion, ou du moins se préserve des souffrances de la jalousie, « le plus grand de tous les maux » (p. 243) en ne s'unissant pas à un homme « né avec toutes les dispositions pour la galanterie » (p. 242).

La constance de la princesse de Clèves dans ses efforts pour respecter son serment de fidélité envers son époux est d'autant plus admirable qu'est forte la passion amoureuse qu'elle ressent et qu'est vive l'attraction corporelle qu'il exerce envers elle. Une scène du récit atteste la grandeur de cette passion et de ce fait de la résistance à celle-ci. Il s'agit du fameux passage où la Princesse de Clèves, qui s'est retirée à la campagne, admire le portrait glorieux du duc de Nemours, représenté en héros du siège de Metz. Il se trouve qu'elle a en sa possession la canne du duc de Nemours. Si la psychanalyse peut inviter à saisir la portée phallique de l'extrait, expression évidente d'un désir sexuel, la scène est d'autant plus riche de sens et poétique que la jeune femme ignore qu'elle est elle-même épiée par le duc de Nemours, dont elle admire le portrait. Ce jeu de regards donne lieu à deux contemplations, celle de la princesse de Clèves qui peut se livrer sans retenue à sa rêverie amoureuse car elle se croit seule face au tableau, et celle du duc qui se découvre admiré et aimé : « On ne peut exprimer ce que sentit M. de Nemours dans ce moment. Voir au milieu de la nuit, dans le plus beau lieu du monde, une personne qu'il adorait, la voir sans qu'elle sût qu'il la voyait, et la voir tout occupée de choses qui avaient du rapport à lui et à la passion qu'elle lui cachait, c'est ce qui n'a jamais été goûté ni imaginé par nul autre amant » (p. 213). Par sa transparence, cette image révélatrice contraste avec les faux-semblants qui sont de mise à la cour. C'est son cœur que la princesse de Clèves livre ainsi en spectacle, bien malgré elle. Son trouble n'en est que plus fort lorsqu'elle croit apercevoir le duc de Nemours en tournant la tête : l'image est la seule communication érotique possible entre les deux personnages.

Dans cet univers romanesque où règne l'hyperbole, il s'agit d'être à la hauteur de l'image qu'autrui a de soi, ou de l'image forgée par notre éducation. En ce sens le charme de ce récit provient de l'analyse fine destinée à donner à voir la puissance de la passion sur un cœur et la grandeur de l'héroïne qui résiste à cette passion qu'elle connaît trop bien pour la nier, jusqu'à fuir le monde après la disparition de son mari. Le récit s'achève sur une image édifiante de la princesse de Clèves, qui partage la fin de sa vie entre une maison religieuse et sa propre demeure : « sa vie, qui fut assez courte, laissa des exemples de vertu inimitables » (p. 252).

Pour aller plus loin

- Janine Anseaume Kreiter, *Le Problème du paraître dans l'œuvre de Madame de La Fayette*, Nizet, 1977.

Honoré de Balzac, *Le Chef-d'œuvre inconnu*

Ou l'image comme poésie

Honoré de Balzac (1799-1850) romancier réaliste, est l'auteur d'une œuvre architecturale inachevée, *La Comédie humaine* « sorte d'encyclopédie des espèces sociales » dans la lignée du zoologiste Buffon. Dans ce « siècle d'analyse et de description », l'auteur interroge les principes de la création en mettant en scène des figures d'artiste dès *Vendetta* en 1830. Il rédige ensuite trois nouvelles : *Gambara* et *Massimila Doni* sur le thème de la musique et *Le Chef-d'œuvre inconnu*, sur la peinture. Balzac voulait au départ qualifier ce dernier de « conte fantastique ». Il complète ensuite son projet initial en 1836 par le développement de discours sur les doctrines esthétiques pour l'intégrer dans la section « Études philosophiques » de *La comédie humaine*. Le récit s'organise à partir de la quête de Frenhofer, figure de l'artiste en quête d'absolu. Le jeune peintre Nicolas Poussin, amoureux de sa muse Gilette, rencontre le mystérieux peintre chez son ami Porbus qui vient d'achever le tableau *Marie l'Égyptienne*. Le vieux maître passionné refuse quant à lui de leur montrer sa *Belle noiseuse*. L'auteur évoque plusieurs tableaux réels et fictifs, nourrissant les débats contemporains sur l'essence de la peinture, sur la forme et la couleur ainsi que le « désir de réalisme » propre aux romanciers. La nouvelle aborde l'aspect prométhéen du génie, l'ambition métaphysique de l'artiste voué à une quête tragique.

I. L'effet de réel et l'initiation du regard

Il s'agit dans *Le Chef-d'œuvre inconnu* d'attirer l'attention sur l'histoire de la peinture et d'initier le regard du lecteur aux procédés matériels de l'art dans la lignée de l'adage « Ut pictura poïésis » (la peinture comme la poésie). Tout d'abord l'écrivain se fait peintre et vise la « reproduction rigoureuse » de la société en révélant comment « l'homme est l'image du milieu » dans lequel il évolue. Ainsi en focalisation interne, à travers le regard du personnage de Nicolas Poussin, nous pénétrons au début de la nouvelle dans l'atelier de Maître Porbus. Le personnage reprend les noms réels de François Porbus le Jeune, peintre flamand, et de Nicolas Poussin, âgé de dix-huit ans en cette année « 1612 ». L'image de l'atelier du peintre figurant l'esprit de l'artiste se présente sous la forme de l'hypotypose (création d'une description vivante). Collection d'objets caractéristiques de l'art renaissant, le lieu entremêle « crâne d'ivoire », « écorchés de plâtre », bustes antiques, dans un bric-à-brac qui forme un tableau baroque et obscur éclairé par « quelques reflets égarés ». Les objets comme synecdoques du réel permettent de lire la description comme une allégorie de l'écriture de l'illusion et une mise en abyme des principes de l'écriture réaliste. S'opère une sacralisation de l'atelier de l'artiste avec le « vitrage ouvert dans la voûte » Mais seul Porbus se trouve sous « l'auréole » de lumière près du crâne d'ivoire, topos des vanités. Frenhofer lui reprochera son style figé et incohérent selon lui, inspiré de Dürer de l'école allemande comme de Véronèse de l'école vénitienne.

Balzac renoue avec la tradition première de l'*ekphrasis* (description littéraire minutieuse) à travers la présentation de tableaux réels ou fictifs, mettant en abyme la création artistique. L'on suit le regard de Frenhofer qui prodigue d'un ton didactique une leçon de peinture face au tableau de Porbus. L'isotopie picturale, l'analyse du champ, de la profondeur, des contours, des couleurs, permettent de distinguer les incohérences de *Marie l'Égyptienne*, « silhouette qui n'a qu'une face » et manque de souffle. Jugeant d'un oxymore « les décevantes magies du clair-obscur » ou la « grise froideur » Frehnofer rappelle le rejet de Delacroix, peintre du XIXe siècle, pour ce type de contrastes et de tons. Adepte d'un style vivant exprimé métaphoriquement par « cette fleur de vie » peinte par Raphaël ou Titien, il critique avec mépris les « montagnes de viandes flamandes » de Rubens. Après le saisissement de Porbus et Poussin face aux toiles que Frenhofer désigne comme ses « erreurs », celui-ci consent enfin à leur montrer son chef-d'œuvre, *La Belle noiseuse* qui leur apparaît métaphoriquement comme « un chaos de couleurs et de ton », « une muraille de peinture », dans laquelle il s'est enfermé. Mais l'artiste demande à ce que l'on « regarde attentivement (son) travail » afin de comprendre comment il a « accroch(é) la véritable lumière », en effaçant les contours. Les regards des personnages, dirigés vers les différentes toiles, permettent au lecteur de parcourir l'histoire de la peinture et ses débats esthétiques.

II. L'Art ou la vie

Dans la tradition du genre du « roman de l'artiste », Balzac propose une mise en abyme de la création artistique, interroge les principes mêmes de l'Art et la figure de l'artiste. Si la description est centrale dans l'œuvre, elle est au service de la narration et de l'analyse. Le roman s'ouvre ainsi sur l'ascension d'« un jeune-homme » vibrant d'émotions vers l'atelier de Porbus, construite en gradation comme une élévation vers l'Art. Par une métalepse, le narrateur esquisse alors l'image opposée d'un artiste novice qui serait incomplet, auquel « il manquer(ait) je ne sais quelle touche de pinceau » et « une certaine expression de poésie ». Poussin est décrit comme la figure du « néophyte » qui suit un rite initiatique pour rejoindre la religion de l'Art. Frenhofer, figure du génie, qu'il rencontre sur le seuil, est peint par un effet de surcadrage tel « une toile de Rembrandt marchant silencieusement » dans une tonalité fantastique. De son portrait se dégage ainsi « quelque chose de diabolique », « des regards magnétiques » qui donnent une dimension métaphysique au texte. Le lexique pictural associé aux impératifs « mettez » ou « entourez » propose une mise en abyme de l'art du portrait par la métaphore de la peinture. Pour Poussin, Frenhofer apparaît comme

« l'Art lui-même ». Chaque description déploie ainsi par sa valeur sémiotique, un art poétique.

Balzac, à travers la figure de l'artiste qui se rêve démiurge, interroge l'aspect prométhéen du génie. Il pose en particulier la question de la mimésis, définie par Aristote et chère au romancier réaliste. « La mission de l'art n'est pas de copier la nature mais de l'exprimer » affirme Frenhofer pour qui l'artiste doit être poète au sens premier du terme. Selon lui, l'Égyptienne de Porbus « ne vit pas ». La métaphore de la vie, par le lexique du corps et du souffle se développe à chacune de ses répliques. Il cherche du regard « cette place qui palpite » sur la toile et fait jaillir « un pied vivant » dans le désastre informe de sa *Belle noiseuse*. Frenhofer, image de Prométhée en quête du feu et de Pygmalion en quête du souffle spirituel, cherche à contraindre Protée, allégorie de la « Forme » par de « longs combats » épiques qu'il exprime par ses discours éloquents et l'état de transe qu'il montre à chaque coup de pinceau. À travers la question de la mimésis, Balzac interroge ainsi les principes mêmes de l'Art et de l'écriture réaliste.

III. La passion tragique de l'artiste

Le *Chef-d'œuvre inconnu* a pour objectif de montrer « l'œuvre et l'exécution tuées par la trop grande abondance du principe créateur » affirmait Balzac. Se refusant à considérer l'art comme une reproduction de la nature, Frenhofer est voué à l'échec d'une œuvre qui « va se perdre dans les cieux » et se dissoudre dans l'immatériel. Pour Porbus et Poussin cet art métaphysique est incompatible avec le travail persévérant de la peinture et c'est ce qui conduira leur ami à la folie. « Vous êtes devant une femme et vous cherchez un tableau » constate par antithèse le maître devant la stupéfaction de ses confrères. L'art est « perdu, disparu » comme happé par son principe même, par l'idée philosophique de l'Art qui l'habite. Le pouvoir de l'imagination le conduit à voir ce que les autres ne voient pas, les « chairs qui palpitent », la respiration de la femme peinte. Plus « poète que peintre » tel que le définit Poussin, Frenhofer pense avoir dépassé « l'art sur terre ». Ainsi le récit s'achève sur le dénouement tragique et l'adieu de l'artiste refusant de voir le désastre. Cézanne affirme s'être reconnu dans le destin faustien de ce personnage.

L'alliance d'Eros et Thanatos est ainsi au cœur de l'œuvre, révélant les liens de l'artiste avec son art. L'œuvre de Porbus semble lutter « entre la vie et la mort » selon les reproches du vieux génie qui n'y voit qu'une « statue » ou « cadavre ». Par ailleurs, Nicolas Poussin, présenté dès les premières lignes comme « un amant » inquiet de pénétrer chez son maître, est amoureux de Gilette, figure de la beauté dans l'œuvre, « consolant le génie qui débordait dans l'amour avant de s'emparer de l'art ». Muse aimante, elle est le lien et le seuil entre l'amour et l'art. Si Nicolas Poussin, épris de Gilette, reconnaît « je ne suis pas peintre, je suis amoureux », il exprime sans le savoir sa différence avec Frenhofer « plus amant encore que peintre » avec sa toile qu'il voit comme une « épouse ». Le truisme

« Ma peinture n'est pas une peinture » exprime sa passion pour la vérité de l'art. Si Poussin propose de prêter son amante pour permettre à Frenhofer d'achever son œuvre, ce dernier, jaloux, s'insurge à l'idée de dévoiler la sienne au monde. En quête d'absolu, il a renoncé à l'amour terrestre pour se passionner pour sa création jusqu'à disparaître dans le monde des idées.

Pour aller plus loin

- *Vendetta* d'H. de Balzac, 1830.
- *Le Chef-d'œuvre inconnu* d'H. de Balzac, 1831.
- *Manette Salomon*, de Jules et Edmond Goncourt 1867.
- *L'œuvre* d'E. Zola, 1886.

Victor Hugo, *Les Contemplations*

Ou les enjeux poétique, politique et métaphysique de la libération de l'image

Souvent ornée de gravures dans les publications du XIXe siècle, l'œuvre de Hugo (1802-1885), lui-même dessinateur, est riche en images qui ont marqué les esprits, telle la tempête sous un crâne que subit dans *Les Misérables* Jean Valjean, devenu Monsieur Madeleine, lorsqu'il doit décider de se livrer à la justice ou de laisser un innocent finir ses jours au bagne. Ces images ont un enjeu qui transcende celui de la seule littérature. Par son rapport à l'image (stylistique ou immatérielle), Hugo invite son lecteur à s'interroger sur son rapport au monde.

I. Le refus d'une représentation partielle de la nature

Le romantisme aspire à une révolution esthétique, après la révolution politique et sociale induite par la Révolution française. Dans la préface de *Cromwell* (1827), Hugo livre son ambition d'un drame qui reflète la totalité de la nature, sans exclure le grotesque (bas, monstrueux) aux côtés du sublime (noble, élevé). Cette volonté de livrer dans ses œuvres l'image intégrale de l'humain, avec sa part d'ombre et de lumière, se traduit par le rejet de l'esthétique classique, car elle livre une « nature mutilée » en donnant une représentation idéalisée, et de ce fait trompeuse, de l'individu. Si le grotesque a droit de cité dans le domaine artistique, il en résulte que tout dans un être peut être représenté, le grandiose comme l'immonde, et que tout être est potentiellement un héros, au sens artistique. Ainsi, Hugo représente dans son œuvre aussi bien les bagnards (*Le Dernier Jour d'un condamné* et *Les Misérables*) que le sonneur de cloches difforme et la bohémienne (Quasimodo et Esmeralda dans *Notre-Dame de Paris*) ou la prostituée et l'enfant des rues (Fantine et Gavroche dans *Les Misérables*).

Cette ouverture de l'art à de nouveaux objets de représentation ne concerne pas seulement les êtres humains, Hugo revendiquant une esthétique qui refuse les limites. Dans son recueil de poèmes *Les Contemplations* (1856), Hugo ouvre l'art à une infinité d'objets, en iconoclaste qui refuse les images toutes faites, quel que soit l'être concerné. Le poème « J'aime l'araignée et j'aime l'ortie » (livre III, 27) attire l'attention sur « le pauvre animal » et « la plante obscure », et l'expression « faites grâce » ne résonne pas simplement de manière pathétique dans le contexte du recueil : il s'agit d'une incitation du poète à voir la grâce, au sens esthétique et religieux, de ces êtres, dont la doxa ne livre que des images grotesques. Avec Hugo, aucune image n'est exclue de l'art et tout être peut avoir une part de « grâce », affirmation du caractère sacré de toute vie, quelle que soit l'apparence. Si le poème « J'aime l'araignée et j'aime l'ortie » s'achève sur le mot « amour », c'est le signe d'une poésie inclusive, dont l'enjeu n'est pas simplement esthétique. À travers l'araignée et l'ortie, c'est le peuple méprisé qui est représenté par Hugo. De même, dans *Les Misérables*, Hugo invite son lecteur à admirer des personnages qui appartiennent aux « classes dangereuses » (l'ancien bagnard, la prostituée, l'enfant des rues) selon l'expression de l'époque : la littérature use de l'image, en allant jusqu'au mythe, dans une visée sociale et politique. Dans *Les Travailleurs de la mer* (1866), Hugo plonge son lecteur dans les profondeurs sous-marines, avec la lutte contre la pieuvre, grotesque, symbole métaphysique du mal.

II. Hugo libérateur de l'image : le rejet du carcan classique

Donner de chaque être une image authentique suppose de pouvoir s'affranchir des carcans classiques, et de leurs bienséances, qui entravent les représentations. Dans la préface de son drame *Hernani* (1830), Hugo revendique « la liberté dans l'art », dont il fait la définition du romantisme. Il se présente plus précisément dans *Les Contemplations* comme le libérateur du langage, et donne de lui l'image d'un Danton et d'un Robespierre des Lettres, d'un révolutionnaire, dans un propos qui rappelle la violence et les excès du romantisme noir : « je violai du vers le cadavre fumant » (« Réponse à un acte d'accusation », I, 7). L'horreur de l'image suggère la nécessité de rompre avec les urbanités classiques. Hugo se met ainsi en scène comme précurseur. Associant la revendication de la liberté dans l'art au combat politique, Hugo veut souligner en 1856 la cohérence de son parcours, alors qu'il est devenu républicain, dans son opposition à Louis-Napoléon Bonaparte devenu Napoléon III.

Le poète relit son parcours après coup, et relie ainsi ses combats grâce aux images révolutionnaires qu'il adopte. La bataille romantique, dans tous ses excès et ses fureurs, est présentée comme un combat titanesque, avec Hugo comme figure de proue et démiurge : « Et sur les bataillons d'alexandrins carrés/Je fis souffler un vent révolutionnaire ». Hugo se représente de la sorte comme une figure prométhéenne qui rend possible le progrès dans les arts. Aucun mot désormais n'aura de privilège : « Je mis un bonnet rouge au vieux dictionnaire./Plus de mot sénateur ! plus de mot roturier ! ». Il fait la chasse aux tropes (figures de style) qui servent d'ornements classiques : « Discours affreux ! – Syllepse, hypallage, litote,/Frémirent ; je montai sur la borne Aristote,/Et déclarai les mots égaux, libres, majeurs ». Toute image est désormais possible pour le poète, qui n'est plus condamné à exclure des mots et des représentations, ou à se contenter d'images atténuées (avec des euphémismes sous forme de périphrases, ou des litotes). La vigueur de l'image est conquise, et avec elle sa pertinence. Ce n'est plus la saison de jeter un voile pudibond sur les mots et les choses : désormais est venu le temps du dévoilement, sur le mode de l'*alètheia*, qui désigne chez les Grecs la vérité et de ce fait le dévoilement de l'être comme absence d'oubli. Hugo proclame que l'image, telle que la façonnent les romantiques, est retour aux choses.

III. Libérer l'image, c'est libérer la pensée

La libération de l'image, enjeu essentiel des *Contemplations*, a en effet une visée large. Sa puissance, notamment poétique, provient de sa vigueur : le mot est « foudre dans l'ombre » (« Suite », I, 8). Pour ce faire, il faut employer le mot propre, et non une périphrase : Hugo revendique une écriture naturelle, loin des artifices classiques, quel que soit leur éclat. Hugo l'affirme haut et fort : « Qui délivre le mot délivre la pensée ». Il faut savoir écouter les mots et saisir la portée des images qu'ils livrent : « Car le mot, qu'on le sache, est un être vivant » (toujours dans « Suite »). Hugo souligne le pouvoir du verbe poétique : « Car le mot, c'est le Verbe, et le Verbe, c'est Dieu ». C'est pourquoi les métaphores et autres images poétiques dans *Les Contemplations* ne sont pas de purs ornements : Hugo leur confère une valeur de connaissance, d'*apocalypse*, au sens grec premier de révélation.

La fonction du poète, par les images qu'il transmet au lecteur, est celle d'un prophète : « Dieu dictait, j'écrivais » (« Trois ans après », IV, 3). Les images du poète sont des signes livrés au lecteur, qui doit y être attentif, comme le poète est attentif à la nature. En définitive, dans *Les Contemplations*, le poète se fait « mage », prophète d'une nature qu'il invite à écouter par de saisissantes images. La raison en est que « Tout parle. [...] Écoute bien. C'est que vents, ondes, flammes,/Arbres, roseaux, rochers, tout vit ! » (« Ce que dit la bouche d'ombre », VI, 26). Le poète n'est qu'un passeur de cette grande fabrique de l'image qu'est la nature : « Tout est plein d'âmes » (*ibid.*). L'image présente dans le recueil, et de manière plus générale dans toute œuvre, invite à lire le monde. L'image a cette vertu essentielle de constituer le lecteur en herméneute, c'est-à-dire en interprète. C'est ainsi que dans le huitième poème des *Contemplations* (primitivement intitulé « La lecture du champ ») la nature elle-même est un livre à déchiffrer : « Je lisais. Que lisais-je ? Oh ! le vieux livre austère,/Le poème éternel ! – La Bible ? – Non, la terre. ».

L'image joue de ce fait un rôle essentiel dans l'œuvre de Hugo, au service d'une lecture esthétique, politique et métaphysique du monde. Le lecteur est en effet incité à se faire poète, attentif aux images et aux voix dont la nature est si riche : « Ah ! insensé, qui crois que je ne suis pas toi ! » (préface des *Contemplations*). L'image est don de sens. Cela explique que le lecteur soit tout aussi concerné par la fabrique de l'image que le poète.

Pour aller plus loin

- Stéphane Arthur, *Agrégation de Lettres 2017* (dir. Jean-Michel Gouvard), Ellipses, 2016, p. 269-362.
- Ludmila Charles-Wurtz, *Poétique du sujet lyrique dans l'œuvre de Victor Hugo*, Champion, 1998.
- Ludmila Charles-Wurtz, *Les Contemplations*, Gallimard, « Foliothèque », 2001.
- Jean-Marc Hovasse, *Victor Hugo*, tome I, Fayard, 2001, et tome II, Fayard, 2008.

Edgar Allan Poe, *Nouvelles histoires extraordinaires*, « Le Portrait ovale »

Ou l'image comme création fantastique

Nombreuses sont les œuvres littéraires qui questionnent les relations entre l'écriture et la peinture. La très courte nouvelle en deux pages d'Edgard Poe extraite des *Nouvelles Histoires extraordinaires* (1884) et intitulée « Le Portrait ovale » en fait partie. Dans ce récit, un voyageur raconte à la première personne qu'il a dû s'abriter une nuit dans un château abandonné. Réfugié dans une chambre richement décorée, il est stupéfait par un petit tableau, un portrait de jeune fille dont la particularité est « une expression vitale absolument adéquate à la vie elle-même ». Un livre placé dans la pièce en raconte l'histoire : le modèle était une jeune femme pleine de vie, l'épouse du peintre. Plus le peintre avance son tableau plus la femme dépérit sans qu'il ne s'en rende compte, jusqu'au dernier coup de pinceau qui lui fait découvrir en même temps l'effet de vie du tableau et la mort de la jeune fille, le texte sous-entendant que la vie de l'une serait passée dans l'autre.

Le début de la nouvelle présente une première sorte de peinture, qui procède de l'imaginaire de celui qui regarde. Mais d'autres œuvres, comme le « portrait ovale », sont dotées en elles-mêmes d'une force puissante et surnaturelle : d'où vient ce pouvoir de l'image ? Edgar Poe semble apporter une double réponse à cette question : le génie relève d'un rapport particulier à l'amour et à la mort ; et c'est la littérature qui permet par le langage de rendre compte de la force de l'image. Dans une mise en abyme vertigineuse, la nouvelle que nous tenons entre nos mains est peut-être elle aussi une image de la vie elle-même.

I. Le tableau comme apparition fantastique

L'apparition du portrait ovale est préparée par plusieurs éléments d'ordre visuel qui installent une atmosphère fantastique, oscillant entre réalisme et surnaturel. Le décor est un château « abandonné » qui s'impose au narrateur indépendamment de sa volonté puisque c'est son domestique qui « s'était avisé d[’y] pénétrer de force ». Ce lieu est présenté comme pouvant se situer « dans la réalité aussi bien que dans l'imagination de Mrs Radcliffe », autrice fantastique qui convoque des images gothiques. Ce château mais aussi la description de la chambre isolée où le narrateur trouve refuge, avec ses tapisseries, trophées héraldiques et nombreux tableaux, installent la nouvelle dans un univers archaïque et une plongée dans l'inconscient du génie artistique avec leur atmosphère « antique, mais riche et délabrée ».

Le portrait ovale n'apparaît au narrateur qu'au bout de plusieurs heures, à la faveur d'un changement d'éclairage teinté de surnaturel comme sur une scène de spectacle, avec les rideaux du lit ouverts et la lumière des candélabres. D'autres éléments renforcent le caractère surnaturel de l'atmosphère : le « délire » du narrateur fatigué, l'heure de minuit, les ombres sur le tableau... Poe semble ainsi d'abord suggérer que l'effet produit par l'image sur celui qui la regarde relèverait au moins en partie de son imaginaire et de son désir, telle l'observation de ce portrait de jeune fille par un homme étendu sur un lit richement décoré, en pleine nuit.

II. L'effet de l'image, entre illusion et raison

Le tableau est donc d'abord décrit par son effet subjectif sur le narrateur influencé par le contexte. Mais ensuite au contraire (et c'est peut-être pour cela que Poe n'a pas retenu sa première idée, visible dans les brouillons de la nouvelle, d'un narrateur drogué) c'est le portrait ovale lui-même qui gomme les illusions sensorielles : « le premier éclair du flambeau sur cette toile avait dissipé la stupeur rêveuse dont mes sens étaient possédés, et m'avait appelé tout d'un coup à la vie réelle. » Cette impression est tellement forte que le narrateur tente de se reprendre et de s'assurer que cet effet n'est pas à son tour une nouvelle illusion : « Je jetai sur la peinture un coup d'œil rapide, et je fermai les yeux [...] pour m'assurer que ma vue ne m'avait pas trompé, – pour calmer et préparer mon esprit à une contemplation plus froide et plus sûre ». Pressentant qu'il doit exister une explication à cette apparition, le narrateur s'efforce d'exercer sa rationalité. Il cherche alors les pistes d'une contemplation « froide et sûre » dans la notice du tableau qui se trouve dans un petit livre disposé près du lit. Cette histoire dans l'histoire, mise en abyme de la nouvelle, propose des pistes de *réflexion* (au sens intellectuel comme au sens visuel) sur les liens entre peinture et littérature, image et langage.

Poe insiste sur le fait que tout ce qui souligne l'artifice de l'image, comme le « style de vignette » ou le cadre « ovale, magnifiquement doré et guilloché dans le goût moresque », préserve l'observateur « de toute illusion même momentanée » : autrement dit, personne ne saurait ignorer que si la peinture est une image qui représente la réalité, elle n'est pas la réalité elle-même et nous permet seulement de mieux approcher de la vérité. Certes. Mais en soi, un tableau est un objet réel, une œuvre artistique est matérielle et naît d'un acte créateur. La création artistique, ses conditions, son rapport à l'amour et à la mort sont en soi problématiques, singulièrement chez Poe, et le *portrait ovale* (le tableau lui-même comme la nouvelle du même nom) est également une allégorie de la dimension vampirique de l'acte créateur.

III. Allégorie d'une création artistique vampire

Inspirée à Poe par la contemplation d'un tableau de Sully, la nouvelle parvient à proposer en deux pages une réflexion à la fois sur la réception d'une œuvre picturale et sur ses conditions de création. Le « portrait ovale » est en effet une peinture ambivalente : image du génie artistique le plus élaboré qui soit, elle porte en elle le rapt d'une vie humaine, d'une jeunesse et de la pureté de ses sentiments. En ce sens, la création artistique comporte une dimension vampirique et coupable : la notice expliquant le tableau raconte que le peintre « ne *voulait* pas voir que les couleurs qu'il étalait sur la toile étaient *tirées* des joues de celle qui était assise près de lui ». L'expression « il ne *voulait* pas voir » figure deux fois. Le peintre, artiste de la vue, refuse de prendre en compte l'humanité qu'il a sous les yeux : en posant pour lui, sa femme dépérissait « visiblement pour tout le monde, excepté pour lui. » Cela renvoie à des questionnements très actuels sur le rapport entre image artistique et pouvoir ; la philosophe Hélène Frappat écrit ainsi en 2024 à propos de la création cinématographique : « la muse est un cadavre de femme ». Dans « Le portrait ovale », le peintre « ayant déjà trouvé une épouse dans son Art » confond l'amour et l'image de cet amour ou peut-être plus sûrement l'image que cet amour lui permet de créer : le tableau. Son narcissisme est souligné par le contraste avec la tendresse et l'abnégation de sa femme, laquelle perd peu à peu la santé au profit du tableau pour lequel elle a accepté par amour de poser. À la fin, ce qui provoque l'« effroi » du peintre, c'est le caractère vivant de son tableau ; c'est alors seulement qu'il se retourne vers sa femme, qui est « morte » (dernier mot de la nouvelle). Poe, qui avait perdu tout petit ses parents comédiens et qui se sentait responsable aussi de la mort de sa très jeune femme, fut tourmenté toute sa vie par ces rapports entre l'amour, la culpabilité, la mort et la création artistique (« I could not love except where Death/Was mingling his with Beauty's breath », écrit-il à vingt ans). La peinture serait ici une représentation, une *image*, de la création artistique en général comme voleuse de vie.

On peut remarquer que dans « Le portrait ovale », c'est le langage qui calme les sens et ramène à la raison : pour dissiper sa « terreur profonde et respectueuse » provoquée par le tableau, terreur de l'ordre du sacré, le narrateur se plonge dans le livre qui en raconte l'histoire. Le langage et les histoires semblent lui porter secours. Certes, l'image du peintre est ici celle de l'artiste incapable d'empathie ; mais une autre image de créateur se profile dans la nouvelle, de façon plus ouverte et elliptique, place laissée vacante par les mystères du récit : qui a rédigé les notices des tableaux ? Qui a disposé ainsi les tableaux dans cette chambre richement décoré, qui régit l'ordonnancement de ce château – sinon l'écrivain, figure invisible et pourtant si présente dans la nouvelle ? Affleure ici l'idée que le langage et singulièrement la parole littéraire sont capables de recharger d'humanité l'histoire de l'artiste incapable d'aimer autre chose que sa propre image.

Pour aller plus loin

– *Nouvelles Histoires extraordinaires*, d'Edgar Poe (1884).

Marcel Proust, *Du côté de chez Swann*, « Un amour de Swann »

Ou l'image et les passions

Un homme tombe fou amoureux d'une femme qui ne lui plaisait pas, à partir du moment où il lui trouve une ressemblance avec un personnage d'un tableau de Botticelli : voilà en quelques mots le principe du récit enchâssé intitulé « Un amour de Swann », qui constitue la partie centrale du premier tome de l'immense œuvre de Marcel Proust, *À la Recherche du Temps perdu*. Ce premier volume sur sept s'intitule *Du côté de chez Swann* et a paru en 1913. On y découvre l'univers affectif et spatio-temporel de l'enfance du narrateur et les figures qui l'entourent, dont Swann, ami de son grand-père.

« Un amour de Swann » retrace un épisode de la vie de ce personnage antérieur au temps de la narration du reste de la *Recherche*. Il explore la composante imaginaire de l'attirance amoureuse : tombe-t-on vraiment amoureux d'une personne, ou bien juste de l'image que l'on projette sur elle ? Plus généralement, notre vie sociale et notre vie psychique sont-elles entièrement constituées d'images ?

I. Swann ou l'amour des images artistiques

Lorsque Swann rencontre Odette dans le cercle mondain des Verdurin, et alors qu'elle manifeste de l'intérêt pour lui, elle ne lui plaît d'abord pas, avec « un genre de beauté qui [...] lui causait même une sorte de répulsion » (p. 94 de l'édition mentionnée en fin de fiche). Mais un jour, alors qu'il observe son visage, il est frappé « par sa ressemblance avec cette figure de Zéphora, la fille de Jéthro, qu'on voit dans une fresque de la chapelle Sixtine. » (p. 96). Il s'agit d'une œuvre du peintre de la Renaissance Sandro Botticelli, que Swann admire particulièrement. L'image joue ici un rôle essentiel dans le processus amoureux : celle du tableau de Botticelli, mais plus encore l'image que Swann s'en fait, et qu'il croit voir reproduite sur les traits d'Odette. Une fois la ressemblance établie dans son esprit, ce sont les mots qu'il lui associe qui vont créer la passion. En effet, Swann est passionné d'art, et c'est cette passion pour la peinture qui se transforme en passion amoureuse, par le truchement du langage : « Le mot d'"œuvre florentine" rendit un grand service à Swann. Il lui permit, comme un titre, de faire pénétrer l'image d'Odette dans un monde de rêves, où elle n'avait pas eu accès jusqu'ici et où elle s'imprégna de noblesse. » (p. 97). La peinture s'est substituée à la vision réelle. Swann ressent « un désir qui suppléa désormais à celui que le corps d'Odette ne lui avait pas d'abord inspiré » et place « sur sa table de travail, comme une photographie d'Odette, une reproduction de la fille de Jéthro » (p. 98).

Il n'est pas anodin que ce portrait prenne place sur la « table de travail » de Swann, car celui-ci est présenté comme un amateur d'art, qui feint au début du récit d'être occupé à « une étude – en réalité abandonnée depuis des années – sur Ver Meer de Delft » (p. 58), et à laquelle il envisage de revenir à la fin, au moment où son amour s'affaiblit. Odette se désintéresse de la peinture comme de toute culture artistique ou intellectuelle. Le narrateur la décrit comme une personne médiocre et peu intelligente, que seuls l'argent, les intrigues de bas étage et de brèves aventures charnelles préoccupent. Odette est présentée comme inférieure à Swann sur tous les plans.

Sa passion pour Odette et son occupation futile aux mondanités sont présentées comme les deux éléments qui détournent Swann de sa vocation artistique. Plus exactement, ce sont des excuses qu'il se trouve pour ne pas se consacrer à son étude sur Ver Meer (le peintre préféré de Proust ; *La vue de Delft* est pour lui « le plus beau tableau du monde »). Swann *perd son temps*, ce qui est la question fondamentale de l'œuvre de Proust : pour que le temps soit *retrouvé*, dit Proust dans le dernier volume de son œuvre, il faut réinvestir ce qui apparaissait comme du temps perdu, dans une œuvre artistique. Or Swann perd son temps dans la mondanité et dans la passion, et au lieu d'en nourrir une œuvre, il se contente de se servir de sa culture artistique pour se justifier de ne rien faire : « il se félicita que le plaisir qu'il avait à voir Odette trouvât une justification dans sa propre culture esthétique. », « il se disait qu'il était raisonnable de donner beaucoup de son temps à un chef-d'œuvre inestimable » (p. 97).

II. Apparence et image sociale

Ainsi l'image est-elle pour Swann une façon de fuir la vocation artistique. L'œuvre de Proust dans son ensemble suggère que le véritable artiste, lui, cherche la vérité profonde qui se cache derrière l'image. C'est le pas que ne franchit pas Swann. Pourtant, il a bien compris que les relations sociales sont une question d'image : tout au long du récit, il s'amuse à trouver dans les situations mondaines et chez les personnes des ressemblances avec des tableaux, et considère que cette observation justifie, au début de son histoire d'amour, de se perdre en mondanités. Au lieu de réfléchir à ce que signifie le fait qu'Odette soit *une femme entretenue* – à savoir qu'elle ne l'aime pas et se soucie surtout de l'argent qu'il lui donne – il se contente de mettre sa connaissance de l'œuvre d'un peintre au service d'une rêverie à propos de cette expression : « la femme entretenue – chatoyant amalgame d'éléments inconnus et diaboliques, serti, comme une apparition de Gustave Moreau, de fleurs vénéneuses entrelacées à des joyaux précieux » (p. 160)

Swann n'est accepté que pour ce qu'il représente (sa position sociale et sa culture) par des Verdurin qui ont « l'air de deux masques de théâtre », dans un monde où tout est image. Si Swann, nous l'avons dit, ne sait pas convertir sa lecture de l'image en création, il a du moins conscience, à la fin du récit, du fait que dans les relations sociales, tout est question d'image : « c'est la vie mondaine tout entière, maintenant qu'il en était détaché, qui se présentait à lui comme une suite de tableaux » (p. 241). Les Verdurin, eux, semblent ignorer jusqu'à l'existence même du second degré et de la nécessité d'interpréter l'image : ainsi de Madame Verdurin qui « avait l'habitude de prendre au propre les expressions figurées des émotions qu'elle éprouvait », au point par exemple de rire à s'en décrocher la mâchoire... au sens propre : le docteur « dut un jour remettre sa mâchoire qu'elle avait décrochée pour avoir trop ri. ».

III. Faire surgir les véritables images, porteuses de vie

Le rôle de l'*imagination* est donc central dans l'histoire de la passion de Swann pour Odette (et peut-être de toute passion amoureuse, car tout lecteur se reconnaîtra en Swann). Elle organise des projections et des dénis, processus psychiques qui ont plus de poids que la réalité elle-même. Non seulement Swann s'illusionne sur son attirance pour Odette, mais il ne voit pas qu'elle le trompe quasiment sous ses yeux. Il croit que c'est son imagination qui le rend fou de jalousie, alors qu'il a toutes les raisons de l'être.

Mais dans le dernier tiers du récit, Swann retrouve graduellement une forme de lucidité qui affaiblit sa passion. C'est d'abord un motif musical présent tout au long du texte et réentendu un jour par hasard qui l'aide à éclaircir ses représentations mentales. La musique ici crée du sens par un mélange de réminiscences et de pensées spontanées. Puis, après le concert, et alors qu'« il s'était remis à son étude sur Ver Meer » (p. 286), Swann ressent la nécessité de partir en voyage pour aller observer un tableau à La Haye. Mais il a encore peur de se sentir loin d'Odette, et n'ose pas. Pourtant « un jour il rêva qu'il partait pour un an ; penché à la portière du wagon vers un jeune homme qui sur le quai lui disait adieu en pleurant », comme si l'inconscient pouvait faire surgir des images de vérité (nous sommes à l'époque des travaux de Freud). C'est ce que semble suggérer l'association entre le motif de la peinture et celui du rêve, surtout que peu après, Swann fait un autre rêve, dans lequel figure un peintre, et qui le libère définitivement de tout sentiment envers Odette. Ce dernier rêve lui procure « un long oubli de l'image première qu'il avait reçue d'elle » (p. 327). Il s'exclame alors (non sans « muflerie », s'amuse Proust) : « Dire que j'ai gâché des années de ma vie, que j'ai voulu mourir, que j'ai eu mon plus grand amour, pour une femme qui ne me plaisait pas, qui n'était pas mon genre ! » Ce sont les dernières lignes de cette section.

En ce début de *Recherche du temps perdu*, l'image a un statut trouble. Elle contribue certes à détourner du réel, en encourageant le fantasme, la projection et la paresse. Mais dans le même temps, elle produit du sens, et permet de cheminer vers la vérité. Encore faut-il savoir la lire.

Pour aller plus loin

- *Un amour de Swann*, de Marcel Proust (1913). Les numéros de pages renvoient à l'édition de J.-Y. Tadié, coll. folioplus-classiques.
- Clément Rosset, *Le réel et son double*, Gallimard, Paris, 1976.
- Gilles Deleuze, *Proust et les signes*, PUF, Paris, 1964.

Paul Éluard, *Capitale de la douleur*

Ou la révolution de l'image

Paul Éluard (1895-1952), de son vrai nom Eugène-Émile-Paul Grindel, est un poète surréaliste. *Capitale de la douleur* (1926) est souvent considéré comme son autobiographie amoureuse : il partage alors la vie de Gala mais aussi d'un peintre, Max Ernst, avec lequel il se lie d'une amitié fraternelle. Si Éluard accepte d'abord la liaison de Gala et du peintre, il en souffre rapidement et *Capitale de la douleur* fait état d'une douleur en lettres capitales ou encore d'une douleur dans laquelle chaque amoureux en souffrance pourra se retrouver. Le recueil se divise en quatre sections : « Répétitions », « Mourir de ne pas mourir », « Les petits justes » et « Nouveaux poèmes ». Les « poissons d'angoisse » de la première section laissent place à une douleur que seule semble pouvoir traduire la formule « Mourir de ne pas mourir » qu'Éluard emprunte à Sainte-Thérèse d'Avila. Cette troisième section s'ouvre sur « Ne plus partager », Éluard faisant état de son rejet de la relation entre Gala et Ernst. La dernière section, publiée après que Gala a quitté Max Ernst, se veut dépassement de la souffrance, aspiration à un amour absolu que traduit parfaitement le dernier poème « Celle de toujours, toute ».

I. Un recueil qui se nourrit de tableaux

Éluard donne le nom de peintres à certains de ses poèmes, lesquels ne sont pas pour autant des *ekphrasis* (descriptions d'œuvres d'art). Ainsi, dans le poème « Giorgio de Chirico », nom d'un peintre surréaliste, le lecteur retrouve des images présentes dans le tableau « Le grand métaphysique » mais c'est surtout à une atmosphère que se réfère le poète : il fait allusion aux « murs », à la « tour », au « Ciel insensible et pur », à la « place », autant d'éléments qui envahissent l'œuvre du peintre surréaliste. L'œuvre de Chirico est un prétexte permettant au poète de parler d'abord de lui-même : « ô tour de mon amour autour de mon amour » est un alexandrin qui renverrait d'abord à Gala, que le poète Robert Desnos avait comparé à une « tour » et ensuite aux idées d'élévation et d'enfermement, d'aliénation également associées à l'amour du poète. Les jeux homonymiques laissent entendre l'exaltation du locuteur. Le « monde dont je suis absent » n'est plus seulement le monde du tableau mais aussi la relation que la jeune femme forme avec Max Ernst. Le tableau, l'œuvre d'art, semble « abriter », protéger le poète, lui « donner à voir » le monde autrement, lui permettant d'accéder aux « étoiles de jour parmi les feuilles vertes ».

D'autres poètes sont convoqués, comme « Pablo Picasso », « André Masson », « Paul Klee », ou « Max Ernst » (dans deux poèmes) dont les tableaux permettent de voir le monde autrement : « il n'y a plus d'aveugles ». Figure également entre autres « Georges Braque », « homme aux yeux légers », épithète homérique qui met en somme en avant ce qui rapproche la poésie de la peinture : les yeux des poètes et des peintres surréalistes sont capables de se détacher de la réalité pour accéder à une surréalité.

II. *Donner à voir* autrement

Les surréalistes s'efforcent de voir derrière les apparences. Ils sont capables d'en faire surgir la poésie en usant de ce que Louis Aragon nomme « le stupéfiant image », une image capable à la fois de de stupéfier, de surprendre et de hanter le lecteur, de l'étonner. André Breton, chef de file des surréalistes, dans son *Manifeste du surréalisme* (1924) convoque, pour définir ce que doit être selon lui une image surréaliste, cette phrase empruntée aux *Chants de Maldoror* de Lautréamont (1868) : « la rencontre fortuite sur une table de dissection d'une machine à coudre et d'un parapluie ». Il précise que « tout porte à croire qu'il existe un certain point de l'esprit d'où la vie et la mort, le réel et l'imaginaire, le passé et le futur, le communicable et l'incommunicable, le haut et le bas cessent d'être perçus contradictoirement. Or, c'est en vain qu'on chercherait à l'activité surréaliste un autre mobile que l'espoir de détermination de ce point. Éluard évoque ainsi les étoiles de jour », « une chevelure d'oranges », le poète surréaliste « rassemble les merveilles » du monde (« Georges Braque ») et les offre au lecteur. L'image la plus forte est, d'après Breton, « celle qui présente le degré d'arbitraire le plus élevé » et « celle qu'on met le plus longtemps à traduire en langage pratique » mais Éluard n'est pas hermétique pour autant. Ses images s'engendrent les unes les autres, ce qui leur donne une certaine logique. Nous sommes plongés dans un univers onirique où tout peut avoir lieu : « tous les fruits sont ici pour figurer des fleurs,/Des fleurs dans la nuit », lit-on dans « Absences II » : le « jardin » que constituent les yeux du poète sème des images qui nous invitent à avoir une vision renouvelée du réel. Ainsi, le poème « L'amoureuse » nous fait comprendre à quel point le corps de cette femme se fond parfaitement dans ses mains, réalisant ainsi le mythe platonicien de l'androgyne; et si elle a « la couleur de [s]es yeux », c'est bien plutôt parce qu'il ne voit plus qu'elle : « elle est debout sur mes paupières », il voit le monde à travers elle, capture son image dans ce qu'il nomme ailleurs « les filets » de ses paupières. Le langage se veut amoureux plutôt que réaliste.

Éluard, en 1939, publie un recueil intitulé *Donner à voir* dans lequel il montre que pour le peintre et pour le poète il s'agit de « libérer la vision » : ce qui compte, ce n'est plus le monde extérieur, mais le monde intérieur, ce que l'on ressent. Plus qu'un tableau, c'est ce que ce tableau lui fait ressentir qui intéresse Éluard. Devant celui peint par Chirico, il est renvoyé à sa solitude, son sentiment d'abandon, voire de mal-être à l'idée qu'il y a des gens « qui parlaient sans savoir » de lui, de son couple, de ses sentiments. Il se sent tout de même protégé, défendu par l'œuvre « métaphysique » de Chirico. Face au tableau de Max Ernst, le poème liminaire décrit la « petite robe » de Gala, des « poissons d'angoisse », des « seins que tuent des insectes rouges » : les quatre coins du tableau évoqués au fil du poème ne se contentent pas de décrire ce qu'Ernst y a peint, mais évoquent la souffrance du poète, son monde intérieur. Le peintre et le poète veulent « rétablir le contact entre l'objet et celui qui le voit et qui, par conséquent le pense » (Éluard, *Donner à voir*, « Peintres »). Ils permettent « à l'homme de voir autrement d'autres choses » afin qu'en découvrant un monde tout à fait nouveau, surprenant, déroutant, il devienne un « nouvel homme ».

III. Image du poète en amoureux

Comme l'indique le titre d'un autre recueil du poète, *L'Amour la poésie* (1929), l'amour est la condition de la poésie ; « je t'aime pour chanter » affirme Éluard dans le poème final de *Capitale de la douleur*, intitulé « Celle de toujours, toute », dont le titre renvoie au mythe platonicien de l'androgyne décrit dans *le Banquet* de Platon. Éluard réactive l'image selon laquelle l'amant serait à la recherche de « celle de toujours », celle à qui il était lié initialement avant que les dieux ne l'en séparent.

Il se pose aussi en héritier d'Orphée dans « Absences II », ce poète qui, d'après Virgile dans *les Géorgiques*, est descendu aux Enfers pour en ramener son épouse, Eurydice, mordue par un serpent. La lyre d'Orphée séduit les dieux qui lui donnent l'autorisation de quitter les Enfers suivi de la femme aimée mais il lui est interdit, durant le trajet qui le ramène sur terre, de se retourner. Orphée ne peut s'empêcher de douter. Il se retourne et perd Eurydice à jamais. Grâce au pouvoir de l'image surréaliste, Éluard, lui, peut échapper au destin d'Orphée : au moment de perdre celle qu'il aime, à l'instant où il cède à la tentation de la voir, une « fenêtre de feuillage/s'ouvre soudain dans son visage. » Certes, il ne peut plus l'embrasser, mais il ne peut plus la perdre définitivement. Il peut rester « au bas des ombres » à attendre que la femme aimée vienne à lui. Il est amoureux, souffre au point de « mourir de ne pas mourir » mais ne renonce pas à son amour, multipliant les images pour traduire et son exaltation et son désarroi.

Le traitement de l'image est particulièrement riche dans *Capitale de la douleur*. Non seulement le poète nourrit son recueil de références à la mythologie ou encore à des œuvres d'art de peintres qu'il juge surréalistes par leur traitement de l'image mais en plus il ne se contente pas de décrire ces œuvres, se servant plutôt d'elles pour parler de lui et de ses sentiments. Il se propose de nous « donner à voir » le monde autrement, de nous faire pénétrer dans un monde où tout est possible, comme dans l'univers du rêve. Ce monde, nourri d'images surréalistes, permet au poète de vaincre la douleur.

Pour aller plus loin

- Paul Éluard, *Capitale de la douleur*, folioplus classiques, Gallimard, 1926.
- Paul Éluard, *Donner à voir*, poésie Gallimard, 1978.
- André Breton, *Manifeste du surréalisme*, folio, 1985.

Marguerite Yourcenar, *Nouvelles orientales*, « Comment Wang-Fô fut sauvé »

Ou la force vitale de l'image artistique

Marguerite Yourcenar (1903-1987), pseudonyme de Marguerite de Crayencour, fut en 1980 la première femme élue à l'Académie française. La même année, elle définissait ainsi son projet littéraire : « je voulais offrir un certain angle de vue, une certaine image du monde, une certaine peinture de la condition humaine » (*Les yeux ouverts*). C'est dans cette perspective que l'on peut considérer sa nouvelle « Comment Wang-Fô fut sauvé », parue en 1936. Placé au début du recueil *Nouvelles orientales*, ce court récit d'une dizaine de pages raconte le cheminement d'un peintre, Wang-Fô, préoccupé uniquement de représenter « une certaine image du monde » dans la Chine médiévale. Détaché de tout matérialisme, Wang-Fô vit en sage et en itinérant avec son disciple Ling. Condamné à mort par un jeune empereur jaloux qui lui demande d'abord de terminer une toile, il entre dans le tableau, y retrouve Ling que l'empereur a précédemment fait décapiter, et disparaît avec lui dans un dénouement surnaturel.

La nouvelle, teintée d'étrangeté, ne recherche pas le réalisme. Elle semble plutôt composée comme un tableau coloré, constitué de plusieurs plans, proposant une certaine vision de l'art, de la sensibilité artistique, et de son rôle dans le monde.

I. Une « nouvelle orientale » comme art de l'image

« Comment Wang-Fô fut sauvé » est une nouvelle très visuelle, à la fois légère dans le ton et grave dans le propos. Une grande importance est accordée aux thèmes de la vue, des yeux, des couleurs. Wang-Fô vit par son art avant tout, et le jeune Empereur ne s'y trompe pas qui le menace de l'« aveugler ». Le début de la nouvelle l'annonce d'emblée : « Wang-Fô aimait l'image des choses, et non les choses elles-mêmes ». Cela lui vaut une sorte de détachement ironique jusque dans le rapport à la mort : lorsque la jeune femme de Ling meurt (parce que son mari « lui préférait les portraits que Wang-Fô faisait d'elle »), « Wang-Fô la peignit une dernière fois, car il aimait cette teinte verte dont se recouvre la figure des morts. » Pour Wang-Fô, le monde n'est qu'image, à tout moment.

L'atmosphère orientale fonctionne ici comme un réservoir d'images, de petites notations comme « une princesse d'autrefois jouant du luth sous un saule », les « branches du prunier rose » ou le « visage de la lune d'été ». Cette stylisation d'un orient imaginaire comporte également une dimension philosophique. Yourcenar écrit dans un post-scriptum au recueil que cette nouvelle « s'inspire d'un apologue taoïste de la vieille Chine ». On y retrouve en effet les grandes lignes du taoïsme : l'union des contraires, la complémentarité cosmique des éléments, la recherche de l'harmonie, du calme, ou l'acceptation de la mort dans la vie. Ces idées sont converties dans la nouvelle en buts artistiques pour Wang-Fô, ainsi du rapprochement des contraires à propos d'un portrait qu'il désire peindre : « Aucune femme n'était assez irréelle pour lui servir de modèle, mais Ling pouvait le faire, puisqu'il n'était pas une femme. » Le vent et l'eau, éléments du mouvement, renforcent l'étonnante et délicate esthétique de la nouvelle.

II. Donner vie aux images et guider le regard

Au sommet de son art, Wang-Fô détient le pouvoir de donner vie aux images, dans une dimension fantastique et légendaire : « On disait que Wang-Fô avait le pouvoir de donner la vie à ses peintures par une dernière touche qu'il ajoutait à leurs yeux ». Un peu comme dans « Le portrait ovale » d'Edgar Poe, la vie semble se retirer du réel pour se concentrer dans les tableaux du peintre ; c'est ce que suggère le dépérissement de la femme de Ling dont le « visage se flétrissait » peu à peu, avant qu'elle ne soit retrouvée « pendue aux branches du prunier rose » dans une description esthétisée par le regard de Wang-Fô. L'image se superpose au réel et finit par devenir plus importante que lui, par le remplacer : « Les fermiers venaient le supplier de leur peindre un chien de garde, et les seigneurs voulaient de lui des images de soldats ». Toutefois, pour créer des images, l'observation du réel est nécessaire. Vivre dans le seul univers de l'image sans fréquenter la réalité revient au contraire à se fourvoyer, comme c'est le cas du jeune Empereur, qui a grandi au seul contact des tableaux de Wang-Fô sans lien avec le monde, et qui en retire une amertume mortifère : « Et puisque tes mains sont les deux routes aux dix embranchements qui te mènent au cœur de ton empire, j'ai décidé qu'on te couperait les mains », « Et je te hais aussi, vieux Wang-Fô, parce que tu as su te faire aimer. »

Par son art, Wang-Fô éduque les regards et transmet la capacité de voir. Au début de la nouvelle, Ling le premier comprend « que Wang-Fô venait de lui faire cadeau d'une âme et d'une perception neuves » en déchiffrant pour lui le réel, en le transformant en images. L'essentiel de la narration se fait du point de vue de Ling ; grâce au peintre il apprend comment l'image ajoute une dimension supplémentaire au réel, une « âme ». Par exemple, « Ling apprit avec surprise que les murs de sa maison n'étaient pas rouges, comme il l'avait cru, mais qu'ils avaient la couleur d'une orange prête à mourir. » Ici l'image est plus vraie, plus riche que la vision première, laquelle n'est qu'une croyance pauvre, celle des murs qui seraient « rouges ». La « couleur d'une orange prête à mourir » est une ***métaphore***, c'est-à-dire étymologiquement ***ce qui amène au milieu, au cœur des choses*** et qui permet de mieux voir le réel. Le véritable talent du peintre est d'abord la faculté de voir, et de guider la perception. De ce point de vue, la nouvelle est également un art poétique, c'est-à-dire qu'elle propose une certaine vision de l'art en général, et de l'art littéraire en particulier.

III. Un art poétique

« Comment Wang-Fô fut sauvé » est la nouvelle liminaire du recueil. Elle en oriente la lecture en fonctionnant à son tour comme une image dans laquelle l'artiste doit savoir se plonger (à l'image de Wang-Fô s'enfonçant dans l'eau de son œuvre à la fin du récit), mais aussi se faire oublier, tout en éduquant le regard du lecteur. L'autrice nous fait entrer dans le recueil comme les personnages dans le tableau, nous proposant d'y croire, de nous détacher un moment de la réalité pour mieux en percevoir l'essence. Ling représente le bon lecteur, celui qui a compris le pouvoir de l'image en tant que figuration artistique de la réalité, et qui accorde toute sa confiance à l'artiste pour le guider, voire le faire renaître. Les derniers mots semblent proposer au lecteur de se laisser à son tour emporter « sur cette mer de jade bleu que Wang-Fô venait d'inventer », au gré du flot d'images des *Nouvelles orientales*. Le texte suggère aussi peut-être que l'œuvre sera plus profitable à qui a déjà fait l'expérience de la réalité, comme Ling, qu'à celui qui n'en connaît qu'une image, tel l'Empereur : l'image ne fonctionne pas seule, mais à partir du réel, qu'elle transfigure.

Le sens de la nouvelle est particulièrement riche et mouvant. Tout au long du texte se pose la question du rapport que doivent entretenir l'art et la réalité, c'est-à-dire aussi la fiction et la vie. L'amour et l'art semblent ici en concurrence. L'Empereur dit à Wang-Fô : « la toile est la seule maîtresse que tu aies jamais caressée ». L'amour entretient le narcissisme de Ling au début de la nouvelle, c'est-à-dire l'amour de sa propre image : « Ling aima cette femme au cœur limpide comme on aime un miroir qui ne se ternirait pas » ; au contraire, Wang-Fô lui enseignera la richesse de la véritable image, l'image artistique, qui seule ouvre sur le monde, quitte à précipiter la mort de la jeune femme de Ling (laquelle n'a d'ailleurs même pas de nom). Le texte ne manque pas de mystère quant à la façon dont doit être interprétée l'attitude d'un peintre dont l'amour de l'art passe avant tout attachement humain, fût-il le plus intense de son existence : lorsque Ling est décapité devant lui, « Wang-Fô, désespéré, admira la belle tache écarlate que le sang de son disciple faisait sur le pavement de pierre verte. ». Mais c'est justement en se laissant guider par son intuition artistique qu'il peint un tableau assez juste pour lui permettre de retrouver Ling. « Partons », lui dit-il alors, et en cette fin de nouvelle ces mots résonnent comme une invitation faite au lecteur à faire confiance à l'écrivaine et à la suivre dans les images du très beau recueil des *Nouvelles orientales*.

Pour aller plus loin

- Marguerite Yourcenar, *Nouvelles orientales*, Gallimard (1963).
- Marguerite Yourcenar, *Les yeux ouverts*, Le Livre de Poche (1980).

Walter Benjamin, *Enfance berlinoise vers 1900*

Ou la recherche des images perdues

Walter Benjamin (1892-1940), est un écrivain de l'exil, méconnu en son temps, auquel Hannah Arendt rendra hommage dans un essai biographique qui lui sera consacré en 1968. Traducteur de Proust et Baudelaire, il est critique d'art et de littérature, auteur de nombreux articles et essais notamment, sur l'Histoire et le langage. *Enfance Berlinoise* est entamé en 1933 pendant les années d'exil après l'accession d'Hitler au pouvoir et publié dans la presse allemande. Le texte est habité par la nostalgie d'une sécurité perdue, et une vision désespérée de l'Histoire. C'est en 1950 à l'initiative d'Adorno que paraît le premier volume posthume traduit en français en 1978 par Jean Lacoste. Composé de 41 fragments autobiographiques et poétiques, il offre aux lecteurs des cartes postales, images de l'émerveillement de l'enfance ou de l'angoisse comme celles qui passent devant les yeux des mourants. Sans logique chronologique, l'œuvre emprunte à la théorie baudelairienne des correspondances entre les éléments de l'univers en tissant des liens entre les différents tableaux. Au seuil d'une tragédie intime et historique, Benjamin fait de la mémoire personnelle et collective un ensemble d'espoirs et de promesses que l'adulte échoue à réaliser.

I. Une poétique des images

Teinté par l'univers du conte sous l'égide du personnage inquiétant du petit bossu, *Enfance Berlinoise* se présente comme un recueil d'images autobiographiques, un ensemble de monades. Cependant, à la différence de Proust avec lequel l'œuvre dialogue, Benjamin ne croit pas en la possible restitution des impressions de l'enfance. Sa foi porte sur le langage seul et l'écriture permet de faire un lien entre les images fugaces de l'enfance et le présent de l'adulte. La fragmentation est liée au motif interne du *Panorama impérial*, relayé par celui des photographies ou des cartes postales, dans une organisation poétique. Chaque image de l'enfance raconte l'histoire d'un acte illocutoire et suscite l'émerveillement comme dans *La commerelle* où le narrateur affirme qu'il « appri(t) de bonne heure à (se) dissimuler dans les mots, qui étaient en réalité des nuages ». La déformation du langage par l'enfant construit ainsi un univers de couleurs et de flocons, révélé par les synesthésies, dans lequel il voyage et se construit, mettant en abyme la création littéraire. « Je me colorais comme un paysage » poursuit-il dans *Les couleurs* exprimant les métamorphoses du moi. De plus, l'auteur souligne la dimension sacrée du langage dont la découverte est présentée dans *La boîte de lecture* comme un « état de grâce », une véritable révélation, mystique faisant écho aux articles sur le pouvoir du langage rédigés à la même époque par l'auteur. La boîte contient toutes les lectures possibles et tous les futurs écrits. Il n'est pas anodin que six tableaux soient consacrés à la lecture, la présentant comme un acte magique et autant de promesses avortées dans le réel.

Pour rendre compte de la fragmentation de l'identité, de la mémoire et de son époque, Benjamin privilégie dans son œuvre l'allégorie comme outil qui s'enrichit sans cesse, moins figée que le symbole. Ainsi l'œuvre associe plusieurs allégories, celle de la lune qui transforme le monde fait écho à celle du petit bossu comme allégorie du créateur qui collectionne les images de l'enfance. Mais ce dernier est aussi l'inconscient qui conduit l'humain à l'erreur. Dans ce dernier fragment, l'adulte comprend rétrospectivement que c'est le petit bossu qui n'a cessé de le suivre et que sa maladresse était en réalité une malchance : « celui que le petit homme regarde ne fait pas attention : ni à lui-même ni au petit homme. Il se tient effaré devant un monceau de débris ». L'histoire de la vie de Benjamin se comprend alors comme un entassement de ruines, annoncées dès l'enfance.

II. Une géographie de la mémoire

L'œuvre construit un espace au seuil du passé et du présent, créant une géographie interne et externe, articulant mémoire personnelle et collective. Le *Tiergarten* qui ouvre l'édition de 1950 ouvre un labyrinthe synonyme d'espace urbain et poétique : Image du temps monumental de l'Histoire, avec les cariatides « gardiennes du seuil », figures de l'architecture berlinoise, c'est aussi l'espace de l'intime et de l'errance baudelairienne dans la ville de Berlin où Benjamin aime se perdre comme dans un labyrinthe. Le paysage d'*Enfance Berlinoise* est fait de lieux historiques : *La Colonne de la Victoire* ou *Le marché couvert de la place de Magdebourg*, et de cachettes, armoires, placards qui ouvrent vers l'enfance et la poésie. Ainsi le garde-manger annonce l'éveil amoureux du narrateur, par la main qui « s'enfonçait comme un amoureux dans la nuit » stimulant le sens du toucher. Pour autant, Benjamin assume l'idée d'une perte définitive du souvenir comme au Panorama impérial où à chaque tintement, pour chaque image « tout était imprégné d'une atmosphère mélancolique d'adieu ». Le passé se présente pour lui comme la plume de paon tant désirée et jamais retrouvée sur l'île des paons. Benjamin met en œuvre le concept de *Bildraum*, qu'il avait formulé à propos du surréalisme, l'espace-image qui construit le réel au lieu de le représenter.

Dans cette géographie poétique, le motif du passage propose une spatialité paradoxale qui brouille la distinction entre extérieur et intérieur, émerveillement et menaces. La rue serpentine se réfère au conte de fée évoquant des « passages et galeries garnies des deux côtés de baraques pleines de séductions et de périls ». Chaque départ et chaque retour sont marqués par une sorte d'état de grâce comparé aux regards « dans les cours, ces fenêtres qui s'ouvrent dans des murs délabrés et derrière lesquelles brûlent une lampe ». Benjamin construit de manière récurrente un seuil où vacillent les certitudes, entre l'imaginaire et la perte. L'œuvre est ainsi marquée par le surgissement de *l'Unheimlich*, l'inquiétante étrangeté, dans les passages, devant les vitrines ou les grilles où il cherche à « rapporter du souterrain l'image » mais le narrateur se sent capturé par le regard du petit bossu qui le hante. Comparables aux passages, « les loggias », dans un fragment qui rappelle le célèbre incipit de Proust, sont des espaces solitaires, à la fois berceaux et mausolées, où le narrateur se recueille et montre un enfant né pour n'être déjà plus qu'un souvenir fait de promesses non tenues. La géographie de la mémoire est un espace tragique pour Walter Benjamin.

III. Les ruines de l'Histoire

C'est un futur dans le passé que crée ici Benjamin. Recréant les souvenirs de la petite enfance, il lit dans les scènes de premières fois et dans les monuments historiques, l'adulte qu'il est devenu et le monde présent. Par la description du geste de l'enfant, l'auteur veut ralentir et rendre éternel cet instant sublime, déjouer le temps pour retrouver la grâce. Cependant, il ne reste que la « demeure en ruine », vision tragique d'une destruction inéluctable. De manière cynique, l'auteur compare sa compréhension d'adulte à un « théâtre de singe », une compréhension artificielle, grotesque, ridicule qui a perdu sa fraîcheur, qui a perdu la valeur des mots. L'homme n'est plus qu'un « singe » capable d'imitation ou de transfiguration, mais qui s'est perdu lui-même. Le fragment « Manège » indique la rencontre de l'enfant avec un absolu qui l'inscrit dans une histoire collective universelle, une « philosophie de l'enfant », celle de l'éternelle découverte. Comme *l'Angelus novus* de Paul Klee, Benjamin regarde en arrière le passé pour y découvrir les germes d'une ruine.

Pour Benjamin, l'Histoire est un éternel retour des débris du passé, des erreurs que les humains n'ont pas su voir et qu'ils reproduisent sans cesse. Dans le fragment « *La colonne de la victoire* », il évoque le temps officiel, inscrit dans la pierre, qui incarne la rigidité d'un système de domination qu'il ne reconnaît pas. Le narrateur a peur de pénétrer dans le monument et d'y voir des scènes de *L'Enfer* de Dante. Il comprend alors que le « tombeau glorieux de l'Histoire universelle » n'est rien d'autre qu'un « document de barbarie » et l'enfant ne s'identifie pas aux vainqueurs aveugles. Benjamin propose de prendre l'histoire à rebrousse-poil, à l'envers en partant du présent et en contestant la notion de progrès. L'ange de Noël traversé par les images sombres de la pauvreté rappelle la thèse de l'auteur sur l'ange de l'Histoire. Le fragment se termine sur l'image de l'arbre. Alors qu'il est « entré en gloire », l'enfant le voit déjà enseveli, finissant « la fête là où un orgue de barbarie l'avait commencée ». De manière tragique, *L'annonce du mort* présente ainsi la sensation de *déjà vu* comme un écho du passé, de l'enfance et de l'histoire, que l'adulte ne comprend que trop tard. Le fragment est prophétique à double-titre : il annonce la période noire du nazisme et le suicide en germe de l'auteur.

Pour aller plus loin

- Walter Benjamin, *Sens Unique*, précédé de *Une enfance berlinoise*, traduit de l'allemand par Jean Lacoste, édition Revue, Maurice Nadeau, 1978.
- Walter Benjamin, *Sur le concept d'Histoire* dans *Œuvres III*, traduit de l'allemand par Maurice de Gandillac, revu par Pierre Rusch., Gallimard, Folio, 1942.
- *L'angelus Novus*, Paul Klee, 1920.
- Marcel Proust, *Du côté de chez Swann*, Gallimard, 1913.

Louis Aragon, *« Strophes pour se souvenir » (« L'Affiche rouge »)*

Ou le détournement d'une image

Le 21 février 2024, l'entrée de Missak et Mélinée Manouchian au Panthéon a mis un coup de projecteur sur l'étrange destinée d'une affiche de propagande nazie devenue symbole de la Résistance grâce à un poème de Louis Aragon, « Strophes pour se souvenir ». Né en 1906 en Arménie, le poète Missak Manouchian était chef d'un groupe de résistants communistes étrangers, fusillés par les nazis au Mont Valérien le 21 février 1944. À cette occasion, l'armée allemande placarda dans tout Paris quelques milliers d'exemplaires d'une affiche à connotation antisémite présentant le groupe Manouchian comme une bande terroriste. Sur fond rouge, l'affiche expose des photos très sombres de dix des vingt-trois condamnés accompagnées de légendes xénophobes et surmontant des photos d'exactions. En haut, en lettres majuscules, figure la question « Des libérateurs ? » et en bas la réponse censément ironique : « La libération ! Par l'armée du crime ». Or cette affiche, restée dans la mémoire populaire sous le nom d'« Affiche rouge », manqua son objectif propagandiste. Après la guerre, le poème de Louis Aragon « Strophes pour se souvenir » (connu aussi sous le titre « L'Affiche rouge ») a contribué à forger la légende des FTP-MOI du groupe Manouchian. De la fin de la guerre à nos jours, plusieurs œuvres artistiques s'en sont inspirées au point que cette affiche nazie est paradoxalement devenue un symbole de la Résistance, faisant de la mémoire de Missak Manouchian une véritable icône nationale, quitte à tordre parfois la réalité historique.

I. Création poétique d'une image de la résistance

L'Affiche rouge a été conçue comme un élément de propagande nazie très étudié. Des historiens ont montré que les dix résistants représentés (sur les vingt-trois du groupe arrêtés et fusillés en même temps) ont été choisis sur la base de critères xénophobes et antisémites. Leurs photos, conçues pour effrayer (Louis Aragon écrira dans son poème que l'affiche « cherchait un effet de peur sur les passants »), ont été prises devant le peloton d'exécution, après trois mois de mauvais traitements et de tortures. Leur jeune âge et leurs prénoms n'apparaissent pas, et ils sont présentés comme des terroristes auteurs d'« attentats ». « Manouchian Arménien Chef de bande », désigné au bout d'une flèche noire, occupe la place centrale de l'affiche, dont l'objectif xénophobe résonne comme un écho aux souffrances intimes que le poète exposait dans ses vers bien avant la guerre ; exilé en France à la suite du génocide arménien, il écrivait : « Ils [...] me jettent au visage/Comme une gifle pleine de rancœur, le mot "étranger" ».

Or cet objectif d'une image nazie pourtant habilement conçue, a été détourné par des slogans courageusement inscrits sur certaines affiches, comme le rappelle encore Aragon (le fait semble confirmé par les études historiques) : « [...] à l'heure du couvre-feu des doigts errants/Avaient écrit sous vos photos MORTS POUR LA FRANCE ». L'écrivaine Simone de Beauvoir racontera en 1960 comment elle a été émue par l'affiche : « malgré la grossièreté des clichés, tous ces visages qu'on proposait à notre haine étaient émouvants et même beaux ; je les regardai longtemps, sous les voûtes du métro, pensant avec tristesse que je les oublierais. » Ainsi, au lieu des idées nazies, c'est finalement à l'entretien de la mémoire des résistants étrangers en France que cette affiche a grandement contribué jusqu'à aujourd'hui, grâce notamment à un poème.

II. Détournement poétique d'une image

Le détournement de l'Affiche rouge a en effet été pleinement réalisé par ce poème de Louis Aragon composé de sept quintils en alexandrins, « Strophes pour se souvenir ». Étape décisive dans l'élaboration de la légende Manouchian, écrit en 1956 par un poète engagé et ancien résistant, ce texte résulte d'une commande : Mélinée Manouchian, la veuve de Missak, avait demandé à Louis Aragon d'écrire un hommage à son mari, et lui avait fourni une copie de l'émouvante lettre que ce dernier lui écrivit juste avant d'être fusillé.

Le poème s'ouvre et se clôt sur des images traditionnelles et efficaces de lyrisme héroïque (« La mort n'éblouit pas les yeux des Partisans », « Vingt et trois qui donnaient leur cœur avant le temps [...] étrangers et nos frères pourtant [...] qui criaient la France en s'abattant »...) Deux strophes décrivent l'Affiche rouge du point de vue de la Résistance : elle « semblait une tâche de sang » avec ses portraits « Noirs de barbe et de nuits » qui cherchaient à faire « peur ». Puis trois autres, en italiques, sont une réécriture de la dernière lettre de Missak à sa femme, dont il reprend (en les mettant en italiques) les images à la fois poétiques et engagées : « *Je meurs sans haine en moi pour le peuple allemand* », « *La justice viendra sur nos pas triomphants/Ma Mélinée ô mon amour mon orpheline* ». Didier Daeninckx y voit comme « un dernier poème écrit à quatre mains » par les deux poètes, dans lequel « Aragon entrelace ses mots à ceux de Manouchian dans sa lettre d'adieu ». Ce poème réussit ainsi la métamorphose de l'Affiche rouge en image de légende. Il sera plus tard mis en musique par Léo Ferré sous le titre « L'Affiche rouge », morceau repris par le groupe Feu ! Chatterton lors de la cérémonie au Panthéon notamment.

Au fil du temps, le poème d'Aragon a inspiré d'autres œuvres : plusieurs romans, mais aussi des films, dont celui du réalisateur Robert Guédiguian, *L'armée du crime* (2009), qui retrace assez librement les derniers mois du groupe. En 2009 également, une association découvre que trois clichés pris clandestinement au

Mont Valérien ont immortalisé leurs derniers instants. Ils sont depuis devenus célèbres, ainsi qu'une autre photographie, prise à la prison de Fresnes quelques heures avant l'exécution, et des portraits en noir et blanc de Missak et Mélinée Manouchian jeunes et beaux. Si on y ajoute les reproductions de la célèbre lettre, c'est tout un ensemble d'images qui porte aujourd'hui la légende Manouchian dans l'esprit populaire grâce aux vers d'Aragon, et qui pose la question de la nature de la vérité portée par l'image (image au sens propre ici, mais aussi au sens figuré, l'image de la Résistance, et celle des immigrés et de leur place dans la nation). Que véhicule l'image dans la transmission historique ?

III. Image et symbole historique

Cette utilisation de l'image dans la construction d'une légende historique ne se fait pas sans distorsion de la réalité. Si l'Affiche rouge et les « Strophes pour se souvenir » d'Aragon sont aujourd'hui aussi célèbres, c'est parce qu'elles nous parlent de notre rapport contemporain à la mémoire de la Seconde guerre mondiale, à la lutte contre le nationalisme, à l'héroïsme et à la question de l'immigration (« Nul ne semblait vous voir Français de préférence »...). Cela ne va pas sans une déformation des faits, comme le soulignent de nombreux historiens. Les poèmes, les romans ou les films tirés de l'histoire de ces images sont d'abord le reflet de l'interprétation artistique de ces questions à une époque précise. Il en va de même pour le choix du transfert au Panthéon des dépouilles du couple Manouchian, lequel prend place dans un certain contexte politique, et pour la reprise des vers de « Strophes pour se souvenir » à cette occasion, dans leur version musicale interprétée par Arthur Teboul. La diffusion et la réception d'une image historique parlent toujours aussi du moment où elles ont lieu. Depuis l'Antiquité, la fabrique des héros est une question d'image.

Dans *Anatomie de l'Affiche rouge*, l'historienne Annette Wieworka écrit au moment de la cérémonie au Panthéon, en février 2024 : « Oui, Missak le poète, le militant, le résistant est une magnifique figure digne d'être honorée. Mais je ne peux m'empêcher d'être saisie par un double sentiment : celui d'une injustice à l'égard de la mémoire des autres fusillés de février 1944 et d'Olga Bancic, guillotinée le 10 mai 1944 à Stuttgart, et de leurs familles ; et celui d'un malaise devant un récit historique qui distord les faits, voire les occulte au profit de la construction d'une légende. » Cette *légende* (étymologiquement : *ce qui doit être lu*, au sens de *ce que l'on doit comprendre, retenir*) a été largement créée par l'émotion que suscite le lyrisme d'Aragon. Si elle a contribué à une relative déformation de la réalité factuelle, cette évocation poétique des événements liés à l'Affiche rouge n'en a pas moins fabriqué du sens au niveau de la mémoire nationale.

Pour aller plus loin

- Louis Aragon, « Strophes pour se souvenir », *Le roman inachevé* (1956), Poésie-Gallimard, 1966.
- « L'affiche rouge », mise en musique par Léo Ferré du poème d'Aragon (1961) reprise par le groupe Feu ! Chatterton (2022).
- Annette Wieworka, *Anatomie de l'Affiche rouge*, Seuil Libelle, Paris, 2024.
- Missak Manouchian, *Ivre d'un grand rêve de liberté*, Points Poésie, Paris, 2024.

Yasmina Reza, *Art*

Ou le sens de l'image blanche

Yasmina Reza (1959-) est une dramaturge française d'origine hongroise, russe et libanaise. Ses pièces de théâtre sont jouées dans le monde entier. Elle est connue notamment pour *Conversations après un enterrement* (1987), *La traversée de l'hiver* (2001), *Le dieu du carnage* (2007) ou encore *Art* (1994), pièce qui interroge ce qu'est une œuvre d'art : à l'heure où une toile de Malevitch intitulée *Carré blanc sur fond blanc* (1918) fait autorité dans le milieu de l'art, il est légitime de se demander ce qui fait le prix d'une œuvre d'art ou encore à quel moment une œuvre admirée autrefois devient une « croûte ». Dans *Art*, le spectateur assiste aux tensions qui peuvent naître entre des amis ne partageant pas les mêmes goûts en matière d'art.

I. À chaque lieu son tableau

La pièce s'ouvre sur un monologue de Marc qui critique le choix de son ami Serge. Ce dernier vient en effet d'acquérir « un tableau blanc, avec des liserés blancs », ce qui plonge Marc dans l'incompréhension la plus profonde. Ce tableau a été créé par un peintre renommé, Antrios. Serge, médecin dermatologue, l'a payé 200 000 francs et pense déjà pouvoir le revendre bien plus cher. Il estime que pour comprendre ce qui fait la valeur d'un tel tableau, il faut avoir reçu un « apprentissage » permettant de saisir les « vibrations » du monochrome. Antrios, qui plus est, aurait trois de ses œuvres exposées à Beaubourg, ce qui constitue un argument d'autorité pour Serge.

Durant la pièce, chaque lieu est associé à un tableau. Chez Serge, le spectateur voit l'Antrios ; chez Yvan, une « croûte », synecdoque qui désigne un mauvais tableau en référence aux couches de peinture étalées en croûtes. Chez Marc se trouve « un tableau figuratif représentant un paysage vu d'une fenêtre. ». Serge qualifie ce tableau « d'hypo-flamand », néologisme fondé sur le préfixe « hypo- » (« sous ») et l'adjectif « flamand » qui renvoie à l'école flamande des XVe-XVIIe siècles dont Van Eyck est l'un des plus célèbres représentants. Le tableau de Marc serait une imitation du style flamand mais Marc ne possède pas les codes lui permettant de comprendre ce que lui dit Serge et affirme qu'il s'agit d'une simple vue de Carcassonne et que son tableau ne vaut rien. Marc est cependant loin d'être inculte : il en arrive à associer le geste de son ami à un « acte hautement poétique », ce qui peut renvoyer le spectateur à une pratique artistique nommée « happening », une performance artistique, un événement ou une situation pouvant être considérés comme de l'art. L'action d'acheter un Antrios aurait un sens « poétique », serait porteuse d'une signification qu'il appartiendrait au spectateur de ce geste, Marc, de dégager... Marc ironise : à ses yeux, acheter un tableau blanc n'a aucun sens.

II. Pour une sociologie de l'image

Marc ne comprend pas pourquoi Serge a investi autant d'argent dans l'achat du tableau blanc avec des liserés blancs transversaux d'Antrios. Il qualifie rapidement le tableau de "merde", ce qui pousse son interlocuteur à le considérer comme un "ennemi de la modernité", une personne arrogante, fermée à ce qu'est l'art contemporain. Il y a une antithèse entre l'air "réjoui" de Serge face au tableau et l'air énervé de Marc. Serge se vexe du qualificatif péjoratif utilisé par Marc pour désigner son tableau. Marc va alors se rendre chez leur ami commun, Yvan, pour le rallier à sa cause : comment peut-on investir autant d'argent dans un tel tableau ? La ponctuation forte utilisée par la dramaturge dans "Vingt briques ??!" (une brique équivaut à 10 000 francs) laisse entendre la surprise d'Yvan mais, rapidement, il va estimer qu'en tant qu'ami il n'a pas à dire à Serge quoi faire avec son argent, position que ne partage absolument pas Marc selon lequel il lui appartient de protéger son ami de toute bascule dans le snobisme.

Yvan se montre bien plus ouvert d'esprit et avoue même à Marc ne pas être resté insensible face à l'Antrios, ce qui lui vaut d'être tourné en ridicule par son ami qui estime qu'il se contente de répéter comme un perroquet ce que lui a dit Serge. Yvan s'emporte à son tour : « Tu nies que je puisse apprécier en mon nom ce tableau ! » Yasmina Reza pose ainsi la question suivante : l'amour de l'art relève-t-il de l'inné ou de l'acquis ? Peut-on aimer instinctivement un tableau ou a-t-on besoin de recevoir une éducation artistique ? Marc est « ingénieur en aéronautique », Serge chirurgien mais Yvan est en échec professionnel. Il n'a pas reçu la même culture que ses amis, comme le montre la présence chez lui de la « croûte ». Est-ce à dire que les conditions sociales jouent un rôle majeur dans l'accès à l'art ? Suivant le milieu auquel on appartient, se comporte-t-on de façon snob, comme Serge, ou complaisante, comme Yvan, ainsi que le laisse entendre Marc ? C'est ce que semble dire le sociologue Bourdieu dans *La distinction* : « Du fait que leur appropriation suppose des dispositions et des compétences qui ne sont pas universellement distribuées [...], les œuvres culturelles font l'objet d'une appropriation exclusive, matérielle ou symbolique, et, fonctionnant comme capital culturel (objectivé ou incorporé), assurent un profit de distinction, [...], et un profit de légitimité, profit par excellence, consistant dans le fait de se sentir justifié d'exister ». Serge se distinguerait ainsi de ses amis en se montrant sensible à l'art contemporain, en maîtrisant le vocabulaire associé à cet art, allant par exemple jusqu'à employer le mot « déconstruction » pour parler d'un « objet d'art ». Cela a profondément bouleversé Marc qui a senti que son ami changeait de monde, et ce, d'autant plus que Marc lui-même croit que le mot « déconstruction », hérité de la philosophie de Derrida, est issu du vocabulaire des « travaux publics ». Serge estime qu'il faut vivre avec son temps et ne pas limiter l'histoire de l'art à « une vue hypo-flamande ». Les deux personnages en viendront aux mains et frapperont malencontreusement Yvan, ce qui va permettre à la conversation de prendre un autre tournant. Marc finit par avouer qu'il a eu le sentiment d'être « remplacé » par l'Antrios : en réalité, l'achat du tableau par Serge révèle le fait qu'il s'est, avec le temps, éloigné de Marc. Ce dernier note en effet que « de [son] temps », Serge n'aurait pas acheté ce tableau. Marc ne supporte pas l'idée que Serge ne l'admire plus lui mais admire des artistes ; au fond, c'est surtout au changement de classe sociale de Serge qu'il s'attaque : il dîne désormais « chez les Desprez-Coudert et pour entériner son nouveau standing, achète un tableau blanc. » L'art semble opérer la distinction de différentes classes sociales entre elles.

III. Faire parler l'image

Il semble bien que, suivant la culture que l'on a, on accorde un sens différent à l'œuvre contemporaine observée. La pièce de Yasmina Reza montre, au moment du dénouement, que le sens donné à une image dépend aussi du contexte lors duquel on la contemple.

L'image blanche, vide aux yeux de Marc mais aussi d'Yvan, finit par se remplir de sens : Serge laisse Marc dessiner sur un liseré une piste de ski et un skieur qui la descend… ils seront effacés mais le tableau devient l'emblème de l'amitié qui unit Marc et Serge. Ce dernier a su montrer qu'il préférait symboliquement son ami à une œuvre estimée plus de 200 000 francs. Marc y voit aussi le vide laissé par le skieur qui a fini de descendre sa piste. Symbole du temps qui passe, de la vie, de l'amitié, le monochrome se charge de vibrations. Il a su faire parler, débattre, se disputer ces hommes, mettre au jour des problèmes qui préexistaient à son acquisition. L'image n'a pas de sens en soi mais finit par posséder le sens qu'on veut bien lui accorder. Elle fait appel à notre créativité, à notre imagination et pas seulement à celles de l'artiste. L'artiste qui a peint la vue de Carcassonne avait-il en tête les tableaux de style flamand ? N'est-ce pas plutôt le spectateur érudit qui lui prête cette intention-là ? N'a-t-on pas tendance à surinterpréter une œuvre ? Au fond, n'est-ce pas là ce que cherche à nous faire comprendre Reza ? Umberto Eco dans ***Lector in Fabula*** (1985) montrait que c'était bien souvent le lecteur qui donnait tout son sens au texte qu'il lisait. Autrement dit, le sens ne préexiste pas nécessairement à l'acte de lecture. Il en est de même pour l'art : le sens d'un tableau dépend de celui qui le regarde. Les sens antinomiques de "chef-d'œuvre" et de "merde" qu'accordaient respectivement Serge et Marc au monochrome se sont annulés au nom d'un autre sens. L'œuvre se charge de l'émotion de la réconciliation. Marc ne peut plus critiquer l'Antrios. Il y voit "un homme qui traverse un espace et qui disparaît", un symbole de la vie. Le blanc de l'Antrios renvoie au blanc de la page qui se remplit grâce au pouvoir de l'imaginaire.

Pour aller plus loin

- Yasmina Reza, *Art*, folio poche, 2017.
- Pierre Bourdieu, *La distinction*, Minuit, 1979.
- Pierre Bourdieu, *L'amour de l'art*, Minuit, 1969.

David Foenkinos, *Charlotte*

Ou les images d'une vie

Les œuvres de David Foenkinos (né en 1974) se caractérisent par une écriture hybride mêlant les codes du scénario, de la poésie et du roman. En 2014 il reçoit le Prix Goncourt des Lycéens et le Prix Renaudot pour son roman *Charlotte*, inspiré du destin tragique de la peintre allemande Charlotte Salomon, assassinée à Auschwitz en 1942. Foenkinos fait le récit poétique de sa découverte de l'œuvre *Vie ? Ou théâtre ?* de C. Salomon, qui mêle gouaches, textes et annotations musicales. Il mène l'enquête sur les traces de sa vie. À travers les noms, le temps, les lieux et les références littéraires, le romancier fait dialoguer les sensations et les genres artistiques. Construit comme un poème, le récit fait parler les images pour peindre un itinéraire du souvenir et de la création où l'art apparaît comme la seule vie possible.

I. Voyage dans la genèse d'un roman

Foenkinos a découvert au *Musée d'art et d'histoire du judaïsme* l'œuvre de la peintre. Le récit enchâssé tisse ainsi l'itinéraire de sa démarche et de ses recherches, avec l'histoire de Charlotte. Le narrateur présente tout d'abord la généalogie et la naissance du personnage pour ensuite insérer le fil de l'histoire du romancier par un autre narrateur. Dès la deuxième partie, il « emprunt(e) ce chemin à son tour », métaphore d'une quête qu'il mène par une « plongée dans le décor intact de Charlotte ». Une porosité apparaît entre l'histoire de l'artiste et l'imaginaire de l'auteur qui pense l'apercevoir parmi les écolières. L'isotopie des lieux crée ainsi l'image du parcours de l'auteur depuis la traversée d'un « couloir sombre et poussiéreux » de l'enfance du personnage vers le récit de l'émergence de l'œuvre où il pense « marcher à travers (son) roman ». Dans une quête dans les cafés, couloirs, le cimetière, la salle de spectacle, l'opéra, la chambre, la bibliothèque, l'auteur imprime « (ses) pas dans ses pas » pour retrouver les émotions de l'artiste et « être dans son monde ». Fasciné par les lieux hantés par les traces de Charlotte, le narrateur reste « figé » devant le balcon de son enfance, « préférant observer la photo dans (sa) mémoire plutôt que le présent ». La narration se construit ainsi comme une enquête à travers les lieux de l'histoire de Charlotte et une mise en abyme de la genèse d'un roman.

Son errance le conduit vers l'œuvre d'Aby Warburg, qui ouvre une nouvelle porte dans son questionnement et le conduit en Allemagne. L'historien bibliophile apprécié par Charlotte devient un point de convergence entre le chemin du narrateur et celui de l'artiste peintre. Ouvrant les tiroirs, déambulant chez les libraires, dans les cafés berlinois, le romancier s'approche ainsi d'un « dénouement » personnel, une révélation. Sa découverte de *Vie ? ou Théâtre ?* au musée est une véritable scène d'épiphanie où le narrateur se sent devenu métaphoriquement « un pays occupé », « envahi totalement » par l'œuvre de Charlotte. « Quelle forme mon obsession devait-elle prendre ? » s'interroge alors le narrateur pour exprimer sa réflexion méta-textuelle sur la représentation de la sensation physique qu'il éprouve.

II. La vie comme un théâtre

Dans le titre de son œuvre, Charlotte Salomon faisait un parallèle entre le théâtre, et sa vie longtemps peuplée de mensonges et habitée par les arts. Dans le roman de Foenkinos, l'enfant apprend à lire son prénom sur une tombe, celle de sa tante, la première d'une lignée de femmes suicidaires. La scène raconte « le début du théâtre », métaphore annonçant l'illusion que sa famille lui crée longtemps et qu'elle s'applique à jouer à travers son sourire « celui qu'elle a travaillé avec sa mère » dans « la tragédie familiale » ou dans le rôle de « la gentille aryenne » plus tard pour se cacher des SS. Le motif du théâtre souligne ainsi le silence, le refus du réel et le mensonge qui ont bercé sa vie. Lorsque sa mère musicienne, Franziska, envisage la mort, on lui raconte que « maman a été malade » puis qu'« elle est devenue un ange » lorsqu'elle se suicide. Elle l'imagine, comme on le lui a promis, écrivant pour elle une lettre entourée de « pleins de pianos cachés dans les nuages », image d'un décor de spectacle de conte. Dès son enfance, Charlotte a vécu dans un monde d'artifices, et « joue à la petite fille heureuse » alors qu'elle est en deuil. La rencontre entre Albert et Paula la cantatrice, qu'il lui raconte avec théâtralité, est mise en scène comme un vaudeville dans un triangle amoureux, qui émerveille Charlotte. Ce monde d'illusion voit apparaître comme une dissonance la montée du nazisme, l'oppression des artistes qui se résignent aux restrictions car « être sur scène, c'est vivre », la parataxe soulignant la fusion opérée entre la vie et le théâtre par la future peintre. Les parents, comme les grands-parents, à travers les arts, lui offrent « un optimisme absurde », qui dit par l'oxymore le choix d'une résilience poétique et décalée face à l'effondrement de l'Europe et de leur vie.

Charlotte a donc très tôt une attitude de comédienne et de spectatrice qui contemple le théâtre du monde. Lors d'un voyage en Italie, elle découvre sa voie, la peinture : « devant certains tableaux, son cœur bat comme pour un amour », naissance de la jeune femme au moyen d'expression qu'elle cherchait. La rencontre avec son unique amour, Alfred, lui proposant d'illustrer son autobiographie, l'amènera à réfléchir sur la valeur de l'art : « les gens ont besoin de se divertir, c'est leur moyen de ne pas voir la vérité ». Élevée dans le mensonge, Charlotte décidera de gommer les frontières entre l'illusion et le réel, entre les arts, faisant de sa vie une œuvre picturale et littéraire teintée de musique où « comme au théâtre » les personnages de sa vie « sont présentés au début ».

III. Un rapport esthétique au monde

Le récit met en scène des personnages ayant un rapport esthétique au monde, qui ont construit l'identité de Charlotte, dans un dialogue avec l'œuvre de Walter Benjamin, qu'elle affectionne. Alfred, figure d'Orphée, pense ainsi par images, « lorsqu'il plonge son visage dans les cheveux de Charlotte » c'est un « tableau de Munch » qui lui apparaît et le conduit à écrire des poèmes, « quelques pages inspirées par la beauté ». La juxtaposition des vers de Foenkinos rend ainsi compte d'un jaillissement poétique et du lien entre le réel et la création. Envoyé au combat, Alfred pense aux mots du peintre Otto Dix, « l'œuvre du diable » face au paysage désolé de la guerre. Charlotte est fascinée par Van Gogh, Chagall ou Nolde dont elle rejoint la vision de l'art exprimée à travers l'intertextualité par la citation : « J'aime qu'un tableau ait l'air de s'être peint lui-même. », paradoxe indiquant un brouillage de l'illusion artistique. Ainsi sa pensée mêle le réel et les différents arts : dans son dessin découvert par Alfred, elle dit s'inspirer d'un poème de M. Claudius dans le livret de Schubert *La jeune fille et la mort*, et pour son futur amant « la jeune fille et la mort, c'est nous ». Il n'y a pas de frontière entre l'art et la vie car « l'art est la seule vie possible ». Lorsque Charlotte dans l'urgence réalise son œuvre, elle écrira dans une lettre conclusive cet oxymore : « J'étais tous les personnages de ma pièce », se peignant de dos, écrivant sur son corps dessiné le titre « Leben ? oder Theater ? » pour signer ce qui devient « TOUTE (SA) VIE ».

Dès son arrivée au camp de Gurs, face au « paysage lunaire » du lieu, l'artiste en quête de beauté, opère une métamorphose définitive et « son rapport au monde devient purement esthétique ». La « laideur » envahit tout ce qui l'entoure, et elle ferme les yeux pour « voyag(er) à travers la beauté » et pense à l'œuvre de Chagall. Dès lors Foenkinos développe la métaphore du mouvement pour souligner l'urgence qui anime l'artiste pour peindre comme on court, « peindre son histoire », le souvenir des sensations, le dialogue entre les sens. « La musique guidait le choix des couleurs » pour représenter « l'équivalent d'une pièce chantée » et « toutes les influences d'une vie ». Charlotte peint ainsi le panorama artistique et littéraire de sa vie et des personnes qui l'ont marquée. Elle peint « en chantant » et en ajoutant des annotations musicales et des phrases poétiques à son œuvre, créant une véritable symphonie du souvenir, retranscrite par le tissage des motifs artistiques. Confiant son œuvre à Moridis, elle retourne à l'ermitage, mais sa vie, déjà couchée sur la toile, n'existe plus vraiment et la beauté « est devenue triste ». Elle apparaît « en vacances d'elle-même » comme l'était sa mère, dans une attitude prémonitoire, avant d'être déportée à Auschwitz.

À tout ceci, il faut sans doute ajouter que le film fonctionne également comme une métaphore du cinéma : c'est le désir qui nous fait croire aux images et, parfois, les préférer à la réalité.

Pour aller plus loin

- *Charlotte* de D. Foenkinos 2014.
- *Vie ? Ou théâtre* de C. Salomon, 2015, Edition Le Tripode.

Philosophie

Platon, *La République*

Ou la fausseté des images

Le monde que nous voyons, le monde visible, n'est pas, selon Platon, le monde vrai. Nous sommes comme des prisonniers, enfermés depuis leur naissance dans une caverne, qui n'auraient rien vu d'autre que des ombres et les prendraient pour les réalités véritables, alors qu'elles n'en seraient que des imitations, des images de la réalité. « Ne penses-tu pas qu'ils croiraient nommer les objets réels eux-mêmes, en nommant les ombres qu'ils verraient ? » (*La République*, 515ab). De même que les prisonniers doivent sortir de la caverne pour découvrir ce qui est en vérité, il nous faut comprendre que nous n'y parviendrons qu'à la condition de nous détourner des apparences, pour considérer des réalités plus vraies, auxquelles on accède non par les yeux mais par l'esprit, les réalités intelligibles, les essences ou « idées ». Que faut-il entendre par là ?

Au début du livre x de *La République*, Platon distingue entre trois lits : il y a d'abord l'idée de lit, « l'essence » de lit sur laquelle le menuisier prend modèle pour construire le second lit, le lit sensible, celui dans lequel nous nous couchons, et qui est à son tour imité par le peintre qui dessine, par exemple pour un décor de théâtre, un troisième lit. Le lit peint est une imitation, chacun en conviendra. Nous aurions tendance à ajouter : du lit réel, celui que le menuisier a construit et dans lequel nous dormons. Mais ici, Platon se sépare du sens commun et affirme que le lit que le peintre imite n'est pas le lit réel mais est lui-même une imitation : c'est le lit intelligible qui mérite véritablement le nom d'être, les deux autres n'étant que des images, le lit du menuisier une imitation de la réalité et le lit peint une imitation de l'apparence, éloignée au troisième degré de la réalité – c'est d'ailleurs parce que l'artiste est un tel faiseur d'images illusoires qu'il faut le chasser de la cité ! Accéder à la vérité, c'est donc tourner le dos aux images, cesser de les prendre pour des réalités.

I. Le peintre et le menuisier

La distinction entre les trois lits – le lit intelligible qui est une idée ou essence, le lit sensible que construit le menuisier et l'image de lit qui est l'œuvre du peintre – a évidemment pour objet de mettre en évidence des degrés d'imitation : nous comprenons sans peine que le peintre imite le lit sensible qui est lui-même une imitation du lit intelligible. Le lit du menuisier, bâti à la ressemblance de son modèle intelligible, n'est pas moins une image que le lit du peintre. « S'il ne produit pas ce qui est, il ne produit pas l'être, mais quelque chose qui en tant que tel ressemble à l'être, mais qui n'est pas l'être. Si quelqu'un affirmait que l'ouvrage du fabricant de lits ou de quelque autre artisan manuel constitue un être qui est complètement ce qu'il est, il risquerait de ne pas dire la vérité » (*La République*, 597a). C'est la relation mimétique entre le modèle et la copie qui nous fait comprendre le rapport entre réalités sensibles et essences intelligibles. Par un curieux renversement, c'est donc l'art qui, ici, nous donne une leçon de métaphysique en nous enseignant à identifier l'être véritable comme *ce qui n'est plus du tout une image.*

Le peintre de théâtre imite l'imitation de l'artisan et non le lit intelligible. « Dans quel but l'art de la peinture a-t-il été créé pour chaque objet ? Est-ce en vue de représenter imitativement, pour chaque être, ce qu'il est, ou pour chaque apparence, de représenter comment elle apparaît ? La peinture est-elle une imitation de l'apparence ou de la vérité ? – De l'apparence, dit-il » (598b). Le monde sensible est déjà une apparence, non seulement parce qu'il paraît, mais encore en ce qu'il est un faux-semblant, un trompe-l'œil, une image dont il faut se détourner, que l'on prend volontiers, comme les prisonniers de la caverne, pour le monde réel. Le peintre, par conséquent, propose un simulacre du visible ; fauteur d'illusion, il produit l'image d'une image, redouble les apparences déjà trompeuses du monde sensible, et c'est pourquoi il est condamné par le philosophe en quête de vérité.

II. Les faux prestiges de l'image

Il faut en effet dire du peintre qu'il est l'exact contraire du philosophe qui invite les hommes à sortir de la caverne, ainsi que le remarque Pierre-Maxime Schuhl : « Au lieu de se retourner, par une conversion de l'âme toute entière, vers la source de toute lumière, il s'efforce de fixer, au mur de la caverne, les ombres fugitives qui s'y succèdent, de donner une consistance illusoire à ce qui n'en a pas davantage que les reflets changeants des eaux et des miroirs [...] – inquiétante magie, qui projette des visions de rêve devant les yeux éveillés ; qu'est-ce, en effet, que rêver sinon prendre ce qui ressemble à une chose pour la chose elle-même ? » (*Platon et l'art de son temps*, p. 58-59). Fût-ce à son corps défendant, le peintre est une sorte d'illusionniste qui redouble les mirages de la caverne, et, qui pis est, leur donne quelque contenance : faire la copie d'une image, c'est lui conférer le statut qu'elle ne mérite pas, celui d'original, puisqu'elle est elle-même une image, une copie.

Plus l'image peinte sera fidèle aux apparences sensibles plutôt qu'à la réalité intelligible, pus elle sera trompeuse. Ceci doit nous conduire à nous demander si la critique développée par Platon ne serait pas plus nuancée qu'il ne le semble au premier abord et si elle ne viserait pas en fait, non tous les arts, ou tous les types de peinture, mais plus vraisemblablement celles des imitations qui se donnent justement pour objet de faire illusion.

III. Les deux mimétiques

Platon s'élève en fait contre la tendance « illusionniste » de l'art de son temps, qu'illustre notamment l'œuvre de Zeuxis dont les décors de théâtre étaient si bien faits qu'ils donnaient l'illusion de l'espace. En se donnant pour objet d'être une parfaite imitation de la nature, l'art veut produire des œuvres qui soient une image fidèle du monde sensible. Telle la chose paraît dans la réalité, telle elle doit paraître dans l'art. Dans *Le Sophiste* (235d-236c) Platon distingue explicitement deux types de *mimesis* : l'art de la *copie* qui emprunte au modèle ses rapports exacts de longueur, largeur et profondeur et est une imitation de l'être en soi ; l'art du *simulacre* qui sacrifie les proportions exactes du modèle au profit des proportions qui feront illusion et est une imitation de l'apparence. Et c'est l'art du simulacre qu'il condamne.

Le peintre et le menuisier sont également des imitateurs. Et c'est pourquoi il importe de distinguer deux formes de *mimesis*. Là où le simulacre fait illusion, la copie se donne pour ce qu'elle est : une image et non une réalité. Mais ne se contente pas de suggérer au peintre de faire comme le menuisier et d'imiter le modèle intelligible plutôt que l'apparence des choses, il promeut aussi une conception idéaliste de l'art.

Pour les Grecs, l'esthétique de la *mimesis* n'implique pas copie servile de la nature. Elle invite, au contraire, à « idéaliser » les modèles, à en corriger les défauts. Ainsi dit-on que Zeuxis lui-même, engagé par les habitants de Crotone pour réaliser une statue d'Hélène représentant la beauté parfaite, composa son œuvre en empruntant les différentes parties du corps à des modèles différents, choisis parmi les plus belles des vierges de la ville. Or non seulement Platon ne condamne pas un tel idéalisme esthétique, mais il s'en sert au contraire pour justifier l'élaboration d'une image idéale de l'État, ce qui est la grande affaire de sa philosophie : « Or donc, penses-tu que l'habileté d'un peintre se trouve diminuée si, après avoir peint le plus beau modèle d'homme qui soit, et donné à sa peinture tous les traits qui conviennent, il est incapable de démontrer qu'un tel homme puisse exister ? Non, Par Zeus, je ne le pense pas. Mais nous-mêmes qu'avons-nous fait dans cet entretien, sinon tracer le modèle d'une bonne Cité ? Rien d'autre » (*La République*, 472d).

Il nous faut donc distinguer entre celles des images qui ressemblent et font illusion et celles qui figurent et font allusion, celles qui prétendent à un statut de réalité qu'elles n'ont pas et celles qui, restant à l'évidence des images, renvoient aux réalités supérieures qu'elles désignent. Une image ne peut se comprendre en elle-même : il faut la rapporter à ce dont elle est l'image. Suivant que la copie tente de se faire passer pour le modèle ou en appelle à lui comme à sa raison, elle est pour Platon ce qui occulte l'être véritable ou au contraire ce qui peut y conduire.

Pour aller plus loin

- L'intégralité des dialogues de Platon est disponible en livre de poche chez GF-Flammarion.
- Deux ouvrages de Pierre-Maxime Schuhl – l'un et l'autre publiés aux PUF – permettent de faire le tour de la question du statut de l'image chez Platon. Il s'agit de *La fabulation platonicienne* (1947) et surtout de *Platon et l'art de son temps* (1952).

Aristote, *De l'âme*

Ou l'âme ne pense pas sans images

Aristote est un philosophe grec du IVe siècle avant notre ère (384-322). Au livre III du traité *De l'âme*, il étudie la *phantasia*, terme grec qu'il est possible de traduire par imagination. Ce mot de *phantasia* n'est pas sans ambiguïté : il dérive du verbe *phainô* qui signifie briller, paraître, se montrer ; ce verbe provient du terme *phôs* qui désigne la lumière. Là est l'ambiguïté : en effet, cette mise en lumière peut soit révéler une chose, la faire paraître ou connaître, soit produire des simulacres ; il est ainsi possible de faire briller une chose pour mieux tromper les sens et la pensée de l'être humain. De sorte que la *phantasia* qui fait apparaître quelque chose dans l'âme humaine sous la forme d'une image, peut tout aussi bien produire une illusion ou un simulacre qui égare, que figurer une idée qui nourrit la pensée. Comprenons ainsi les difficultés que pose l'usage de l'imagination, d'autant plus, si l'on considère avec Aristote que « jamais l'âme ne pense sans image ». Ne peut-on pas douter de la valeur du travail de l'âme, si pour penser l'image lui est nécessaire ? Aristote utilise, pour nommer l'image, le terme grec *phantasma* que l'on traduit par apparition, vision, songe. Le *phantasma* signifie aussi le fantôme ou le spectre. L'âme utilise-t-elle des simulacres pour penser ? A-t-elle besoin de quelque fantôme pour signifier ce qu'elle perçoit ? Si c'est le cas, quel crédit peut-on apporter aux efforts de l'âme pour connaître ? A-t-elle une force de connaissance ?

I. L'imagination est une faculté intermédiaire

L'âme est un principe de vie, et chaque être vivant est doué d'une âme, depuis l'âme végétative jusqu'à l'âme intellective. L'âme végétative anime toutes les espèces vivantes qui se nourrissent et se reproduisent ; l'âme sensitive concerne les animaux qui sentent et perçoivent le monde ; l'âme motrice est celle des animaux qui en plus de se nourrir et de sentir, se déplacent dans leur environnement en vue de la satisfaction de leurs besoins ; l'âme intellective, enfin, est le propre des animaux rationnels que sont les humains : l'âme est alors un principe de pensée. L'acte de pensée procède donc de la vie de l'âme ; c'est un acte biologique et intellectuel, qui nécessite l'intervention du corps comme puissance de vivre, et qui requiert les parties sensitives et motrices autant que la partie intellective de l'âme.

L'imagination participe des puissances sensitive et motrice de l'âme : l'imagination est « mouvement de la sensation en acte ». Ce qui signifie que la *phantasia* est une opération d'ordre sensible, qui produit donc des images dont la pensée humaine se sert pour se figurer les choses. Mais se faisant, elle participe également à l'activité intellectuelle de l'âme. Autrement dit l'imagination est une faculté intermédiaire entre la sensation et la pensée. L'imagination produit une image à partir de ce que la sensation lui a présenté ; grâce à l'imagination, l'âme peut ainsi regarder à loisir en elle-même l'image de la réalité extérieure. Et cette mise en image rend possible l'action de juger de l'âme en vue de former une opinion (*doxa*), une croyance (*hypolepsis*) ou une pensée rationnelle et discursive (*dianoia*) à propos de ce qui a été représenté. L'imagination n'opère pas de jugement sur l'image qu'elle offre à l'âme : l'imagination n'est pas une opinion ou une pensée discursive ; elle ne s'assimile pas à une faculté supérieure de l'âme. Cependant elle est ce par quoi l'âme peut juger.

Comprenons ainsi que l'imagination participe au mouvement de la connaissance : elle s'empare de ce que la sensation reçoit du monde extérieur en produisant une image à l'intérieur de l'âme ; celle-ci peut alors évaluer cette image en vue de forger une opinion ou de constituer une connaissance du réel. Sans l'imagination, la connaissance du réel par l'humain ne pourrait donc pas avoir lieu. Pour autant l'imagination se présente comme un simple outil dont se sert d'une part la sensation pour conserver en image ce qu'elle reçoit du monde extérieur, d'autre part l'intellect pour élaborer des concepts, l'image étant alors la matière nécessaire pour donner forme à la pensée.

II. Une mise en question de l'image

Il est nécessaire alors d'étudier l'image pour décider de son sort : n'est-elle pas qu'une représentation affaiblie du réel ? Les Grecs de l'Antiquité utilisaient plusieurs termes pour nommer l'image : *eidôlon*, *eikôn*, *phantasma*. Ces trois termes ont en commun l'ambiguïté de l'image : est-elle un portrait fidèle de ce qu'elle représente ? Ou n'est-elle pas un simulacre ou un fantôme ? Mais des différences de signification et d'usage existent entre ces trois termes. Proposons des hypothèses de significations : l'*eidôlon* (idole) désignerait une image porteuse d'illusion, image qui nous représenterait une chose comme s'il s'agissait de la chose même, alors que nous n'aurions affaire qu'à un double. Au contraire, l'*eikôn* (icone) serait une représentation fidèle d'une chose réelle et qui conserverait strictement les proportions et les couleurs de la chose imagée. À suivre ces deux significations, nous donnons notre préférence à l'*eikôn* pour servir au mieux le travail de la connaissance, depuis la sensation jusqu'à la pensée.

Cependant Aristote utilise le troisième terme, *phantasma*, pour qualifier la représentation mentale. Cette image pourrait signifier le simulacre, d'autant plus qu'à la différence de l'*eikôn*, le *phantasma* se donne comme s'il était la réalité même. L'*eikôn* ne viserait pas à nous tromper ; elle se présenterait comme un symbole du réel, avec l'exigence de reproduire le réel. En utilisant le terme de *phantasma*, Aristote souhaite signaler une difficulté qui, en même temps, met en évidence la puissance particulière de la phantasia : cette dernière dépend de la volonté humaine, de sorte que l'être humain peut, en de nombreuses circonstances, solliciter son imagination pour produire des images, même en l'absence de sensations, et sans intentions de construire une connaissance du réel. Certes la sensation est la source des images, mais l'humain peut librement user de ses images, bien après la sensation, grâce notamment à sa mémoire, à l'état de veille ou durant le sommeil sous la forme du rêve. Il s'agit même d'un jeu (le jeu de l'imagination) que de se donner des images du présent ou de rappeler des images anciennes. L'être humain est comme au spectacle, ce qui lui autorise par l'image de mettre de la distance entre ce qu'il vient de percevoir et ce qu'il représente ; il n'est pas sous l'emprise affective de l'événement et peut rester impassible devant les images de la *phantasia*.

Mais puisque l'imagination dépend ainsi du vouloir de l'être humain, celle-ci n'est pas nécessairement fidèle à la chose qu'elle représente. Il y a des images vraies comme il y a des images fausses. Nous comprenons mieux alors pourquoi Aristote a choisi le terme de *phantasma*, plutôt que celui d'*eikôn* pour signifier l'image. L'image peut être fallacieuse et trompeuse, car l'imagination peut s'affranchir de la sensation ; elle peut même être signe de pathologies : le mélancolique ne se donne-t-il pas de fausses images du monde ? Sous l'effet de certains désirs, amoureux par exemple, l'être humain ne produit-il pas une représentation erronée de l'objet de son désir ? L'image peut être fidèle ou infidèle à ce qu'a transmis la sensation, de sorte le mot *phantasma* correspond bien aux difficultés que l'image pose à l'âme et qu'Aristote souhaite décrire.

III. L'image au service de la connaissance

L'imagination n'est donc pas que passive, elle ne se réduit pas à son rôle de médiatrice. Elle ne se confond pas avec la sensation et la pensée, notamment parce qu'à la différence de ces deux autres puissances, la *phantasia* est plus souvent du côté de l'erreur que de la vérité. Les sensations comportent peu d'erreurs : ce que l'être humain sent correspond à ce qui est ; et la pensée procédant par raison ne s'égare pas. Cela a pour conséquence de jeter le discrédit sur le travail de l'imagination : plus elle proche de la sensation, et d'une sensation précise, plus l'image est fidèle à la sensation ; moins elle est proche de la sensation, plus l'imagination est sujette à l'erreur. Et plus la pensée dépend de l'imagination, plus elle risque de s'égarer à son tour. Il y a une relation de dépendance entre ces trois puissances : l'imagination se nourrit de la sensation qui nourrit à son tour la pensée. Ce qui explique qu'en dépit des failles d'une imagination qui peut être trompeuse, l'être humain a comme intérêt vital de mettre son imagination au service de la connaissance.

Heureusement, l'image n'est pas seulement fallacieuse, elle est aussi lumière (*phôs*). Il faut donc considérer l'apport déterminant de l'image au travail de la pensée. La pensée humaine opère sur le monde extérieur, cherche à en déterminer le sens et s'interroge aussi sur la manière de vivre : elle rend ainsi possible le passage à l'action – la pensée est à la fois théorique et pratique. Pour répondre à cette double exigence, l'intellect humain s'appuie sur les images de la *phantasia* ; ces images mettent en lumière ce qui est utile à la vie de l'être humain pour bien vivre, mais aussi ce qui est nécessaire à connaître ; ces images suscitent le désir de connaissance ou d'agir. Si bien que la pensée ne peut pas opérer sans image, elle est elle-même un acte de l'imagination. L'être humain doit donc mettre l'image au service de la pensée, voire la nourrir des réflexions, pour qu'elle ne l'égare pas dans des faux-semblants ou autres simulacres. Et le fait que la pensée ait besoin de l'image, témoigne que l'être humain articule constamment le corps et l'âme, le sensible et l'intelligible. L'image met en lumière que l'intelligible dépend du sensible.

Pour aller plus loin

– Pierre Pellegrin, *Dictionnaire Aristote,* Paris, Ellipses, 2007.

Lucrèce,
La nature des choses, chant IV
Ou l'image-simulacre

Les connaissances que nous avons de la vie de Lucrèce se réduisent à peu de choses. On suppose qu'il serait né en 95 avant J.-C. et qu'il se serait donné la mort en 51. Son œuvre, *De la nature des choses*, un long poème versifié, est un exposé fidèle de la doctrine d'Épicure (342-270 av. J.-C.). Il y a de bonnes raisons de penser que Lucrèce avait devant lui, au moment même où il rédige son ouvrage, un important traité d'Épicure, aujourd'hui perdu (le *Peri Phuseos, Sur la Nature*), dont il propose une version poétique en latin. Dédicacé à Memmius, ce livre témoigne du lien probable de son auteur avec cet homme politique influent.

Comme son maître Épicure, Lucrèce appartient au courant des penseurs matérialistes et atomistes, pour lesquels la réalité est une composition d'atomes et de vide, des atomes tantôt en mouvement dans le vide, tantôt agrégés et qui forment tous les corps de ce monde. Dans une telle explication de la nature, les images ne sauraient être autre chose que de la matière. Lucrèce les évoque au chant IV de son livre, au moment même où il présente la théorie épicurienne de la perception, ainsi que le mode de fonctionnement de l'imagination et la formation des illusions. L'enjeu est celui de la possibilité de la connaissance, dont on va voir qu'elle est rendue possible par la médiation des images. Quel est ce processus étonnant dont parle Lucrèce ?

I. Une image minuscule fidèle qui nous touche

Lucrèce, avons-nous entrevu, est un fidèle disciple d'Épicure, et en ce qui concerne la perception, il ne dit rien d'autre que ce que son maître écrivait déjà à Hérodote, reprenant lui-même ce qu'affirmait l'atomiste Démocrite : percevoir, c'est être touché, au sens propre du terme. Le chant IV de *La nature des choses* va l'expliquer en détail en s'appuyant sur la perception visuelle, qui est un modèle de ce que la sensation est toujours tactile. Les choses de ce monde sont matérielles (une agrégation d'atomes), et il se détache d'elles l'équivalent de leur enveloppe, des répliques (*tupoï* en grec ancien) que Lucrèce désigne sous le nom de « simulacres », des images-corpuscules matérielles, des membranes légères qui flottent dans l'air, qui sont des copies parfaites des objets dont elles émanent et qui pénètrent en nous, nous donnant, en s'imprimant, non seulement à connaître ces objets mais également à les penser (puisque l'âme est matérielle et que penser est le fait des mouvements et des interactions des atomes/simulacres qui ont pénétré en nous !). L'image/simulacre constitue donc une liaison nécessaire qui assure une sorte de continuité entre les objets et les sujets percevants, le moyen par lequel nous pouvons connaître le monde.

Qu'en est-il de la fiabilité de ces images ? Il faut un temps extraordinairement rapide aux images pour se détacher des objets et s'imprimer dans des sujets (elles s'écoulent « à travers l'espace intermédiaire de l'air [...] et se diffusent en un instant », IV, 198-201). C'est ainsi un processus instantané qui garantit que ce qui est perçu est bien tel qu'il est : « les yeux ne se trompent en rien », on peut donc se fier à la sensation qui est toujours vraie, et aux images qui la rendent possible. Pour le justifier, Épicure expliquait notamment que les objets ou les êtres, dont la taille est monumentale et nous dépasse largement, voyaient leur image/simulacre se réduire proportionnellement afin qu'il puisse s'imprimer en nous, ce qui explique que nous puissions les connaître aussi ! Si tout corps est, *in fine*, atomes en ce monde, il n'y a pas de différence de nature entre les êtres, de sorte qu'il y a homogénéité et parenté entre eux, ce qui rend non seulement possible la perception mais également vraie toute sensation : un agrégat d'atomes est logiquement fidèlement senti par un autre agrégat d'atomes, seule une différence de degré et de quantité atomique les distingue.

II. Images embrouillées, les rêves et l'illusion

Si bien des images/simulacres conservent fidèlement l'organisation et la forme des atomes de l'objet dont elles émanent, il arrive parfois que ces atomes s'embrouillent dans leur traversée de l'air en direction du sujet percevant. Cela s'observe dans deux cas précis : les illusions et les rêves. Ces deux phénomènes ont en commun d'être le fait d'images bien réelles mais représentées de manière confuse. Ce que l'on nomme souvent mirage est désigné en premier lieu par Lucrèce : « Vois grossir un amas de nuages qui troublent la face riante du monde, caressant les airs de leur molle agitation. Tantôt il semble que des fantômes de géants traversent le ciel, et prolongent au loin leur ombre ; tantôt de vastes montagnes, et des rochers qui tombent de leurs flancs, précèdent le soleil ou flottent derrière : puis vient un monstre qui traîne, qui amasse de nouveaux orages » (IV, 138 et sq.). Cette illusion est ainsi due à une composition inédite de simulacres.

Continuons encore à lire la belle poésie de Lucrèce à propos des rêves, ces visions mentales apparentées par nature à la vision sensible : « J'affirme d'abord que toute sorte d'images errent à milliers de mille façons, et de toutes parts, en tous sens : images si déliées, que leur rencontre dans les airs suffit pour les attacher ensemble, comme les feuilles d'or, ou les fils d'araignée. Car les formes qui envahissent les yeux, qui harcèlent la vue, sont bien moins délicates que leur tissu, à elles, qui entrent par tous les pores du corps, qui ébranlent la fine matière des âmes, et qui provoquent leur sensibilité. Aussi voyons-nous apparaître des Centaures, et des formes de Scylles, et des gueules de Cerbères, et les fantômes des morts qui ont leurs ossements sous la terre. Ces apparitions tiennent aux images partout répandues, et dont les unes naissent spontanément au milieu des airs, dont les autres échappent à tous les assemblages, ou qui sont un effet bizarre de ces espèces réunies. Car il est impossible que les images de Centaures soient faites de matière vivante, puisque la matière ne créa jamais un tel monstre ; mais quand une forme de cheval rencontre par hasard la forme des hommes, elles se joignent sans peine, comme nous avons dit plus haut, à cause de leur fine nature » (IV, 725 et. sq.). D'où ce paradoxe que si toute image est toujours fiable et véridique, le parfait reflet des êtres et des objets, des rapprochements hasardeux et imprévisibles d'images peuvent parfois nous tromper.

III. La critique de l'amour-passion : les imagesqui font perdre la raison

Si la sensation est toujours fiable et qu'il nous arrive néanmoins de nous tromper, c'est donc que notre jugement peut errer. Épicure écrivait ainsi à Hérodote : « Quand au faux – c'est-à-dire l'erroné –, il réside toujours dans ce qui est ajouté par l'opinion… ». Nous pouvons en trouver une illustration parfaite dans ce que Lucrèce écrit à propos de l'amour dans une célèbre partie du chant IV.

Quoi de plus naturel que cette émotion ressentie à la vision d'un beau corps dont l'image pénètre au plus profond de notre âme ! En effet, c'est alors spontanément que notre être se met en branle et s'enflamme du désir de se répandre dans le beau corps qui l'attire, afin d'y trouver un plaisir espéré. Mais ce désir, si conforme soit-il à la nature humaine, peut trop facilement dégénérer en passion destructrice quand l'opinion vient exagérer la promesse de plaisir en s'ajoutant au désir sexuel.

Ce n'est pas un hasard si Lucrèce s'attaque à l'amour-passion peu de temps après avoir expliqué la formation des rêves et des illusions. Aimer passionnément c'est déraisonner, c'est mal juger des images qui nous parviennent, c'est se fabriquer des monstres, des « centaures », à partir d'images-simulacres. L'amoureux passionné est comme un rêveur diurne qui mélange des images de celle qu'il désire éperdument et d'autres qui ne lui appartiennent pas : il fantasme. Chez Lucrèce, les amoureux se mentent, inventent, délirent, sont obsédés par les simulacres de leur aimée. Jean Salem emploie à leur propos l'image stendhalienne de la "cristallisation" (un processus psychologique par lequel des qualités extraordinaires sont imaginées par l'amoureux dans la personne aimée, les faisant paraître sous un jour idéalisé et chimérique).

Si l'on se rapporte aux préceptes d'Épicure lui-même, l'on sait que pour apaiser faim et soif, un peu de pain et d'eau suffisent. Il en sera de même des besoins sexuels. On cédera d'autant plus volontiers au besoin qu'on se préserve de la passion. La passion nous attache pour toujours à une femme ; le besoin nous livre à toutes, mais juste pour un moment. Aux risques funestes de la passion amoureuse, on opposera donc l'amour physique qui se satisfait au hasard des rencontres et ne répugne pas à la promiscuité et au rapprochement des corps : rien de plus propre à arrêter net l'essor de l'imagination !

Chez les atomistes matérialistes de l'Antiquité, dont Lucrèce est un représentant éminent, l'image possède un statut essentiel qui rend possible la connaissance. On sera ici sensible au glissement de sens entre la notion de simulacre chez Lucrèce, ce medium matériel fiable et véridique, qui permet d'articuler harmonieusement l'objet et le sujet percevant, et l'idée d'un simulacre qui serait une tromperie, une contrefaçon qui prétend passer pour ce qu'elle n'est pas, et qui serait bien plus propre à l'idéalisme platonicien dans sa critique des images. L'image chez Lucrèce est dynamique et positive, vecteur de vérité, essentielle pour notre compréhension du monde, et si les erreurs de jugement sont toujours possibles, il ne tient qu'à nous de faire preuve de vigilance et d'esprit critique : aucune image n'est jamais vaine.

Pour aller plus loin

- Daniel Delattre et Jackie Pigeaud (sous la direction de), *Les épicuriens*, Gallimard, « Bibliothèque de la Pléiade », 2010.
- Jean Salem, *L'atomisme antique*, Livre de Poche, 1997.
- Marcel Conche, *Lucrèce et l'expérience*, Mégare, 1981.
- Cyril Morana, « L'atomisme antique face à l'amour », *Revue Philosophique de la France et de l'étranger*, PUF, 1/1996.

Saint Augustin, *De la Trinité, II*, « Des images »

Ou l'âme humaine, à l'image de la Trinité

La pensée d'Augustin se déploie comme une théologie chrétienne fondamentale qui s'appuie sur les ressources de la philosophie platonicienne. Dans ses œuvres, il cherche donc à donner une certaine intelligence de la foi à celui, ayant reconnu en lui une trace de l'amour divin, se laisse illuminer par la vérité que lui donne ce principe. Dans le platonisme, l'image ne vaut que par ressemblance au modèle, et sur un plan théologique et anthropologique, cela aboutit à la croyance étayée bibliquement que l'homme est créé originellement « à l'image et à la ressemblance de Dieu », et que sa conversion vers le principe est une manière de réaliser en acte la ressemblance au modèle qui donne consistance à son être « à l'image de ». Le traité *De la Trinité*, au livre II, chapitre XIV, réfléchit à ce qui en l'homme participe au mystère de la Trinité divine, Père, Fils et Esprit. Augustin trouve en l'homme trois facultés premières, trois puissances psychiques, qui font partie de l'image « inamissible » de Dieu qu'est l'âme humaine : la mémoire (*memoria*), à l'image du Père, principe divin, l'intelligence (*notitia* ou *cogitatio*) à l'image du Fils, Verbe en qui et par qui tout est créé, la volonté (*voluntas*) qui est mouvement d'amour (*amor*) à l'image de l'Esprit Saint. L'homme, ainsi « créé à l'image de Dieu, « est à partir de lui semblable à lui (*ex eo similis illius*) », capable de « se remémorer, de comprendre et d'aimer celle par qui il a été créé » (*De la Trinité* X, 5, 7). L'image de Dieu est donc indissolublement l'image que Dieu se donne lui-même dans le Fils, et l'image qu'a reçue l'âme humaine à sa création pour que l'homme réalise par la ressemblance active ce pour quoi il a été fait dès l'origine, en suivant le Christ.

I. L'image inamissible et la dynamique de la ressemblance

Si l'homme est conçu à l'image et à la ressemblance de son créateur, il reste en elle un vestige de cette origine. Bien que créée dans le temps (simultanément au corps), elle est vouée à l'immortalité. Cette relation de participation à l'éternité divine est ce qui justifie que l'image de Dieu soit inscrite de façon indélébile dans la nature humaine, et qu'on puisse, suivant la tradition patristique, parler d'image « inamissible », c'est-à-dire qui ni peut se perdre, qu'on ne peut ôter sans détruire l'essence de l'homme. Augustin le précise : « Si l'âme, par nature, est immortelle, si une fois créée, elle ne cesse plus d'exister, il est impossible que ce qu'il y a de meilleur en elle ne dure pas autant elle, qui est immortelle. Or, qu'y a-t-il en elle de meilleur que ce privilège d'avoir été faite à l'image de son Créateur ? » (XIV,

III, 1-3). Il y a donc quelque chose dans l'âme de proprement éternel qui porte l'empreinte du divin. Pourtant, du fait des vicissitudes de la vie sensible dans le temps, du fait également de la condition pécheresse de l'homme, lorsque l'âme s'oublie dans les plaisirs sensibles et les attachements désordonnés, cet être à l'image est comme effacé, voire altéré (ce qu'Augustin traduit dans le vocabulaire moral et ontologique de la difformité), de sorte que le souvenir même de Dieu s'estompe dans l'âme : le péché est et produit et simplement l'oubli du principe. Même lorsque l'âme est « souillée et défigurée par la perte de la participation divine, elle reste néanmoins image de dieu » (XIV, VIII, 11). Dotée d'une intelligence comprenant de façon active le souvenir de son origine, l'âme « se souvient d'elle-même, se comprend et s'aime » en son principe (*ibid.*), elle actualise donc l'image trinitaire qu'elle est, en retrouvant la participation active à son modèle. C'est par la présence à elle du Verbe, maître intérieur, qu'elle se rend consciente de son être d'image et y adhère en tendant à ressemble au modèle.

À travers le postulat d'une image inamissible, liée à la substance immortelle de l'âme, Augustin rend donc possible la pensée d'une dynamique de la ressemblance anthropologique, qui va de l'altération à l'unification : l'âme peut s'éloigner de son origine, et se perdre dans la région de la difformité, comme elle peut se convertir, en se laissant attirer par la mémoire de son origine, et ainsi se réformer, se laisser conformer. Le lexique de l'image, inamissible, déformée ou réformable, devient lui-même trinitaire.

II. Les trinités de l'âme

Cette structuration trinitaire du psychisme, qui inscrit le sceau du divin dans l'humain, prend une pluralité de formes dans le chapitre XIV qui serviront de points d'appui pour penser la nature de l'esprit humain. Une « trinité de la perception » est ainsi d'abord évoquée comme support analogique pour s'élever pour une « trinité de la foi » au § 3 : « le corps perçu, le regard du sujet percevant qui est informé par ce corps au moment où il le voit, et l'intention de la volonté qui unit l'un et l'autre ». Cette analogie matérielle sert donc de point d'appui temporaire pour considérer, en se retournant vers l'homme intérieur, une autre trinité, qu'on peut appeler trinité de la mémoire, laquelle est plus précisément définie au § 8 [...] : « elle est faite des images (*imaginibus*) qui, au moment de la perception, se sont imprimées dans la mémoire, de la représentation (*cogitatione*) qui prend forme lorsque, par le phénomène du rappel, le regard intérieur se tourne vers ces images : enfin de la volonté, troisième terme qui fait le lien entre les deux premiers ». Cette trinité décrit la disposition interne de la pensée qui se saisit d'un vestige mémoriel pour en donner une représentation actuelle consciente. On entre dans le domaine de l'image mentale à proprement parler. Par un mouvement intérieur de retour sur soi, le « sujet » se donne un « objet » à penser qui faisait déjà partie de lui-même sous forme d'image résiduelle, il se le remémore par un mouvement psychique propre (distinct de la mémorisation d'une donnée externe à la conscience, comme l'objet perçu de la première trinité). Évidemment, dans une approche psychologique de bon sens, Augustin ne prétend pas que cette remémoration soit complète ou fidèle, et il concède que cette articulation mémorielle qui actualise le souvenir en une pensée particulière reste dépendante des objets d'abord perçus. Il distingue par ailleurs les deux états de cette « trinité de la mémoire », lorsque le souvenir est simplement latent en elle, déjà connu mais non encore actualisé, et l'actualisation de se souvenir comme connaissance (*notitia*). Creusant plus avant dans l'intériorité psychique vers son fondement divin, le « je plus intime à moi-même que moi-même » des *Confessions*, il élabore une troisième trinité, non plus strictement psychique mais déjà spirituelle, qu'on peut qualifier de « trinité de la foi ». La foi est la certitude intérieure de Dieu donnée, dans cette vie, comme préalable à une connaissance directe de Dieu dans la vision béatifique qui sera, dans la vie d'après, face-à-face. Cette trinité est également souvenir, vision actuelle de la foi, et amour qui relie l'un à l'autre. C'est la trinité de l'âme qui fait de Dieu même son objet, se rappelle ce qu'il est pour mieux en former l'image contemplative à laquelle il adhère par intention et amour. Concrètement, elle invite le chrétien à se rappeler les bienfaits du Christ rapportés dans les Écritures, à tâcher de les comprendre en lui qui en est l'inspirateur et le modèle, et à se conformer à lui en posant des actes de charité. Cette trinité de la foi est appelée à donner ultimement place à la trinité spirituelle la plus haute, « trinité de la sagesse ». Elle est proprement spirituelle en ce qu'elle est décentrée d'elle-même et tournée désormais exclusivement vers Dieu. Au livre XIV, XII, 15 : Augustin écrit : « si Donc la Trinité est image de Dieu, ce n'est pas parce qu'elle se souvient d'elle-même, se comprend et s'aime ; mais parce qu'elle peut encore se rappeler, comprendre et aimer celui par qui elle a été créée [...] Pour le dire en bref, qu'elle honore le Dieu incréée qui l'a créée capable de lui et qu'elle peut posséder par participation ». Par cette participation à la lumière divine, elle deviendra ainsi sage, d'une sagesse qui est donc celle de Dieu lui-même. Cette sagesse conduit donc au bonheur parfait qui est celui donné dans l'au-delà.

Pour aller plus loin

- Texte : Saint Augustin, *De la Trinité*, livre II, « Des images », trad. P. Agaësse, Desclée de Brouwer, 1955.

Nicolas de Cues, *Le Tableau (ou la vision de Dieu)*

Ou quand l'image me regarde

À la charnière du Moyen Âge et de la Renaissance, Nicolas de Cues est l'un des auteurs qui ont porté au plus haut la pensée spéculative du néoplatonisme dans le contexte de la théologie chrétienne. La conception d'un homme créé à l'image de Dieu s'accompagne chez lui d'une réflexion humaniste sur la capacité de l'homme de penser et créer son propre monde mental et technique à la ressemblance du premier créateur. L'image a chez lui une fonction centrale, renvoyant non seulement à la théologie et à l'anthropologie, mais à la théorie de la connaissance, et aux objets fabriqués qui renvoient à l'esprit le reflet de ses capacités. Toutes ces déterminations de l'image se retrouvent dans l'étonnante spéculation offerte aux moines bénédictins de Tegernsee dans *Le Tableau (de icona) ou la vision de Dieu* (1453). Sorte d'exercice spirituel offert à la communauté, le traité était initialement accompagné d'un tableau fait à la demande de Nicolas de Cues, probablement la copie d'un autoportrait du peintre flamand Rogier van der Weyden : l'image qui figure sur le panneau est celle d'un homme dont le regard semble suivre son spectateur en tous points de l'espace, à la croisée de la tradition byzantine et du portrait dans la tradition humaniste. En l'absence de son support matériel disparu, le traité est un défi pour l'intelligence seule : médiation spéculaire, il renvoie le regard qui le contemple à son point de vue singulier, en même temps qu'il lui fait vivre une conversion, du voir au croire, en l'amenant à inverser sa perspective : celui qui regarde est lui-même vu, et fondé sans son être, par le regard divin qui rassemble en lui tous les points de vue possibles.

I. Tableau, icône, image : qu'est-ce qui se donne à voir ?

L'ouvrage joue sur plusieurs registres culturels et sémantiques qui invitent à ne pas spécifier de façon réductrice l'expérience visuelle qui est le point d'appui de la lecture du traité. Le titre de l'ouvrage et son sous-titre se réfèrent en apparence à la tradition bizantine de l'icône (*icona*), puisque le génitif subjectif renvoie à un dispositif visuel spécifique particulier. Le visage du personnage est peint tel celui d'un *Christ Pantocrator* qui, dans une perspective inversée, dominerait de son regard un être invité à un rapport contemplatif de vénération. Les moines placés sous son regard se déplacent dans l'espace de façon quasi liturgique. L'expérience de la vision de Dieu, au sens objectif, est donc animée par une visée théologique. Or d'emblée la présentation des conditions matérielles de cette expérience précise qu'il s'agit aussi d'autre chose, en l'occurrence de l'image d'un homme peint avec « un art subtil » de manière à le rendre omnivoyant (*imago omnia videntis*), capable de suivre en tous points de l'espace celui qui se déplace devant lui. Le spectateur ne vit donc pas directement une expérience religieuse, mais est conduit, dans un passage de la vision à l'intellect, des choses humaines à leur vérité divine. Le tableau (*tabula*) contient donc une image (*imago*) qui renvoie à un modèle (*exemplar*) de façon analogique, au-delà de toute proportion assignable, puisqu'il s'agit d'un passage du fini à l'infini : qui voit un regard omnidirectionnel est conduit à remonter de l'apparence de l'image à la vérité du modèle divin, car Dieu peut voir simultanément à la fois toutes les créatures qu'il crée et chacune en particulier. L'image picturale permet donc jeter un pont entre la tradition humaniste du portrait supposant la construction d'une perspective géométrique et la tradition byzantine de l'icône sans qu'on puisse réduire son sens à l'une ou l'autre des déterminations. C'est même plutôt dans la conciliation de ces contraires que l'expérience prend toute son ampleur.

II. Voir, c'est être vu

En effet, le projet de l'auteur est d'initier la communauté des bénédictins à la théologie mystique, qui suppose de dépasser la connaissance rationnelle pour saisir en Dieu une coïncidence des opposés, absoluité et singularité, éternité et temporalité, voir et être vu, etc., tous attributs et mode opératoires qui existent sans contradiction dans l'essence divine ; dans l'image, ce qui se donne à voir, c'est la puissance du modèle : il est appelé Dieu (*theos*) du fait qu'il peut voir (*theorein*) et voit acte tous les êtres qu'il crée. Dieu est la perfection du regard qui voit tout le visible. Aussi, le contemplatif, face à l'image saisit une apparence (le portrait omnivoyant) qui conduit son intellect à ce qui se situe au-delà, la vérité du regard absolu. Mais, ce faisant, il fait l'expérience d'une croisée des regards : regardant, il se laisse saisir par un regard posé sur lui, comme sur tout autre humain, et il reconnaît comme la source de son propre être : « Et comme voir, pour toi, c'est être, alors je suis parce que tu me regardes » (au chapitre IV). Voir Dieu, par la pensée, n'est possible que si, à travers le support matériel de l'image, Dieu se laisse voir, c'est donc une même chose pour Dieu de voir et d'être vu que pour le contemplatif de regarder Dieu à la mesure dont il est vu par lui. La situation vécue par chaque moine pour regarder l'image en se laissant regarder par elle, est ainsi une expérience de ce monde et de ce temps (une vision en énigme, comme le dit l'Apôtre Paul, dans la première Épître aux Corinthiens, le tableau étant lui-même porteur de cette énigme) qui prépare une vision béatifique pour l'autre monde (la vision face à face qui ne suppose plus la médiation d'une image du modèle divin, mais une connaissance directe où l'on connaîtra comme on est connu). Nicolas de Cues ne prétend pas faire passer à la vision béatifique mais donne l'occasion d'appréhender par l'intellect ce qu'elle pourra être.

III. Voir, c'est croire

L'exercice spirituel relie l'individu à sa communauté. Très vite, l'expérience de la contemplation de l'image est verbalisée, chaque spectateur circulant devant l'image traduit pour autrui le fait qu'il est regardé en tous points, en même temps que le spectateur qui effectue un parcours inverse. Cela permet ainsi de mesurer que Dieu regarde chacun avec la même dilection, et que la communauté de contemplatifs est unie par ce regard aimant. Comme l'icône rassemble la communauté croyante par la dévotion au modèle qu'elle rend possible, le simple portrait d'un être humain sert d'occasion à faire communauté autour du modèle invisible ; la présence d'autrui est bien nécessaire, car, comme le dit Michel de Certeau dans l'article qu'il consacre au traité : « faute vision commune, l'un doit croire l'autre » ; c'est donc par la répétition des mouvements de déplacement devant l'image du tableau, sous son regard, et par le récit complémentaire que chacun en donne qu'une construction collective des points de vue peut advenir. Le tableau invite alors à un passage de la vision à la parole, et la figure humaine qui y est inscrite est elle-même alors désignée comme parlante. Le regard de Dieu parle. Et cette parole est également conception, elle renvoie au Verbe de Dieu « qui parcourt la Terre », au Christ en qui et par qui toutes choses sont engendrées : « par ton Verbe, tu parles à tous les êtres qui sont et tu appelles à l'être ceux qui ne le sont pas. Tu les appelles pour qu'ils t'écoutent, et quand ils t'écoutent, ils sont » (chapitre x). Le Christ est à la fois défini comme l'image visible du Père invisible, et comme le Concept en qui tout est conçu, il est pour ainsi dire l'image et l'au-delà de l'image, celui en tout naît et vers quoi tout se rassemble dans l'expérience communautaire du croire.

Pour aller plus loin

- Nous recommandons la traduction du traité par Agnès Minazzoli, *Le Traité ou la vision de Dieu*, première traduction en 1986, reparu aux éditions Les Belles Lettres, dernière édition en 2018. Il existe également une autre édition sous le titre *De l'icône ou la vision de Dieu*, traduction Hervé Pasqua, PUF, « Épiméthée », 2016.
- L'intéressant article de Michel de Certeau, « Nicolas de Cues : le secret d'un regard », *Traverses*, 30-31, Paris, CCI, mars 1984, p. 70-85, est remanié et étoffé dans *La Fable mystique*, II, chapitre I, p. 51 à 121, Gallimard, 2013.
- On peut se référer à l'ouvrage introductif à l'auteur *Nicolas de Cues*, par Maurice de Gandillac, Ellipses, 2001.

Malebranche, *La recherche de la vérité*, II

Ou la puissance de l'image

Nicolas Malebranche est né à Paris en 1638. Il étudie, de 1654 à 1659, la théologie et la philosophie. Il est ordonné prêtre en 1664. Saint Augustin et Descartes sont ses premiers maîtres, et il entretient avec eux un dialogue permanent dans ses œuvres. En 1674, paraît le premier volume de *La Recherche de la Vérité*; le second volume sera publié à la suite du premier, en 1675, suivi d'un troisième d'*Éclaircissements*. Malebranche ne cessera pas d'expliquer et de corriger les thèses de cet ouvrage majeur qui connaîtra plusieurs éditions augmentées et révisées du vivant de son auteur. Dans cet ouvrage, Malebranche soutient une thèse centrale simple : les hommes sont doués de raison et il leur incombe de s'unir à elle pour connaître perfection et bonheur; cette union est même un devoir moral qui implique de triompher de l'erreur et de l'ignorance. Si l'homme est ainsi destiné à découvrir la vérité, c'est avant tout dans le but de faire de lui un homme de bien. La recherche de la vérité n'est pas exempte d'écueils pour l'homme : il peut se tromper à tout instant et il convient de s'interroger sur la source de nos erreurs. L'imagination est-elle l'un des obstacles essentiels à la découverte de la vérité? Quelle est son utilité véritable? Faut-il s'en méfier?

I. Physiologie de la formation des images

Les organes humains des sens sont composés de petits filets qui relient la partie externe du corps jusqu'à l'intérieur du cerveau. On peut les exciter de deux manières : la sensation physique (à la surface du corps) permet à l'âme de percevoir la présence extérieure d'un objet qui la cause; on peut aussi exciter les nerfs en stimulant le cerveau par le cours des « esprits animaux », qui désignent, depuis Galien et chez Descartes, des fluides subtils et rapides, censés circuler dans les nerfs, responsables de la transmission des sensations et du mouvement du corps à la suite des ordres du cerveau. Cette dernière excitation constitue la représentation imaginaire, et l'objet imaginé est alors identifié comme absent. Une telle représentation peut avoir autant de puissance que la sensation elle-même, en particulier lorsque les esprits animaux sont excités par des passions violentes, de sorte qu'il n'existe alors qu'une différence de degrés entre sensation et imagination.

L'imagination est ainsi dépendante des sens. La formation des images en l'âme procède de ce que l'on pourrait appeler une impression, au sens propre du terme, dans le cerveau. L'image est d'autant plus vive que les esprits animaux auront laissé une trace profonde dans le cerveau. La liaison de l'âme et du corps atteste du rôle essentiel du corps dans les phénomènes mentaux. On peut dire que l'imagination produit des images à l'occasion du corps, en parallèle des idées que Dieu produit dans notre entendement. Les images laissent des traces dans le cerveau, traces qui entretiennent un lien avec les idées de l'âme, qu'elles viennent pour ainsi dire nourrir.

Ces liaisons idées/traces sont voulues par Dieu, et elles ont pour objet la conservation de la vie et bien-être. Ces liaisons nous permettent, par exemple, de passer de la trace produite par le spectacle d'un homme qui souffre à l'idée de douleur, de celle du visage d'un individu menaçant à l'idée de crainte, nécessaire représentation de celui qui doit préserver son existence, etc. D'une manière plus générale, il est bel et bien un rôle bénéfique de l'imagination pour Malebranche : elle participe de l'instinct de conservation de l'espèce, de même qu'elle contribue à la sociabilité des hommes. Le contact avec un objet extérieur laisse une trace dans le cerveau, avons-nous vu, et lorsque plusieurs traces sont gravées en même temps, elles demeurent alors irrémédiablement associées entre elles dans l'imagination : la trace d'un corps imposant et pesant qui va s'effondrer sur nous est liée à l'idée de la mort et l'émotion qui nous enjoint de fuir au plus vite! Cette situation sollicite l'imagination, qui permet l'impérative adaptation au milieu par le biais du souvenir : l'imagination qui suit les lois de l'habitude est comme une mémoire du corps, toute destinée à la défense de l'individu contre l'adversité.

Comment expliquer alors que l'imagination puisse être également l'instrument de l'erreur selon Malebranche ?

II. Dérèglement de l'imagination

Les hommes vivent en société, et l'intersubjectivité les conduit au développement de la sympathie et de l'imitation d'autrui. L'imitation trouve sa source dans les esprits animaux qui se dirigent naturellement dans notre corps vers les membres que nous voyons autrui mettre en mouvement. La sympathie s'explique selon un principe analogue : voir quelqu'un se faire battre devant nous, c'est souffrir avec lui. Cela est d'autant plus vrai que nous sommes particulièrement sensibles, autrement dit que nous possédons une imagination délicate (en particulier les femmes et les enfants). La sympathie ou la compassion, au sens propre, des corps devient compassion des esprits. Elle prévient toute forme d'expression de la violence ou de la cruauté, elle est la condition même de la bonne vie en commun.

Cependant, les relations intersubjectives peuvent aussi conduire à l'erreur. En effet, le premier modèle de ces relations est le lien mère-enfant, un lien qui est au premier chef celui de la transmission du péché originel : une mère va « imprimer » à son fœtus toutes les passions qu'elle ressent pendant sa grossesse, ce qui explique toutes les angoisses des enfants dès le bas âge. L'imagination est ainsi nourrie de manière contagieuse via l'hérédité mais aussi par l'éducation (les nourrices qui racontent des contes aux enfants contribuent à corrompre leur esprit et à l'affaiblir, etc.). L'enfant est prédisposé aux passions et va être d'autant plus impressionnable une fois jeté dans le monde. Il vient à l'existence comme blessé, pour ainsi dire couvert des plaies de l'imagination qui vont déterminer toute sa personnalité d'adulte. Il s'agit bel et bien d'un dérèglement dont la conséquence est que nous devons vivre avec « l'esprit faux en quelque chose » : notre imagination ainsi excitée conduit effectivement à la multiplication des erreurs de jugement.

La raison, immédiatement présente chez l'enfant, ne pourra se développer et prendre son ascendant en l'homme qu'en se dégageant des sens et de l'imagination déréglée. Un processus de « cicatrisation » des traces par le corps est heureusement courant et efficace (sans quoi, nous serions tous « fous dès la naissance »). Mais, d'autres causes de dérèglement sont à déplorer...

III. Puissance contagieuse de l'imagination

Outre la condition naturelle des femmes, excessivement émotives et portées sur les sens, superficielles et peu enclines à la vérité (!), Malebranche va stigmatiser l'érudition en général, tout comme l'excès de lecture, en tant qu'ils tiennent l'esprit prisonnier : les esprits animaux suivent spontanément les traces des idées les plus familières, de sorte qu'un érudit tourne littéralement en rond intellectuellement, englué qu'il est dans ses connaissances qui deviennent vite des préjugés (le dogmatisme). Le culte fait aux Anciens par exemple, les prétendues vérités de la « tradition », ne relèvent de rien d'autre que d'un fantasme fallacieux et d'une suffisance caractéristique d'une confusion intellectuelle : nous en savons bien plus qu'eux aujourd'hui ! Pourquoi les diviniser si ce n'est par un excès de l'imagination, par une forme de fanatisme, qui conduit à un manque d'impartialité et d'autonomie !

Malebranche ajoute à cette cause de dérèglement « la communication contagieuse des imaginations fortes », en somme le pouvoir de suggestion des hommes pourvus d'une « imagination forte ». Ces hommes impressionnent les esprits les plus faibles et les contaminent. Ils se caractérisent essentiellement de deux manières : d'abord, complètement dominés par les sens, ils rejettent l'abstraction et la complexité par principe (ils sont complètement superficiels) ; ce ne serait pas problématique s'ils n'étaient pas également tout à fait délirants. Combien de visionnaires et de gourous, de mages et de médiums, de fantaisistes, parfois persuadés de leur délire ou savamment manipulateurs ! La vivacité des images qu'ils évoquent possède un pouvoir considérable sur ceux qui aiment les écouter, d'où leur « puissance contagieuse » (on se plaît ici à imaginer ce que Malebranche aurait écrit sur les réseaux sociaux par exemple...). Ainsi naissent les pires extravagances suivistes, les coutumes douteuses et l'arbitraire intellectuel. On voit comment l'imitation, ce principe si utile à la vie, est ainsi dénaturé par une imagination qui a perdu toute mesure. Malebranche achève sa démonstration par une critique de la rhétorique de la persuasion chez des auteurs pourtant admirés, qui se rendent coupables d'impressionner l'esprit de leur lecteur, plus soucieux de plaire que de la vérité de leur discours. Ainsi, la contagion des imaginations fortes condamne définitivement à l'errance intellectuelle.

On pourrait, ainsi que Malebranche le fait, établir une généalogie des superstitions délirantes et des faux miracles dans l'histoire humaine. Des lycanthropes aux sabbats des sorciers, la déraison semble être la règle des récits transmis de générations en générations, à la veillée par exemple, et qui conditionnent l'esprit humain à croire ces images fantaisistes bien réelles : les traces sont profondes dans le cerveau ce qui rend possibles bien des impostures intellectuelles. Il faut dire que les hommes en raffolent et qu'il est un enthousiasme pour l'épouvante caractéristique chez l'humain : « les hommes s'attachant à tout ce qui est extraordinaire, se font un plaisir bizarre de raconter ces histoires surprenantes et prodigieuses, de la puissance et de la malice des sorciers, à épouvanter les autres et s'épouvanter eux-mêmes [...] les contes les plus extravagants des sortilèges sont écoutés comme des histoires authentiques », écrit Malebranche.

Cependant, l'autorité généralement accordée aux récits surnaturels est un piège : celui qui les colporte, comme celui qui l'écoute, deviennent les prisonniers d'une fiction imaginaire qui les maintient dans l'erreur et qui fait obstacle à toute autonomie intellectuelle. Ils en restent, et ce, malgré leur désir de comprendre le monde, à une vision partiale et partielle de ce monde, qui s'en tient aux sens et au délire de l'imagination déréglée. L'esprit doit alors reconquérir son indépendance en triomphant de la puissance de l'imagination, qui n'est pas seulement une faculté de former des images mais aussi celle de leur déformation qui mène à l'illusion délirante. Il faut méditer sur notre expérience et réguler l'imagination, la ramener au service de la seule adaptation au réel, ce qui implique un rejet du corps. Telle est la condition de l'union de l'âme avec Dieu, qui permet d'entendre enfin la voix de ce Dieu au verbe divin, seule expression de la vérité.

Pour aller plus loin

- Malebranche, *De la recherche de la vérité*, livre II, parties II et III, Bréal, 2023.
- A. Minazzoli, « Introduction » à Malebranche, *De l'imagination*, Presses Pocket, 1990 (p. 5-25).
- D. Moreau, *Malebranche*, Vrin, 2004.

Kant,
Critique de la faculté de juger
Ou l'image esthétique

En 1790, Kant fait paraître la *Critique de la faculté de juger*, ouvrage dans lequel il interroge le problème difficile du jugement de goût ou du jugement esthétique. Il est alors question du sentiment de plaisir que l'être humain peut éprouver devant la belle représentation d'une chose – l'image esthétique. Ce sentiment de plaisir donne lieu à un jugement de goût. Cependant le jugement de goût ne saurait se confondre avec un jugement d'appréciation empirique. L'être humain peut se donner des représentations de choses qui procurent un sentiment d'agrément ou de désagrément : l'image d'une scène d'amour est agréable, alors que l'image d'une scène d'horreur produit de l'effroi ; ces deux représentations ne sont pas la source d'un jugement esthétique, car les sentiments qu'elles produisent ne correspondent pas au plaisir supérieur que l'être humain ressent devant la belle représentation d'une chose. Quel est ce plaisir particulier que procure le beau (sous la forme d'une belle représentation) et qui s'exprime à travers le jugement de goût : « c'est beau » ?

I. Le travail de l'imagination productrice

Le jugement de goût exprime le plaisir éprouvé par le sujet humain devant le beau qui se présente sous la forme d'une belle représentation de l'imagination. C'est un plaisir esthétique, car il nécessite l'intervention de la sensibilité (la faculté d'intuitionner le réel) et celle de l'imagination (faculté sensible) qui produit une image à partir des données de la sensibilité. C'est donc un plaisir esthétique dans la mesure où la sensibilité de l'être humain est sollicitée. Et ce plaisir esthétique est éprouvé par le sujet devant la belle représentation d'une chose. Dans l'expérience esthétique, l'imagination humaine est productive et spontanée ; elle est la plus puissante faculté sensible qui, suite à la perception d'une chose, est capable de produire une belle représentation de cette chose, associant ainsi des images sensibles en une belle synthèse réglée, de la même manière qu'une œuvre d'art se présente au spectateur sous la forme d'une unité d'images et d'impressions différentes. Il faut comprendre que le travail de l'imagination dans l'expérience esthétique n'est pas seulement reproductif, il est surtout productif parce qu'il donne vie à une belle représentation d'une chose, et il ne se contente pas de *reproduire* l'image d'une belle chose.

Cela signifie que l'imagination a cette capacité merveilleuse de donner vie à une image structurée, sans avoir recours aux outils et concepts de l'entendement (faculté de connaître du sujet humain), tout en satisfaisant les exigences de synthèse de l'entendement. C'est là le tour de force de l'imagination productrice : elle n'opère pas dans le champ de la connaissance ; elle n'aide pas à déterminer le sens du réel et à constituer une connaissance du monde. Elle se fonde sur des données sensibles reçues en perception pour construire une représentation. Elle semble ne pas intervenir de manière rationnelle. Pourtant elle produit des images esthétiques, des images de beauté qui satisfont donc les exigences d'ordre et de synthèse de la faculté de connaître du sujet. L'imagination humaine joue librement à produire ces images ; il s'agit d'un jeu réglé qui est la source d'un accord heureux entre l'imagination (faculté sensible) et l'entendement (faculté de connaissance), de sorte que le sujet éprouve en lui un sentiment d'harmonie intérieure qui est source de plaisir.

II. Le plaisir esthétique est exemplaire

Ces images esthétiques ainsi produites par l'imagination sont appelées par Kant des idées esthétiques. Ce sont des représentations « qui invit(ent) beaucoup à penser ». Les idées esthétiques intensifient la vie de l'esprit humain. Elles sont source de plaisir subjectif (ce qu'on éprouve devant une belle représentation de l'imagination). Ce plaisir est de réflexion, dans la mesure où il réfléchit, comme un miroir, ce que l'être humain éprouve en son être : l'imagination à partir des données sensibles fournies par la sensibilité, produit une image conforme au concept de l'entendement, sans pour autant être un concept. C'est dire la force de l'image esthétique.

Le plaisir est désintéressé ; il ne vise pas la satisfaction d'intérêts personnels : le sujet est dans une attitude de contemplation ; son existence n'est pas en danger, il ne vise pas d'intérêts immédiats en se livrant à la contemplation d'une belle représentation. Par cette expérience esthétique, l'être humain peut s'affranchir des urgences matérielles ou des exigences sociales et politiques de la vie. Grâce à l'image esthétique, le rapport ordinaire au monde est suspendu. L'absence d'une recherche d'intérêt personnel conduit l'être humain à supposer que le plaisir pris à l'image esthétique a une dimension universelle : l'accord entre les facultés que tel sujet éprouve en lui, les autres sujets ne peuvent que l'éprouver, puisqu'ils disposent des mêmes facultés. Il suffit d'éduquer ses facultés (sensibilité, imagination et entendement) à ce libre jeu entre elles, sans les contraintes de la connaissance ou les obligations morales, pour éprouver ce plaisir de réflexion – « est beau ce qui plaît universellement sans concept ».

L'image esthétique est aussi l'objet d'un plaisir nécessaire. Il ne s'agit pas de prévoir si tous les êtres humains sont prêts à éprouver et partager ce plaisir esthétique ; il n'y a pas non plus une obligation morale à jouir de la beauté – le plaisir esthétique n'est pas obligatoire. C'est un plaisir qui donne lieu à un jugement de goût ; et le goût n'est pas une donnée naturelle ; elle suppose, en effet, une éducation pour prendre plaisir à la belle représentation d'une chose. On ne peut pas reprocher à un être de ne pas aimer la musique de Bach, mais il est possible de dire qu'il manque de goût. Il faut considérer que le goût est une norme idéale auquel chaque être humain *devrait* adhérer.

III. L'idée esthétique, source d'épanouissement spirituel

Par l'idée esthétique, l'être humain se découvre comme un être sensible doué de raison ; il est seul être vivant capable de beauté, car lui seul peut déployer librement son imagination en étant conforme aux exigences de l'entendement. Une idée joue, selon Kant, un rôle régulateur. La raison humaine a des idées de totalité, de nature, de monde ou encore de Dieu ; ces idées de la raison ne correspondent à aucune intuition sensible ; par sa sensibilité, l'être humain ne peut pas faire l'expérience de Dieu ou du monde dans sa totalité ; mais ces idées-là sont utiles pour la connaissance : le savant pour constituer une connaissance de la nature a besoin d'avoir l'idée même de nature (comme belle unité). Avec l'idée esthétique, le sujet a l'intuition d'un objet sensible, et son imagination productrice en forme une belle représentation qu'aucun concept ne peut déterminer : de là, il n'est pas possible de construire une connaissance conceptuelle du beau ; la beauté excède tout savoir possible. Et pourtant lorsque l'être humain contemple une œuvre d'art (la belle représentation d'une chose), son imagination monte jusqu'à des idées intellectuelles comme l'amour, la vie, la mort ; de sorte que l'œuvre d'art qui émeut la sensibilité de l'être humain, lui ouvre la voie vers une réflexion intelligible ; si bien que l'œuvre d'art est un stimulant intellectuel qui donne à penser. C'est ainsi que l'idée esthétique rend possible l'articulation entre la sensibilité et la raison.

Mais qui incarne par excellence l'idée esthétique ? Il s'agit du génie pour Kant. Le génie désigne « le talent (le don naturel) qui donne à l'art ses règles ». Les règles dont il est ici question, sont indéterminées, parce qu'elles ne sont dérivées d'aucun concept : une œuvre d'art est originale et imprévisible. Le génie a ce talent par son imagination de donner, dans une belle représentation, une unité d'être à ses émotions et états d'âme. Ainsi le génie a cette capacité « d'exprimer et de rendre universellement communicable ce qui est indicible dans l'état d'âme lors d'une certaine représentation ». Le génie produit donc une représentation singulière, suivant ses propres règles ; il crée une idée esthétique. Cette idée esthétique est communicable universellement, car le génie produit des œuvres exemplaires qui donnent sens à l'existence humaine : l'idée esthétique exprime, plus encore qu'elle ne représente, une synthèse réglée des états de l'âme humaine. C'est pour cette raison que ce que produit l'imagination esthétique donne beaucoup à penser et rend possible l'élargissement intellectuel et spirituel de l'être humain. Grâce à l'idée esthétique, grâce à l'image artistique, l'être humain intensifie le sentiment de son existence, et il fait l'expérience d'un épanouissement spirituel.

Pour aller plus loin

- Deleuze, *La Philosophie critique de Kant*, Paris, PUF, 1963.
- Antoine Granjean, *La Philosophie de Kant*, Paris, Vrin, 2016.

Hegel, *Esthétique*

Ou de l'image au tableau

À bien des égards, *l'Esthétique* de Hegel s'inscrit dans la continuité de l'esthétique platonicienne. Elle en prolonge les oppositions constitutives, ainsi entre apparence et essence. Mais pour les bouleverser. « Quant au reproche d'indignité qui s'adresse à l'art comme produisant ses effets par l'*apparence* et l'*illusion*, il serait fondé si l'apparence pouvait être regardée comme quelque chose qui ne doit pas être. Mais l'apparence est nécessaire au fond qu'elle manifeste, et est aussi essentielle que lui. » (*Esthétique*, Introduction). Que l'art soit le royaume des apparences, des images, Hegel n'en disconvient pas mais c'est aussitôt pour y voir plutôt une qualité qu'un défaut, puisqu'il faut bien que l'essence apparaisse. En termes platoniciens, là où il s'agissait de condamner l'art illusionniste qui donnait aux apparences le statut de réalité, l'art du simulacre, il s'agit plutôt maintenant de valoriser l'art de la copie, en tant qu'il est une figuration de l'idée. Faire apparaître sous une forme sensible un contenu spirituel, c'est ce que l'art fait éminemment et c'est bien en quoi les apparences artistiques sont supérieures aux apparences naturelles du monde sensible ; « L'art dégage des formes illusoires et mensongères de ce monde imparfait et instable la vérité contenue dans les apparences, pour la doter d'une réalité plus haute créée par l'esprit lui-même. Aussi bien, loin d'être de simples apparences purement illusoires, les manifestations de l'art renferment une réalité plus haute et une existence plus vraie que l'existence courante » (*ibid.*). Parce qu'elles sont porteuses d'une spiritualité dont les apparences sensibles sont dépourvues, les apparences produites par l'art leur sont supérieures. Dés lors l'image artistique ne peut plus être pensée comme une imitation servile de la réalité extérieure mais comme la figuration d'une idée, d'un contenu spirituel.

I. Art et nature

Dès les premières lignes de son œuvre, Hegel affirme la supériorité de la beauté artistique sur la beauté naturelle. « En effet, la beauté artistique est la beauté *engendrée et réengendrée par l'esprit* et, de la même façon que l'esprit et ses productions sont plus élevés que la nature et ses phénomènes, de même le beau artistique est plus élevé que la beauté de la nature » (*ibid.*, Introduction). Dans une telle perspective, il est exclu que l'œuvre d'art tienne sa beauté de l'imitation de la nature, puisque à tout prendre, c'est plutôt la nature qui ne serait belle que lorsqu'elle offre l'apparence de la nature. Hegel se livre par conséquent à une critique décisive de cette idée si longtemps constitutive de l'esthétique occidentale.

Si l'art n'a d'autre fin que l'imitation de la nature, la satisfaction que nous retirons de l'œuvre d'art ne provient pas du contenu de ce qui nous est représenté puisque nous le connaissons déjà : elle ne provient que de la perfection de l'image qui nous est proposée. « Si nous jetons à ce propos un coup d'œil vers l'opinion commune, nous rencontrons une idée très courante, le principe de l'imitation de la nature. Selon ce point de vue, la fin essentielle de l'art réside dans l'imitation, comprise comme habileté à reproduire les formes naturelles telles qu'elles existent, de manière tout à fait conforme ; la réussite de cette représentation correspondant à la nature est supposée donner complète satisfaction » (*ibid.*). Croire que l'art est imitation de la nature, c'est confondre le travail d'un artiste avec les tours d'un illusionniste. Zeuxis ou Büttner étaient fiers de leurs œuvres parce qu'elles avaient réussi à tromper même des animaux : « Les grappes de raisin peintes par Zeuxis sont citées depuis l'antiquité comme le triomphe de l'art, et en même temps comme le triomphe du principe de l'imitation de la nature, car des colombes vivantes seraient allées les becqueter. Nous pouvons ajouter à cet exemple antique l'exemple moderne du singe de Büttner, qui rongeait un hanneton dessiné dans l'ouvrage de Rösel, *Plaisantes curiosités du monde des insectes*, mais obtint tout de même le pardon de son maître, dont il avait pourtant abîmé le bel exemplaire de la précieuse œuvre, car il avait ainsi montré l'excellence de la reproduction. Mais avec ces exemples, et d'autres du même genre, nous devrions au moins nous rappeler que, au lieu de louer des œuvres d'art en raison du fait qu'elles ont trompé même des colombes ou des singes, on ne devrait que blâmer ceux qui pensent exalter l'œuvre d'art quand ils présentent un effet si vulgaire comme sa fin ultime et suprême. » (*ibid.*).

II. Le paysage et le portrait

Les œuvres d'art qui se contentent d'être des images de la réalité, quand bien même elles réussiraient à en donner l'illusion, manqueraient toujours de quelque chose d'essentiel : « faute de dépasser la fin formelle de la simple imitation, [l'art] ne fournit qu'une caricature de la vie au lieu d'une réelle vitalité » (*ibid.*) Ce qui justement manque aux œuvres imitatives, c'est un contenu spirituel qui anime les formes extérieures empruntées à la nature. Une peinture strictement imitative est donc une peinture sans âme est sans vie : c'est d'ailleurs ce que nous reprochons aux tableaux convenablement ressemblants des « peintres du dimanche », et non la mauvaise qualité de leurs imitations. Un paysage vivant n'est pas un « coin du monde », c'est un état d'âme. Ce qui compte dans l'art du paysage, ce n'est pas la représentation du donné naturel mais l'expression des émotions éprouvées devant la nature. « C'est ce qui fait que l'œuvre d'art est supérieure à toutes les productions de la nature, qui, elles, n'ont pas fait l'épreuve de ce passage ; la sensibilité et l'intelligence à partir desquelles un paysage, par exemple, va être représenté en peinture, conféreront à cette œuvre de l'esprit un rang plus haut que le simple paysage naturel. Car tout ce qui est spirituel est meilleur que n'importe quel produit naturel » (*ibid.*). Plus l'image peinte sera fidèle aux apparences sensibles plutôt qu'à la réalité intelligible, plus elle sera trompeuse. Ceci doit nous conduire à nous demander si la critique développée par Platon ne serait pas plus nuancée qu'il ne le semble au premier abord et viserait en fait, non tous les arts, ou tous les types de peinture, mais plus vraisemblablement celles des imitations qui se donnent justement pour objet de faire illusion.

Ce malentendu qui identifie à une simple imitation ce qui est un art spirituel, si frappant dans l'art du paysage, l'est plus encore dans celui du portrait : dans le portrait, c'est le caractère spirituel qui doit dominer, plus précisément le caractère original d'un individu. La destination du portrait, c'est de représenter le *visage façonné par l'esprit* : « Dans la figure humaine, le dessin de la nature, c'est le squelette ; ce sont les parties dures autour desquelles les parties molles se placent et se développent avec leurs accidents divers. Mais le dessin caractéristique du portrait, quelque importantes que soient les parties dures, consiste dans d'autres traits fixes, dans le visage façonné par l'esprit » (*Esthétique*, IIIe partie, troisième section, chapitre I) Un portrait peut être très ressemblant, mais insignifiant et vide tandis qu'une simple esquisse peut être infiniment plus vivante du moment qu'elle témoigne de l'inscription phénoménale de l'âme dans les traits naturels du visage.

III. Le tableau et l'image

Ces analyses nous conduisent finalement à cette vérité essentielle de la peinture : un tableau n'est pas une image. Une image est incompréhensible si on ne sait pas de quoi elle est l'image : sa réalité, pour l'essentiel, est à l'extérieur d'elle-même. C'est pour cette raison que l'on juge toujours de la perfection d'une imitation par rapport à l'original et que cette perfection ne tient à rien d'autre qu'à la capacité de faire une illusion, d'abolir toute distance entre la copie et l'original. Mais justement, pour comprendre un tableau, serait-il figuratif, nous n'avons aucunement besoin de le comparer à l'original, ce serait même une idée tout à fait saugrenue. C'est là une chose essentielle : les tableaux des peintres ne sont pas des images. Leur sens réside dans leur contenu spirituel, dans ce qu'ils expriment et non dans leur ressemblance avec un original.

Un tableau n'est donc pas une image, s'il faut entendre par image une copie servile et dépourvue de sens de la réalité : il n'est pas une représentation mais une présentation, une manifestation d'un contenu spirituel, il n'est pas une imitation mais une figuration de l'idée. Comme le dira Paul Klee de l'œuvre d'art, il ne reproduit pas le visible mais rend visible. Enfin, que la beauté artistique se définisse comme la manifestation sensible de l'idée, signifie que l'art est du côté de la pensée et non de l'imitation. L'art *pense*, non qu'il illustre une pensée mais parce qu'il en est porteur. La peinture disait déjà Leonard de Vinci est une « chose mentale ».

Pour aller plus loin

- Il y a chez Aubier une excellente traduction de l'*Esthétique* de Hegel par Jean-Pierre Lefebvre. Il y a aussi au Livre de poche une bonne édition très utile parce que pourvue d'un précieux index. Enfin, signalons un remarquable choix de textes publié au PUF sous le titre *Esthétique – Textes choisis*.

Sartre, *L'Imaginaire*

Ou le pouvoir néantisant de l'image

En 1948, Sartre publie *L'Imaginaire*, ouvrage de *Psychologie phénoménologique de l'imagination*. Qu'est donc l'image? Elle le fruit de l'action d'imaginer de la conscience. L'image n'est pas pour autant située dans la conscience. Sartre expliquait déjà dans la conclusion de *L'Imagination*, un précédent ouvrage sur le sujet : « Il n'y a pas, il ne saurait y avoir d'images dans la conscience »; et il ajoute : « Mais l'image est *un certain type de conscience*. L'image est un acte et non une chose. L'image est conscience de quelque chose. » Considérer l'image comme un acte ou une manière d'être de la conscience, constitue une rupture avec des conceptions traditionnelles de l'image qui font de l'image une donnée statique et une simple reproduction de la réalité perçue. Comment Sartre a-t-il ouvert la voie à une nouvelle conception de l'image? Ne dispose-t-elle pas d'un pouvoir néantisant?

I. L'intentionnalité de la conscience imageante

Cette manière nouvelle de concevoir l'image, œuvre de la conscience imageante, doit beaucoup à la phénoménologie de Husserl. Sartre, en janvier 1939, a produit un commentaire admirable de l'intentionnalité de la conscience dans l'article : « Une idée fondamentale de la phénoménologie de Husserl : l'intentionnalité ». La conscience de l'être humain n'est pas initialement un contenant qui attend patiemment d'être rempli par un contenu (le monde extérieur); elle est activité intentionnelle dirigé vers un objet, d'où l'expression philosophique de Husserl : « toute conscience est conscience *de* quelque chose ». Cette formulation signifie que la conscience est relation au monde, elle est même éclatement : « Connaître, c'est s'éclater vers, s'arracher à la moite intimité gastrique pour filer là-bas, par-delà soi, vers ce qui n'est pas soi » écrit Sartre. Autrement dit la conscience n'est pas d'abord un « soi » constitué qui observe et contemple de manière désintéressée le monde autour d'elle; la conscience ne naît que dans sa relation au monde, au moment même où elle vise un objet à percevoir, à connaître ou à imaginer. Pour imaginer, la conscience s'éclate vers l'objet à imaginer ou imaginaire – toute image est image de quelque chose; l'image exprime la visée intentionnelle de la conscience.

Cependant Sartre donne une signification particulière à la notion de conscience en distinguant notamment deux manières d'être de la conscience : dans un premier temps, la conscience se réfère primordialement à une extériorité, à une chose qui lui est transcendante; son attitude est alors irréfléchie, au sens où elle ne produit pas une réflexion sur elle-même ; elle est toute dévouée à la chose à connaître. Dans un second temps, la conscience peut faire un retour sur elle-même, pour réfléchir à sa manière de vivre les actes de perception, de connaissance ou d'imagination : l'être humain réfléchit alors à sa manière d'être impliqué dans son activité de conscience ; comment imagine-t-il ? Comment vit-il le sens de l'image qui exprime la visée de la conscience ?

II. La spontanéité de la conscience qui imagine

Dès lors considérons que l'analyse sartrienne de l'image récuse toute conception immanentiste – du latin *immanere* qui signifie : « demeurer dans » ; la conscience ne contient pas d'objet. Et l'image elle-même n'est pas prise au piège dans un contenant, enfermée dans les limites de la conscience imageante. Mais d'où surgit l'image ? Elle provient de l'activité de la conscience qui imagine. Cependant la conscience qui imagine n'est pas dans une activité perceptive ; dans la perception, la conscience est confrontée à la richesse et à la variété du sensible ; elle est même engluée dans le sensible et elle risque de se perdre dans les choses qu'elle perçoit. Au contraire, lorsque la conscience imagine, elle n'est pas débordée par les variations du sensible : l'image qu'elle se donne d'une chose coïncide nécessairement avec sa visée. Il faut alors, en suivant Sartre dans *L'Imaginaire*, définir l'image par sa pauvreté, non pas parce que l'image serait un double affaibli de la réalité, une simple copie de ce que la conscience perçoit, mais parce que l'image n'exprime *rien d'autre* que la visée de la conscience imageante.

Ce « rien d'autre » dit la puissance d'être de la conscience. En imaginant, la conscience fait l'expérience de sa spontanéité ; elle se découvre comme pour-soi ; elle ne relève pas de l'en-soi qui désigne les choses de l'environnement de l'humain. L'en soi est pure inertie, de sorte que les choses du monde ne peuvent pas être autres que ce qu'elles sont. La conscience est mouvement se constituant dans son rapport au monde ; elle est projet, elle est liberté d'être. Par l'imagination, la conscience se délivre des pesanteurs du monde ; elle découvre qu'elle n'est pas assujettie à l'ordre du monde. Ainsi pour que la conscience imagine, il lui faut s'échapper du monde afin de ne pas être réduite à une simple chose du monde.

Comment s'exprime la spontanéité de la conscience ? La conscience a le pouvoir de néantiser le réel ; néantiser veut dire que la conscience produit de l'irréel ; elle fait advenir à l'être ce qui n'existe pas encore. L'imagination a une fonction irréalisante ; elle vise l'objet qui n'est pas là. J'entre dans un lieu à la rencontre de Pierre, mais celui-ci n'est pas là ; je me donne alors une image de Pierre, et cette image est négation du monde présent perçu ; je ne prête plus attention à mon environnement. Mais pour pouvoir néantiser le monde, la conscience a besoin du monde. En ce sens, le monde est une condition nécessaire pour imaginer. Ainsi lorsque la conscience imagine un centaure (créature mi-homme, mi-cheval de la mythologie grecque), la conscience se donne l'image du centaure pour faire advenir à l'être le centaure qui n'existe pas. La conscience imagine parce qu'elle est dans un monde qu'elle peut néantiser, elle n'est pas assujettie à l'ordre du monde.

III. L'image, expression de la liberté de la conscience

En constituant des images, la conscience réalise sa liberté d'être. Cette liberté est la condition de l'être humain ; la liberté est l'étoffe même de son être. Imaginons avec Sartre la situation suivante, situation qu'il décrit dans *L'Imaginaire* : j'entre dans une salle de concert pour écouter l'interprétation de la *VIIe Symphonie* de Beethoven – « dans la salle du Châtelet le 17 novembre 1938 ». Je perçois l'environnement de la salle de concert, les musiciens, les spectateurs, les instruments, etc. Je pose ces êtres et ces choses comme des présences inséparables les unes des autres. Cependant voici que la musique de Beethoven retentit, et alors je ne perçois plus l'environnement, mais j'imagine… Pour être attentif à la beauté musicale de cette *VIIe Symphonie*, je ***néantise*** le monde, et je ***constitue*** mon objet symphonique qui n'est pas directement présent dans l'espace comme les êtres et les choses de la salle de concert. De sorte que ***j'isole*** la symphonie : j'ai l'image (sonore) d'une musique qui excède l'espace et le temps dans lesquels je suis pourtant. Sartre affirme ainsi : « je ne l'entends pas réellement, je l'écoute dans l'imaginaire ». La conscience constitue par cette image de la symphonie un irréel ; cet irréel lui ouvre la voie de l'imaginaire, au point qu'il est difficile pour l'être humain de revenir dans le monde perceptif une fois le concert achevé.

Désormais, nous pouvons comprendre que l'image est un acte particulier de la conscience : l'image est un irréel qui embrasse un néant d'être. Elle exprime un objet imaginaire qui n'agit sur rien directement et sur lequel rien n'agit. Autrement dit l'image n'est qu'une ombre d'objet par laquelle cependant le néant vient à l'être. C'est ce qui fait que l'image a une dimension magique : la conscience produit en effet des images de ce qui est absent, ou de ce qui n'existe pas, à l'état de veille comme lors du sommeil (expérience du rêve) ; elle forme ces images en prenant appui sur des tableaux, des sculptures, des musiques, de photographies ; elle crée des œuvres d'art qui néantise tout autant le monde que les autres images. Et ce faisant, la conscience découvre, grâce à l'image, qu'elle peut s'affranchir du temps et de l'espace présents pour poser de l'irréel dans le monde, ce qui est l'acte de néantisation. Elle manifeste de la sorte sa liberté d'être. L'image est par conséquent l'expression de la liberté de la conscience.

Pour aller plus loin

- Dufrenne, ***Phénoménologie de l'expérience esthétique***, Paris, PUF, 1967.
- *Sartre. Désir et liberté*, coordonné par Renaud Barbaras, Paris, PUF, 2005.

Kantorowicz,
Les deux corps du roi
Ou l'image du souverain

Historien allemand naturalisé américain en 1945, Ernst Kantorowicz reste une référence incontournable pour qui veut comprendre la genèse de l'État moderne et la symbolique du pouvoir au Moyen Âge. Étudiant à Heidelberg dans les années 1920, il rédige une thèse sur l'empereur Frédéric II; il est ensuite nommé professeur à Francfort en 1930. Hostile au nazisme, il émigre aux États-Unis en 1938; d'abord enseignant à Berkeley, il intègre ensuite l'université de Princeton où il publiera, en 1957, son œuvre la plus connue, *Les Deux Corps du* roi. Cet ouvrage qui se situe aux confins de l'histoire médiévale, de l'histoire du droit et de la philosophie politique, est devenu un classique mais fut tardivement traduit en français. Fondée notamment sur une analyse minutieuse des textes littéraires et liturgiques, des documents iconographiques ou des détails architecturaux médiévaux, la somme archéologique considérable de Kantorowicz avait pour dessein de comprendre comment, à l'époque médiévale, les institutions pouvaient perdurer au-delà de la disparition des hommes qui les incarnaient.

I. La personne du roi, allégorie de l'État

Formule énigmatique, que sont ces deux corps du roi ? Kantorowicz donne une définition de cette métaphore mystique sous la plume d'Edmund Plowden, un juriste britannique du XVIe siècle : « Le roi a en lui deux corps, un corps naturel et un corps politique. Son corps naturel [...] est un corps mortel, sujet à toutes les faiblesses qui viennent de la nature ou par accident, de la stupidité de l'enfance ou de la vieillesse, ou des infirmités du corps qui peuvent survenir chez tout un chacun. Mais son corps politique est un corps qui ne peut être ni vu ni touché, consistant en une société politique et un gouvernement [...]. ».

Pour Kantorowicz, le monarque possède donc deux corps. Un premier corps naturel, soumis à la corruption et donc mortel. Et un second corps, surnaturel, infaillible et par conséquent immortel. Il existe la personne privée du roi, son enveloppe charnelle soumise à la finitude. Et il y a ce qu'il *représente*, au sens strict du terme, « ce qu'il présente une seconde fois », il est l'image de la communauté politique et sociale, l'État, par définition perpétuel. L'image du roi constitue donc la continuation et l'animation logiques et ontologiques de l'instance étatique, son *incarnation*. L'assentiment à cette métaphore théologico-politique médiévale a pu garantir le maintien permanent de l'État dans l'Histoire européenne. Un homme meurt, un roi meurt mais la communauté et son royaume demeurent, précisément parce que les images sont éternelles. Par un nouveau couronnement, on assiste à une résurrection imagée mais permanente du roi et donc du corps politique qu'il incarne symboliquement : « Le roi est mort. Vive le roi ! », pouvait-on scander alors.

Comme le souligne le politiste Loïc Blondiaux, commentateur de l'œuvre de Kantorowicz, « Tout se passe comme si le Moyen Âge semblait tendre vers un objectif unique : assurer la perpétuation du pouvoir royal, dissocier l'office de son titulaire, arracher l'exercice du pouvoir au pur jeu du destin et de la force. » Portée notamment par la redécouverte de la pensée aristotélicienne, cette idée naît au XIIIe siècle sous la plume de légistes proches du pouvoir et ainsi attachés à la perpétuation de l'État. Peu à peu, le droit se substitue à la théologie et le roi devient, comme le rappelle l'historien Pierre Boucaud, « image et serviteur de la Justice ». On assiste alors à une transposition des représentations théologiques chrétiennes dans le domaine juridique et politique. Le roi, figure désormais terrestre et image céleste, devient en quelque sorte « l'alter ego » du Christ, individu charnel mort sur la croix mais ressuscité en tant qu'être éternel.

II. L'image immortelle du souverain

Par une analogie entre les destinées du corps du Christ et du corps du roi se déploie l'idée de la continuité du pouvoir monarchique par-delà la mort et la disparition de l'enveloppe charnelle de l'individu-monarque.

Dans les monarchies européennes, à la mort du souverain, il fallait alors assurer la continuité de la dignité royale. Les funérailles des rois de France illustrent concrètement ce phénomène. Avant le couronnement du nouveau souverain, c'est l'effigie du roi défunt, image réelle, statue de bois et de cire représentant le souverain disparu, « dans sa dignité inentamée » (J. Chiffoleau) qui prolongeait la présence symbolique du pouvoir royal. Nulle vacance n'était possible. Mais l'héritier du trône ne pouvait l'approcher, deux rois ne pouvaient exister pour un seul royaume. Pour le philosophe Bruno Godefroy, « L'État serait alors moins défini par sa continuité spatiale que par sa continuité temporelle, ce que permet d'assurer la métaphore des deux corps du roi en affirmant la persistance d'un corps immatériel au-delà de la mortalité du souverain. »

Dans cette conception du monde, le gouvernant personnifie l'État, il doit se conformer à son image, le re-présenter sans cesse. Kantorowicz affirme que, conséquemment, dans la pensée politique et théologique médiévale, les contrats passés avec un souverain en son temps devaient être honorés par son successeur, puisqu'ils ont été signés par un roi nécessairement provisoire mais toujours au nom d'un État perpétuel.

Le célèbre tableau de Hyacinthe Rigaud, *Louis XIV en costume de sacre* illustre à merveille la métaphore des deux corps du roi et la double nature de la souveraineté monarchique, roi physique, roi-homme mortel et roi-image de l'État éternel. Le Roi-Soleil, monarque absolu du droit divin, (« L'État, c'est moi. » selon une célèbre formule apocryphe mais évocatrice) est l'archétype de cette représentation symbolique permanente de l'État monarchique. Le sceptre, la couronne, l'épée, autant d'éléments qui façonnent l'image d'un État, corps politique et social éternel, en transcendant la finitude humaine.

III. Images et croyances

Lorsque l'on évoque la séparation progressive du corps physique du roi et de son corps imagé, abstrait et impersonnel incarnant la continuité de l'État, il faut comprendre qu'il s'agit de l'État dans toutes ses dimensions. Par conséquent, il s'agit du peuple, de son territoire mais aussi de toutes les normes juridiques qui s'y appliquent.

Kantorowicz montre d'ailleurs que la naissance du trésor royal devenu « trésor public » obéit à cette logique de séparation des deux corps du roi, cette logique de « dépatrimonialisation ». Le trésor du royaume se distingue alors progressivement du patrimoine de la personne au pouvoir. Il n'en fallait pas davantage pour que se développent progressivement, dans tous les domaines régaliens, une administration dédiée et conséquemment une bureaucratie étatique à l'ombre de l'individu royal. On a longtemps cru que l'appareil administratif était le fruit de la modernité mais, comme le font remarquer Kantorowicz et avant lui le sociologue et historien français Alexis de Tocqueville, il trouve son origine dans l'Ancien Régime.

Dans nos sociétés sécularisées, la dimension mystique des deux corps du Roi a pu progressivement s'estomper mais, pour le citoyen d'aujourd'hui, l'État prend encore parfois les traits de tel ou tel gouvernant avec un risque majeur de confusion. Pour Weber, l'État moderne s'est construit sur le monopole de la violence légitime. Du moins l'assentiment des peuples à ce monopole. Il en va de même pour la continuité de l'État par-delà la mort de ses dépositaires, issue d'une croyance théologico-politique, adhésion libre des individus à une fiction sans justification rationnelle.

Aujourd'hui, en Occident, les démocraties ont supplanté les monarchies mais il n'en reste pas moins que la théorie des deux corps du roi, avec toute la symbolique et l'imaginaire associés, reste bien souvent opérante pour analyser les débats sur la « personne », la « fonction » et « l'image sacrée » de tel ou tel président et le respect supposé dont il doit faire l'objet. Elle pose les questions éternelles de la légitimité, de l'autorité, de la domination étatique ou du consentement des sociétés. Commentée dans le champ juridique, historique et politique, la thèse d'Ernst Kantorowicz a donc le mérite non seulement d'éclairer les fondements de l'État médiéval mais aussi de fournir des clefs de lecture décisives pour notre modernité.

Pour aller plus loin

- Loïc Blondiaux, *Les deux corps du roi.*
- Robert E. Lerner, *Ernst Kantorowicz, une vie d'historien.*
- Ralph Giesey, *Le roi ne meurt jamais.*

Lacan, *Écrits*

Ou l'ambiguïté de l'image

Lacan est célèbre pour avoir réinventé la psychanalyse freudienne en la relisant à partir de la triade : réel, symbolique et imaginaire. Si son enseignement est principalement connu pour avoir mis l'accent sur le caractère symbolique, avec l'inconscient structuré comme un langage, sa toute fin, qui met l'accent sur le réel est moins diffusée, ainsi que son commencement, où c'était l'imaginaire qui avait la primauté. Vestige de ce premier temps, cette affirmation, extraite de la page 188 des *Propos sur la causalité psychique* (1946) : « Nous croyons donc pouvoir désigner dans l'*imago* l'objet propre de la psychologie » ; l'*imago*, dans le premier enseignement de Lacan est l'image, l'image qui fait la loi. Elle est toujours ambiguë. Rappelons cela.

I. La déhiscence de l'homme

Pour saisir la manière dont Lacan s'empare de l'image afin de repenser la psychanalyse, il faut commencer par avoir en tête quelques références éthologiques. Lacan est très impressionné par une série de faits, comme ces oiseaux qui ne peuvent ovuler qu'en présence de leurs congénères, ou bien d'une image d'eux-mêmes au miroir. S'armant de ce savoir, Lacan en déduit que dans le monde animal l'image règne. Les images majeures des proies, des prédateurs et des partenaires permettent aux animaux de s'orienter dans le monde ; l'imaginaire est pour eux une dimension essentielle.

Or l'homme est être à part. Il ne l'est pas pour Lacan d'avoir la conscience ou la raison, mais d'être animal prématuré. Autrement dit, sa spécificité procède d'un déficit biologique. Animal naissant physiologiquement prématuré, l'homme arrive au monde sans être « un », sans posséder l'unité intime et interne qu'a tout être vivant. La dimension de l'imaginaire, omniprésente dans le règne animal, s'impose également à lui, mais sous le coup de ce gouffre intime, génère un effet des plus inattendus.

En l'homme, décomplété dès sa naissance, l'imaginaire produit en effet une invraisemblable identification du sujet à lui-même. Cette hypothèse est appuyée par Lacan, en partie, sur des expériences montrant ce qui est appelé le transitivisme enfantin, à savoir le fait que les très jeunes enfants peuvent, en toute sincérité, se tromper en accusant leurs semblables des actes par eux commis. C'est qu'il n'est pas impossible de se prendre pour celui que l'on voit. Logiquement, cela ne dure pas. Normalement, on aurait pu s'attendre à ce qu'il ne s'agisse que d'une étape transitoire. Ce n'est pas ce que croit Lacan. La déhiscence de l'homme produit en réalité une identification à soi-même qui n'en finit pas, c'est-à-dire que la déformation de l'imaginaire propre à l'espèce humaine est à la fois inaugurale, constitutive et définitive. Le stade du miroir, d'une certaine, une fois que nous y entrons, nous n'en sortons pas.

II. Le stade du miroir

Mais en quoi s'identifier à soi-même peut-il poser problème ? Il est très important d'apprendre à se reconnaître dans la glace, et les enfants qui n'y arrivent pas, qui ne franchissent pas le stade du miroir, vont être confrontés à de terribles difficultés. Dans le *Séminaire I*, Lacan prend ainsi l'exemple d'un jeune patient de Mélanie Klein, le petit Dick. Son univers est excessivement pauvre, son vocabulaire limité, ses interactions restreintes. Il ne semble pas être passé par le stade du miroir, avoir été happé par la beauté d'un corps unifié extérieur à lui, lui donnant par-là l'heureuse illusion d'être (un) lui-même et de pouvoir habiter son corps et communiquer avec autrui.

Mais il faut aussi saisir que se laisser ravir par cette image pose problème : l'identification est toujours trompeuse, elle n'est jamais totale ni entière. Ce qui est d'ailleurs également une bonne chose, attendu qu'alors nous serions dans la folie, la folie de celui qui, comme l'indique Lacan dans ses *Propos sur la causalité psychique*, se prend vraiment pour Napoléon. Le névrosé, lui, entre le petit Dick et le fou qui se prend pour Napoléon, rêve de l'être… il aimerait bien l'être, mais sait qu'il ne l'est pas.

Et c'est cette coupure qu'occasionne, dans le cas le plus fréquent, le stade du miroir : une déchirure intime entre d'un côté une belle forme une extérieure et d'autre part une intimité désordonnée. À la manière de la méchante sorcière qui interroge en vain son miroir magique dans Blanche-Neige, nous nous regardons au miroir et voyons, surtout, celui que nous ne sommes pas. L'image blesse le névrosé, qui voit toujours au miroir celui qu'il n'est pas. L'identification n'unifie pas, elle stigmatise.

Ce que Lacan appelle le narcissisme renvoie ainsi à cet étrange attrait pour cette image de soi, qui nous condamne à une rivalité infinie, mais dont le secret n'est rien d'autre de nous masquer le pire, à savoir le trou inaugural de la déhiscence organique. Nous sommes ainsi amoureux d'une image qui nous déchire, nous promettant toujours pour demain la félicité, sans savoir que nous y tenons d'autant plus que sa brillance nous masque notre détresse inaugurale. Mieux vaut être stigmatisé qu'éparpillé.

III. L'expérience du bouquet de fleurs inversées

Lacan, dans le *Séminaire I*, prolonge cette analyse avec l'expérience du bouquet de fleurs inversées. Il s'agit d'une expérience de physique amusante qui utilise les lois de l'optique. On appelle « image réelle » une image qui apparaît sans le support d'un écran, ce qui est possible par l'intermédiaire d'un miroir sphérique. Accompagnant cet étrange miroir nous avons quelques fleurs posées sur un petit meuble, dont la partie donnant sur le miroir est ouverte, et à l'intérieur du petit meuble, un vase à l'envers, invisible à l'œil du spectateur qui a en face de lui le miroir sphérique. Que voit-il lui ? Il voit… un bouquet de fleurs. Lacan complexifie cette expérience en rajoutant un second miroir, à la place de l'endroit où se trouvait notre observateur initial, il rajoute un miroir plan, un miroir traditionnel, qui peut bouger sur son axe, ce qui reconduit l'observateur de l'autre côté, non pas au même endroit mais du même côté que le miroir sphérique. L'observateur voit donc dans un miroir l'image d'un bouquet de fleurs dans un vase, image constituée d'un objet réel et d'une image réelle.

Cette expérience de pensée lacanienne lui sert à illustrer le dispositif de la cure analytique. Il identifie en effet les fleurs perçues hors du vase à des images blessantes, c'est-à-dire fondamentalement à des désirs que le sujet ne sait pas avoir mais dont il constate, dans un état de dépression ou de jalousie, que d'autres les satisfont. Faire une analyse revient à bouger le miroir plan, à faire en sorte que les fleurs reviennent dans le vase, que le sujet réintègre ses désirs. C'est précisément en cherchant à expliciter cela que Lacan passera de l'imaginaire au symbolique. Il n'en reste pas moins que dans ce premier temps de son enseignement l'image apparaît ambiguë. Il ne s'agit pas de croire pouvoir, au terme de l'analyse, s'en passer ; il s'agit plutôt d'apprendre à en supporter le rayonnement.

On commence une analyse lorsqu'au miroir de l'alter ego, l'image de cet autre soi-même qu'est autrui nous montre tout ce que nous ne sommes pas, et on la termine en réalisant qu'elle nous offre en réalité à voir tout ce que nous ne sommes pas *encore*. Le point de bascule étant l'acceptation que derrière sa brillance se cache la déhiscence inaugurale. Dans la psychanalyse lacanienne, les images mentent ainsi beaucoup moins une fois que le sujet réalise, et accepte, qu'elles voilent l'insupportable. Oui, l'image n'est qu'un masque, mais si c'est bêtise que de s'en laisser abuser, c'est folie que de croire pouvoir s'en passer.

Pour aller plus loin

- La manière dont Rousseau dépeint la perversion de l'amour de soi en amour-propre, dans la quinzième note de son *Discours sur l'origine et les fondements de l'inégalité parmi les hommes*, une fois l'amour de soi lue comme dénégation de la déhiscence offre une remarquable illustration de l'infinie rivalité d'avec soi-même provoquée par l'identification spéculaire lacanienne.
- Pour en savoir plus sur l'expérience de physique amusante, on peut consulter *Le Séminaire I*, chapitre x, publié au Seuil (1975).
- Le texte de Lacan à lire en priorité est « Le stade du miroir comme formateur de la fonction du Je telle qu'elle est nous est révélée dans l'expérience analytique », in *Écrits*, Seuil, (1966).

Merleau-Ponty,
L'Œil et l'esprit
Ou l'essence charnelle de l'image

Dans *L'Œil et l'esprit*, publié en janvier 1961 quelques mois avant son décès (mai 1961), Merleau-Ponty (1908-1961) reste fidèle au programme philosophique énoncé dans *La Phénoménologie de la perception* (1945) : « La vraie philosophie est de rapprendre à voir le monde ». Ce programme pose la question de la vision, et en particulier de la vision du monde : comment le monde se donne-t-il à voir ? Si l'on veut penser le monde dans ses forces d'être, il est nécessaire d'interroger la relation corporelle, charnelle, entre l'homme et le monde, car l'homme est un être au monde. Il est une partie du monde. De sorte que l'être humain ne détermine pas primordialement le monde par une inspection de l'esprit ; mais c'est le monde qui se rend manifeste en l'homme par son corps, en raison d'une parenté ontologique et charnelle entre l'humain et le monde ; ils sont faits de la même chair ; ils sont entrelacés l'un à l'autre. Il s'agit donc de rapprendre à voir le monde pour rendre manifeste la manière dont le monde se donne à voir depuis le corps de l'homme. C'est dans cette perspective qu'intervient la question de l'image qui participe d'une pédagogie de la vision. L'image constitue, pour Merleau-Ponty, une philosophie figurée de la vision.

I. L'image n'appartient pas à l'en soi

Ainsi l'image aurait une vertu pédagogique, car elle nous permettrait de rapprendre à voir le monde. Mais quelle image pourrait-elle incarner une telle vertu ? Merleau-Ponty dans *L'Œil et l'esprit* étudie l'image artistique, et en particulier l'image peinte. Mais pour conduire cette étude, il est nécessaire d'arracher l'image à tout un ensemble de conceptions erronées. Merleau-Ponty écrit ainsi dans *L'Œil et l'esprit* : « Le mot d'image est mal famé parce qu'on a cru étourdiment qu'un dessin était un décalque, une copie, une seconde chose, et l'image mentale un dessin de ce genre dans notre bric-à-brac privé ». L'image n'a rien d'une copie ; elle n'est pas une présentation appauvrie du réel ou encore un double affaibli de ce qui est. Il s'agit par conséquent de surmonter la mauvaise réputation de l'image, en montrant comment l'image picturale bouleverse nos habitudes d'appréhender et de voir le monde.

Nous avons l'habitude de déterminer le sens de l'image comme nous regardons le monde. Nous concevons, en effet, l'image comme ce qui fixe dans une représentation le réel ; elle semble enfermer le monde dans un cadre figé. Nous croyons ainsi que l'image étale les choses de notre environnement dans un espace de représentation, comme si ces choses étaient tranquillement à notre disposition.

Nous nous comportons de manière similaire devant le monde, puisque nous l'appréhendons tel un univers fait pour notre usage. Nous croyons que le monde est un espace délimité, cloisonné, dont nous pouvons aisément faire le tour et que nous surplombons. Justement nous déterminons l'image (mentale, picturale, etc.) comme un lieu clôturé, aux significations limitées. Nous faisons de l'image un en soi, à savoir une chose sans mouvement et sans profondeur ? Nous nous leurrons. Le monde lui-même est une totalité ouverte, un environnement aux significations inépuisables. L'image picturale qui exprime la manière qu'a le monde d'apparaître, est également une totalité ouverte ; elle est infiniment plus riche que ce que nous prétendons voir en elle. Autrement dit, il convient de voir l'image artistique autrement que comme une représentation qui figerait le monde. Elle n'est donc pas un en soi.

II. L'image picturale est d'essence charnelle

Qu'exprime alors l'image picturale ? L'image picturale dévoile la vision du monde se faisant en nous. C'est pour cette raison que l'image donne beaucoup à penser : elle révèle la source même de la vision. Comment le monde se rend-il visible à notre être ? L'image picturale dévoile, au-delà de nos habitudes quotidiennes de vision, la genèse même de la vision, la vision apparaissant.

Dans *L'Œil et l'esprit*, Merleau-Ponty en appelle à la peinture de Cézanne (1839-1906) et à ses nombreuses représentations de la Montagne Sainte-Victoire (près d'Aix-en-Provence). Que fait donc Cézanne pour peindre ? Il ne cherche pas à objectiver le monde pour mieux le posséder. Il prête son corps au monde ; il vit par son corps la relation de parenté entre lui et le monde : ils appartiennent à la même chair, et il y a une continuité charnelle entre eux : « C'est en prêtant son corps au monde que le peintre change le monde en peinture » écrit ainsi Merleau-Ponty. Par le corps du peintre, le monde se rend visible en lui. L'image picturale exprime alors cet entrelacement entre le corps du peintre et la chair du monde. C'est pour cette raison que l'image picturale n'est pas un trompe-l'œil ou une image affaiblie du monde. L'image rend visible l'échange entre le peintre et le monde, entre le voyant et le visible, entre un voyant qui est aussi visible pour le monde, et un visible qui est aussi un voyant. Pour décrire cette relation charnelle entre le peintre Cézanne et la montagne Sainte-Victoire, Merleau-Ponty écrit : « C'est la montagne elle-même qui de là-bas, se fait voir du peintre, c'est elle qu'il interroge du regard ». Le montage Sainte-Victoire n'est pas qu'une chose visible, elle interpelle le peintre, elle se rend visible dans le corps du peintre, de sorte qu'il y a une réciprocité entre le visible et le voyant, entre la montagne et le peintre.

Dans cette relation entre le peintre et la montagne Sainte-Victoire, la vision s'opère donc à l'intérieur du corps du peintre. L'image picturale réfléchit cette opération : le monde se rendant visible. Si bien que l'image picturale pourrait bien être une image spéculaire qui dénoue les fils et les mystères de la vision. Le peintre bouleverse ainsi notre rapport au monde, et le non-artiste (le profane) ne sait pas voir le monde, ou il ne sait pas appréhender la manière pour le monde de se rendre visible – l'image picturale rend ainsi visible ce que la vision profane croit invisible. Il y a toute une visibilité secrète qui ne se donne qu'au peintre qui sait prêtre son corps au monde. L'image picturale exprime par conséquent l'échange intime et charnelle entre le peintre et le monde, entre le voyant et le visible, entre le visible et l'invisible (ce que le monde n'offre pas immédiatement à la vue). L'image picturale est par conséquent d'essence charnelle.

III. L'image picturale est l'iconographie de la philosophie

La peinture aide donc à rapprendre à voir le monde ; elle est l'iconographie (symbolisation par l'image) de la philosophie, en ce sens qu'elle répond au programme philosophique de Merleau-Ponty. C'est là un enseignement décisif, car en redécouvrant la vision se faisant, nous pouvons refonder notre relation au monde, éprouver de nouveau la continuité charnelle entre le monde et notre être. C'est le monde qui nous interpelle, qui nous perçoit, qui s'incruste et se rend visible en nous ; et nous nous découvrons ainsi voyants, parce que nous sommes visibles pour le monde. Ce dernier n'est donc pas une chose qui l'on possède : « Immergé dans le visible par son corps, lui-même visible, le voyant ne s'approprie pas ce qu'il voit [...] Et de son côté, le monde dont il fait partie, n'est pas en soi ou matière » explique Merleau-Ponty. Il n'y a donc pas une relation de possession, mais une continuité charnelle (une coappartenance) entre le voyant et le visible.

Comprenons désormais la richesse même de l'image picturale ; elle nous donne à voir bien plus qu'une simple reproduction de la Sainte-Victoire par Cézanne ; elle réfléchit la manière dont le monde se rend manifeste depuis le corps du peintre ; elle est un analogue de cette incrustation charnelle du monde dans l'artiste : ils s'éprouvent mutuellement, se voient l'un l'autre, se rendent visibles l'un à l'autre. L'image n'est pas une chose inerte, elle n'a pas de lieu propre ; elle est une relation : elle exprime l'échange, la réciprocité entre le peintre qui est la fois vu par le monde et voyant, et le monde qui est voyant et vu. De sorte que le peintre découvre qu'il ne s'agit pas seulement de voir le monde, mais qu'il est nécessaire de laisser le monde se rendre visible en soi. Il y a un envers du visible que le peintre éprouve en lui et que l'image picturale nous enseigne. En ce sens, elle propose une philosophie figurée de la vision pour rapprendre à voir le monde.

Pour aller plus loin

- Renaud Barbaras, *De l'être du phénomène. Sur L'ontologie de Merleau-Ponty*, Grenoble, Jérôme Millon, 1991.
- Clara Da Silva-Charrak, *Merleau-Ponty, Le corps et le sens*, Paris, PUF, 2005.

Gilles Deleuze, *Cinéma 1 et 2*

Ou l'image-mouvement et l'image-temps

Né à Paris en 1925, Gilles Deleuze a enseigné la philosophie à la Sorbonne et à l'Université de Vincennes. Jusqu'à sa mort en 1995, Deleuze a proposé une œuvre qui se veut un défi à la pensée conventionnelle, un appel à repenser les fondements mêmes de notre compréhension de la vie et de la créativité. Le cinéma, en particulier, l'a fasciné par sa capacité à manipuler le temps et l'espace, thèmes centraux dans *L'Image-mouvement* et *L'Image-temps*. Deleuze a cherché à démontrer comment le cinéma peut être un outil philosophique, révélant des aspects inédits de notre perception et de notre expérience du monde. Sa philosophie de l'image propose une explicitation de la manière dont les images constituent et transforment notre perception du temps et de l'espace, influençant notre compréhension de la réalité elle-même. Comment s'effectue ce processus ?

I. Les principes de l'image-mouvement

Dès ses origines, le cinéma s'est efforcé de capturer, de représenter et de jouer avec le mouvement à travers des images. Deleuze, qui en fait la typologie (ou la « taxinomie »), distingue essentiellement trois types d'images qui constituent le langage cinématographique classique et reflètent la manière dont le cinéma exprime le mouvement.

Tout d'abord, l'« image-perception », qui reproduit la perception visuelle et sensorielle d'un sujet, est centrée sur le point de vue d'un personnage ou d'une caméra qui se substitue au regard du spectateur, offrant une vision subjective de l'espace cinématographique. Elle engage le spectateur dans un processus de visualisation qui imite l'acte de voir dans la vie réelle, mettant en avant la relation entre l'observateur et l'environnement. Cet usage cinématographique de l'image-mouvement permet de développer ainsi un espace narratif complexe, où la perception du personnage principal devient le principal vecteur de la tension et de l'intrigue.

Ensuite, l'« image-affection » exprime des états émotionnels et affectifs, isolant le visage ou le corps dans un espace indéfini pour concentrer l'attention sur l'expérience intérieure d'un personnage. Cette image ne se limite pas à la représentation des sentiments mais explore comment les émotions modifient notre perception de l'espace et du temps. Dans *La Passion de Jeanne d'Arc* (1928) par exemple, Deleuze rappelle que Dreyer utilise intensivement des gros plans sur le visage de Jeanne pour transmettre une profondeur émotionnelle et spirituelle qui dépasse le cadre narratif. Le visage de Jeanne devient un espace expressif puissant, où la douleur, la foi, le doute et l'extase se lisent directement à travers ses expressions. Ces gros plans isolent le visage de l'environnement et des contingences spatiales, le transformant en une image-affection pure, un tableau vivant des affects qui traversent le personnage. On le constate, l'image-affection ne se limite pas à communiquer l'état émotionnel du personnage mais élève l'expression faciale à une dimension quasi-spirituelle, invitant le spectateur à une expérience empathique profonde sans le recours au moindre mot.

Enfin, l'« image-action » se rapporte à des scènes où l'élément principal est l'action qui se déroule. Ces images sont caractérisées par la mise en mouvement des personnages et des objets dans un espace déterminé, souvent motivés par des situations de conflit, de décision, ou de crise. L'image-action est fortement liée à la structure narrative classique, où une situation initiale est perturbée, menant à un développement d'événements culminant finalement dans une résolution. Dans ce contexte, l'action est comprise comme l'interaction dynamique avec l'environnement qui engendre un changement. Le meilleur exemple, selon Deleuze, est le cinéma classique d'Hollywood, où le schéma narratif suit souvent un modèle linéaire et causal, propre à la narration traditionnelle. Les films de John Ford, par exemple, incarnent parfaitement ce type d'images-action, avec des histoires qui se déploient à travers des séquences d'actions et de réactions clairement définies, où les motivations des personnages sont directement reliées à leurs actions.

Chacun de ces types d'images contribue à la richesse et à la complexité du langage cinématographique, selon Deleuze. Ils ne sont pas mutuellement exclusifs et peuvent se combiner de diverses manières dans un film, d'où le rôle essentiel du montage, présenté par Deleuze comme un moyen de lier des images pour former une narration ou une logique visuelle, un processus dynamique qui génère du mouvement et articule les relations entre les éléments visuels. Cependant, l'image-mouvement est principalement axée sur la représentation de l'espace et fait du temps quelque chose de secondaire. Pour ainsi dire, elle manque le temps, passe à côté de sa complexité.

II. Le passage nécessaire à l'image-temps

Le temps ne se réduit pas au mouvement ni à une succession d'images instantanées, il est « durée ». Deleuze se souvient des analyses de Bergson qui critique l'approche « scientifique » du temps, qui le limite à une série d'instants juxtaposés, une spatialisation qui ne rend pas compte de la continuité et de l'indivisibilité de l'expérience vécue du temps (la durée). Selon Bergson, la durée véritable est une expérience intérieure, un flux continu de changements qualitatifs qui ne peuvent être réduits à des moments distincts. C'est cette conception du temps comme durée, comme accumulation qualitative et transformation perpétuelle, qui est à l'origine de ce que Deleuze nomme « image-temps ». Elle est le propre d'une autre manière de faire du cinéma que le cinéma classique, d'une évolution dans la réalisation cinématographique mais également dans la perception de son spectateur.

En effet, le cinéma moderne (depuis 1945) peut saisir et communiquer la complexité du temps vécu, non pas comme une série d'événements successifs mais comme un flux continu, riche de toutes les dimensions du passé qui « infusent » le présent. De même, cette idée deleuzienne que la mémoire ne serait pas simplement un stockage d'images passées mais une coexistence de différentes durées, un entrelacement du passé avec le présent, est également bergsonienne. L'image-temps cherche à capturer cette dimension de la durée, où le passé persiste dans le présent, non pas comme un simple souvenir mais comme une dimension vivante de notre expérience du moment.

Deleuze prend l'exemple d'Antonioni, en tant que symbole parfait du passage de l'image-mouvement à l'image-temps dans le cinéma d'après-guerre. *L'Avventura* (1960) raconte l'histoire d'une femme qui disparaît lors d'une excursion en bateau sur une île déserte, et de la recherche qui s'ensuit. Cependant, le film se déplace rapidement vers l'exploration de la relation entre les deux personnages principaux restants, Claudia et Sandro, leurs émotions, leurs désirs et leurs insatisfactions dans la vie. Ce faisant, Antonioni utilise le paysage non seulement comme toile de fond mais comme un élément actif qui reflète et façonne l'expérience intérieure des personnages : cela lui permet de créer des moments où le temps semble suspendu, permettant une immersion dans la durée qui transcende la linéarité de l'action. Deleuze voit dans ce type de cinéma une nouvelle manière de percevoir et d'expérimenter le temps, où l'image-temps dévoile la richesse des affects et des états de devenir, où le temps n'est plus subordonné à l'action mais l'essence de l'expérience même.

D'une manière générale, le cinéma d'Antonioni, caractéristique de la modernité cinématographique, va utiliser des plans longs et des narrations à énigmes afin d'explorer le temps moderne via le flash-back, la non-linéarité du récit imagé, l'étirement du temps qui fait obstacle à la progression traditionnelle. Ce n'est pas tant que l'image-temps soit une négation de l'image-mouvement, mais bien davantage une extension des possibilités expressives du cinéma à travers l'usage des images. Au cinéma, l'image n'est pas représentation, ni reflet mais création du réel, une création qui rend possible une rencontre par laquelle le spectateur voit sa pensée mise en mouvement et ses affections/perceptions invitées à se renouveler sans cesse.

Pour aller plus loin

- Pierre Montebello, ***Deleuze, philosophie et cinéma***, Vrin, 2008 (d'une très grande clarté sur une œuvre complexe et difficile).
- Les cours de Gilles Deleuze sur le cinéma peuvent être écoutés sur YouTube au lien suivant : https://www.youtube.com/watch?v=HebO29R2FbA.

Georges Didi-Huberman, *Devant l'image*

Ou comment regarder les images artistiques ?

Cet ouvrage important est une réflexion critique sur l'histoire de l'art dans la constitution de son objet : comment avons-nous appris à regarder les œuvres d'art, à considérer les images artistiques ? En ce domaine, faut-il d'ailleurs *savoir* pour *voir* ? Auquel cas, il serait nécessaire de disposer d'une connaissance factuelle et théorique, être à la fois un historien érudit et un philosophe pour appréhender la singularité de l'image, au risque de l'enfermer dans une idée préconçue. Ou bien, à l'inverse, peut-on se fier à l'expérience spontanée, émotionnellement déterminée, que nous avons de l'œuvre ? Georges Didi-Huberman choisit d'exposer d'abord comment l'histoire de l'art s'est constituée dans la prise en compte de cette double tendance, dans une tension constitutive entre le concept et l'image. De Vasari à Panofsky, à travers la médiation de Kant et de Cassirer, il commence d'abord par établir l'épistémologie de l'histoire de l'art à l'épreuve de l'expérience esthétique pour aboutir à la conviction du caractère ouvert de l'image, dans une déchirure qui la situe précisément entre idée et réalité, représentation et présentation, sur un seuil insituable entre savoir et non-savoir.

I. L'image, du visible au visuel

Pour illustrer cette dialectique du voir et du savoir, Georges Didi-Huberman se livre à un exercice pratique d'examen de l'*Annonciation* de Fra Angelico au couvent San Marco de Florence, dont la pauvreté stylistique frappe la vue. Identifiée à travers ses figures repérables, l'ange Gabriel à gauche et Marie à droite, l'œuvre est d'emblée *visible* car *lisible* : l'histoire de l'annonciation (*l'istoria* d'Alberti) qui s'y lit renvoie à ce que le texte des Évangiles contient. Voir cette fresque, c'est donc reconnaître en elle ce qu'on connaît déjà : *le voir est un savoir.* Et la nudité du fond blanc de la scène qui coïncide presque avec la cellule réelle du moine, l'absence de détails pittoresques seraient le témoignage d'une conscience de l'invisible divin que *rien* (ou ce quasi rien qu'est le mur blanc) ne peut réellement représenter. La vision de l'œuvre s'appuie sur une représentation codifiée du vivant de l'artiste, et reconnue par l'histoire de l'art à travers des signes explicites ou déchiffrables qui forment le vocabulaire intelligible de l'œuvre. Mais il y a une autre façon de la regarder qui consiste à se laisser surprendre par elle, à lui apporter une attention flottante, donc « à se laisser dessaisir de son savoir sur elle » (p. 25). Le blanc du fond de la fresque sur lequel se détache les figures bibliques n'est *pas rien*, puisqu'il apparaît comme un « pan (de mur) blanc » ; il n'est pas visible comme tel, car il n'est pas un objet, ni invisible car il est la condition colorée de la visibilité des figures, il est *visuel*. Il est, par sa blancheur, un « événement » qui fait signe, qui est le symptôme de ce qu'il y a à voir, une préfiguration de l'Annonciation qui va surgir par lui. Un *non-savoir* éblouit alors le regard de sa blancheur, et révèle sa puissance de significations, le pan de mur fonctionne comme un « paradigme : une matrice d'images et de symboles » (p. 35), il englobe le regardeur pour lui montrer qu'il est ce qui enveloppe toutes choses, que l'Incarnation est présente dans cette cellule comme dans la vie du moine. Le visuel est donc ce régime du voir qui préfigure ce qui va se montrer, il trouve dans l'art chrétien un ancrage et durée historique indéniables. Il est comme « l'inconscient du visible » (p. 39) et la démarche d'interprétation des œuvres que propose l'auteur s'appuiera donc sur cette efficacité du virtuel ou du latent qui va permettre le surgissement actuel ou manifeste de l'œuvre.

II. Pourquoi l'histoire de l'art a soumis l'image à l'idée

L'histoire de l'art est, selon l'auteur, une démarche réflexive qui emprunte autant à l'expérience des œuvres qu'à la réflexion sur l'art comme objet d'étude. Elle a elle-même une histoire qui commence en Occident avec la Renaissance. Avec *Les Vies des meilleurs peintres, sculpteurs et architectes* (1550), Giorgio Vasari fournit le modèle d'une érudition inlassable et d'un exercice d'autocélébration de l'art italien. L'ouvrage aboutit à une subordination de l'œuvre à l'imitation de la nature et des meilleurs artistes, ce qui, comme le confirmera l'ouvrage d'Erwin Panofsky consacré à cette période, *Idea* (1924), aboutit à une soumission fonctionnelle de l'image artistique à l'idée. Le schème platonicien de la connaissance de l'idée et de la participation du sensible à cette idée par l'imitation s'impose durablement : le dessin est ainsi conçu comme un art procédant de l'intellect, « une forme ou idée de toutes les choses de la nature ». Au XVIIIe siècle, une fois l'avènement des beaux-arts réalisé, la pensée d'Emmanuel Kant rompt avec cette tradition platonicienne en déplaçant la considération du beau de l'objet vers les conditions de réception du beau par le sujet, en pensant ainsi les conditions d'un jugement esthétique à la fois subjectif et universel. Mais Kant n'a pas renoncé à penser l'Idée comme archétype des choses, comme catégorie qui trouve son expression dans la beauté artistique, même si cette dernière n'est pas en rigueur de termes conceptualisable. Par ailleurs, à travers certains de ses représentants, la tradition kantienne aura fait de l'histoire de l'art un savoir désintéressé, et objectif en ce qu'il est capable d'élucider de façon critique les conditions de la connaissance de son objet, l'image artistique. Erwin Panofsky a ainsi infléchi l'analyse de l'œuvre d'art du côté d'une universalité objective qui appose à l'objet des grilles d'interprétation préconçues, de sorte qu'on ne peut véritablement décrire l'œuvre d'art sans viser une idée synthétique à travers elle. Dans la méthode iconologique, il faut s'appuyer non pas seulement sur une approche subjective pratique (la familiarité que pourrait avoir le regardeur avec ce qui est représenté), mais sur des sources littéraires et des thèmes spécifiques dont les images artistiques s'inspirent, pour construire petit à petit, en s'appuyant sur les formes et les symboles, une signification unitaire, correspondant à une idée d'interprétation, qui unifie la représentation de l'œuvre. Les œuvres d'art sont alors soumises à la recherche d'une signification, donc réductibles à un contenu intelligible, une idée.

III. L'image se déchire pour échapper au sens figé de l'idée

À cette tentation objectivante de l'œuvre d'art, Didi-Huberman oppose un renouvellement du regard sur l'image artistique orienté par la psychanalyse freudienne. Celle-ci permet de voir tout d'abord dans l'image onirique l'expression d'une pluralité mouvante de significations, où la contradiction et l'opposition sont compossibles, ce qui fait s'effondrer la certitude *d'un savoir déterminé* de l'image en faveur d'un *déchiffrement indéfini des figures* qui s'y trouvent contenues. Elle informe ensuite la lecture des œuvres d'art des possibilités latentes qu'elles comprennent, et qui sont « oubliées » par un effet de recouvrement. Il invite ainsi à compléter l'interprétation classique faite par Panofsky de la gravure *Melencolia I* (1514) de Dürer : dans *La vie et l'art d'Albrecht Dürer*, l'historien de l'art proposait une sorte de déduction synthétique pour faire de l'œuvre l'expression à la fois du génie saturnien dans la tradition philosophique et un autoportrait de l'artiste en mélancolique, intellectualisant l'humeur mélancolique et humanisant la géométrie. Cette lecture, pour cohérente qu'elle soit, crée une clôture du sens que Didi-Huberman veut dépasser. L'ouverture du sens passe alors par la mise en évidence d'un oubli symptomatique dans la lecture de l'œuvre par Panofksky, une sorte de refoulé signifiant, notamment la similarité formelle de la figure de l'ange de la mélancolie avec la posture du Christ souffrant. Voir le trouble créé par la superposition d'œuvres différentes déchire la visée d'un sens déterminé : cela invite par exemple à retrouver la présence du christianisme dans l'humanisme ; à voir comment, en artiste et en penseur, le graveur se confronte à des questions théologiques épineuses en interdisant la clôture du sens : comment la mélancolie peut-elle être une humeur fatale et une aspiration à l'idéal, diabolique et christique ?, etc. Il ne s'agit pas d'enrichir la lecture d'une nouvelle signification, qui est déjà présente à l'œuvre, mais de retrouver en l'image le fond qui fait faille, les présupposés d'un regard qui sont autant de questions posées au regardeur.

Pour aller plus loin

- Nous recommandons les autres livres du même auteur, notamment *Ce que nous voyons, ce qui nous regarde*, Minuit, 1992, et la réponse de Didi-Huberman au refus des images reconstituant la Shoah de Lanzmann dans *Images malgré tout*, Minuit, 2003.

Arts

Anonyme, *La Tapisserie de Bayeux*

Ou l'image comme symbole

La célèbre *Tapisserie de Bayeux* est en réalité une broderie, et non une tapisserie ; elle n'a pas été réalisée à Bayeux mais en Angleterre alors conquise par les Normands, dans la deuxième moitié du XIe siècle – Bayeux étant le nom de la ville normande où l'œuvre a été conservée et où elle se trouve toujours, exposée au public dans un musée qui lui est consacré. Peut-être faut-il déjà voir dans le décalage de son appellation quelque chose de la poésie et de la *merveille* au sens médiéval (*ce qui étonne*) de la *Tapisserie*. Utilisée comme bâche pour transporter des armes lors de la Révolution, déplacée par les nazis en 1945… la conservation de l'œuvre en parfait état relève d'ailleurs en soi du miracle.

Longue de près de 70 mètres et haute de 50 centimètres, la *Tapisserie de Bayeux* est une immense fresque racontant les exploits de Guillaume le Conquérant, et mêlant des éléments historiques et légendaires. La broderie est faite de fils de laine de dix couleurs différentes, sur une base en toile de lin. Les épisodes, surmontés de courtes légendes en latin, sont numérotés de 1 à 58. En haut et en bas des images deux étroites frises présentent des détails (personnages miniatures, armes…) et des animaux, des créatures surnaturelles et des éléments abstraits. Au-delà de la narration, les images de l'œuvre sont caractéristiques de l'importance du symbole dans la représentation médiévale du monde. La *Tapisserie de Bayeux* n'est pas un simple récit historique, mais une œuvre artistique qui s'efforce d'orienter le regard vers l'invisible.

I. L'image narrative

Les événements relatés se sont déroulés entre 1064 et 1066, et la broderie a sans doute été réalisée dans les décennies suivantes. En 1064, Edward, roi d'Angleterre, désigne Guillaume II, alors Duc de Normandie, comme son successeur. Il envoie un émissaire, Harold, l'en informer. Harold fait à Guillaume le serment qu'après la mort d'Edward, la couronne d'Angleterre lui reviendra. Or, le moment venu, il se parjure et se fait couronner roi. Lorsqu'il l'apprend, Guillaume, qui devient à cette occasion « le Conquérant », organise une expédition jusqu'en Angleterre où il tuera Harold lors de la bataille d'Hastings. Le 25 décembre 1066, il est sacré roi d'Angleterre.

La *Tapisserie* est sans doute une commande ultérieure de l'évêque de Bayeux, probablement réalisée dans un monastère anglais placé sous l'autorité de Guillaume. On pense qu'elle a été brodée par des religieuses, sans que l'on sache exactement combien elles étaient, ni quelle part de liberté leur a été laissée dans le traitement du sujet. L'œuvre raconte tous les épisodes de la conquête de l'Angleterre jusqu'à la bataille d'Hastings, mais ne se contente pas de relater une forme de réalité historique objective : elle y ajoute de nombreux symboles qui créent tout un réseau de sens parfois mystérieux (objets, animaux, couleurs, mots...), un peu comme les images stylistiques d'un texte littéraire. Rappelons d'ailleurs que *texte* signifie étymologiquement « tissu » ; un texte est lui aussi un tissage de symboles. Ainsi, Harold est représenté à la fin de la *Tapisserie* recevant une flèche dorée dans l'œil, symbole de la punition de son parjure par une volonté divine. Or les historiens pensent que Harold est plutôt mort sous les coups d'épée des hommes de Guillaume : la nuance pourrait sembler anodine, mais elle montre comment la *Tapisserie* propose une interprétation de l'Histoire et, plus largement, toute une vision du monde.

II. Une œuvre à visée édifiante

On trouve déjà trace dans l'Antiquité d'œuvres figuratives racontant en plusieurs étapes des exploits épiques ; ainsi de la « colonne de Marc Aurèle » à Rome, sur laquelle des reliefs sculptés figurent les exploits de l'Empereur au IIe siècle de notre ère. Elle nous rappelle que toute épopée renvoie aux grandes questions humaines, à commencer par celle de la destinée.

La *Tapisserie de Bayeux* fut créée pour orner la cathédrale de Bayeux, dans une visée édifiante à destination de la population. Il s'agissait bien entendu de glorifier les exploits de Guillaume le Conquérant mais aussi, à travers ceux-ci, d'affirmer le règne du divin sur le monde terrestre. Au Moyen Âge, l'image a ainsi pour fonction de convoquer le sacré, et de rendre visible le monde surnaturel.

L'historien Michel Pastoureau a montré la fonction symbolique de l'image médiévale qui est rendre compte du surnaturel, dans une richesse de sens inépuisable : « au Moyen Âge, la vérité se situe toujours hors de la réalité, à un niveau qui lui est supérieur. Le vrai n'est pas le réel. ». Le symbole a pour fonction de faire apparaître cet autre niveau de la vérité, en convoquant le divin. Pour cela, l'image ne cherche pas exactement à représenter la réalité visible (par exemple la nature exacte des blessures mortelles de Harold), mais à créer au contraire un écart avec la réalité, une béance, quelque chose de surprenant (une inversion, un changement d'échelle, une couleur, une flèche dorée dans l'œil de l'ennemi...) qui doit faire apparaître l'action du surnaturel, du divin.

III. Image et vision symbolique du monde

Par sa dimension symbolique, l'image médiévale a aussi une dimension performative : elle fabrique en elle-même le miracle, le prodige (la *mirabilia*, en latin). Le passage qui figure à l'exact milieu de la *Tapisserie de Bayeux* en est une illustration. Des images 35 à 38, l'œuvre représente la flotte armée par Guillaume pour la traversée de la Manche. Sous le numéro 38, une légende précédée d'une croix dit en latin : « Ici le Duc Guillaume, dans une grande navigation, franchit la mer et vint à Pevensey » en Angleterre. Parmi les navires représentés sous le texte, celui de Guillaume est reconnaissable à une sculpture d'enfant ornant une extrémité du navire. Un texte historique raconte par ailleurs que Mathilde, l'épouse de Guillaume, alors enceinte, fit construire ce vaisseau et que « sur la proue du navire elle fit placer un enfant d'or indiquant de la main droite la direction de l'Angleterre et, de la main gauche, mettant à sa bouche un cor d'ivoire. » Or sur la *Tapisserie*, tout est inversé : l'enfant figure à la poupe et non à la proue, et tend la main gauche alors que la droite tient l'instrument. Cette triple inversion correspond à ce que Michel Pastoureau nomme « un écart » avec la réalité, écart destiné à renverser les apparences pour faire apparaître *la merveille*, voire pour la produire : ici l'inversion de l'enfant doré au centre même de l'œuvre intensifie bien sûr l'exploit de Guillaume, mais elle fait également intervenir le miracle de la vie à venir, la naissance de l'enfant (qui sera prénommée Adèle, *la noble*) et la perpétuation par elle de la vie glorieuse du roi son père. « Le symbole est toujours ambigu, polyvalent, protéiforme » écrit Michel Pastoureau et, de fait, celui de l'image de l'enfant sur le navire de Guillaume déploie un sens particulièrement riche. Les figures de proue ont depuis l'Antiquité une fonction magique. Elles protègent le navire contre le chaos maritime, participant du logos qui ordonne le monde. Il est parfaitement inhabituel qu'une figure de proue représente un enfant ; or dans la Bible comme dans des textes romains (chez Virgile notamment) figurent des allusions à un enfant divin qui annoncerait un âge d'or. On peut alors penser que la façon dont la *Tapisserie de Bayeux* met en valeur cette figure par un double procédé d'inversion revient à faire de la naissance d'Adèle (laquelle a déjà eu lieu au moment où la *Tapisserie* est brodée) un événement divin, signe de l'avènement d'une ère nouvelle, d'un âge d'or lié à la conquête de l'Angleterre vue comme un pays de Cocagne. Rappelons d'ailleurs que le couronnement de Guillaume a eu lieu un 25 décembre, jour anniversaire de la naissance du Christ dans la tradition chrétienne, encourageant l'analogie suggérée par l'image brodée de son bateau.

Michel Pastoureau souligne encore que les « signes » médiévaux « font sentir et rêver plus qu'ils ne désignent. Ils font entrer dans cette autre réalité qu'est l'imaginaire. » Les images de la *Tapisserie de Bayeux* peuvent ainsi être comprise comme des symboles ouvrant vers une vérité qui surpasse la simple réalité visible. L'image ici se fait langage : comparable à un texte en ce sens qu'elle est un *tissu* de signes picturaux et de légendes, elle transporte l'imaginaire au-delà des mots, dans une évocation poétique de l'invisible.

Pour aller plus loin

- Le site internet du *Musée de la Tapisserie de Bayeux* propose une visualisation numérique de l'intégralité de l'œuvre.
- Michel Pastoureau, *Une histoire symbolique du Moyen Âge occidental*, Points (2004).
- *La Tapisserie de Bayeux, l'art de broder l'histoire*, ouvrage collectif, Presses universitaires de Caen (2004).

Hans Holbein le Jeune, *Les Ambassadeurs*

Ou l'art comme image du monde

Hans Holbein dit « le jeune » (1497-1543) est né dans une famille d'artistes : son père est lui-même peintre, ainsi que son frère. Il se révèle rapidement doué, qu'il s'agisse de la peinture décorative, du portrait ou de la peinture religieuse. Il fréquente les cercles humanistes (Erasme, ou More dont il réalise des portraits en 1523 et en 1527), ce qui permet de nous assurer de sa culture et de la conscience qu'il a dû avoir des abus de l'Église. De ce point de vue, on peut le rattacher aux conceptions qui renouvellent la vision de l'homme et du monde à cette époque. Il séjourne à Bâle, puis à Londres à partir de 1532, où il résidera jusqu'à sa mort. Il devient le peintre du roi Henri VIII (roi d'Angleterre de 1509 à 1547) et représentera les membres de sa cour ainsi que les marchands allemands (voir notamment le *Portrait de Henri VIII*, 1537).

Les Ambassadeurs (1533), un de ses tableaux les plus connus, est aujourd'hui conservé à la National Gallery à Londres, et il doit se comprendre dans un tel contexte. Il propose une véritable « image du monde » qui synthétise un certain nombre de grandes questions soulevées à ce moment. En ce sens, l'on peut dire que ce tableau reflète ce qui se passa dans le monde d'alors, qu'il s'agisse de renvois explicites à des événements réels, ou d'idées religieuses, scientifiques et philosophiques. Il faudra en effet distinguer les différents niveaux d'analyse que l'on peut appliquer à cette image, tout en nous interrogeant sur la méthode qu'il convient d'utiliser. En quel sens peut-on dire que ce tableau d'Holbein nous donne à voir une « image du monde », au-delà de sa dimension seulement esthétique ?

I. L'analyse iconographique de l'image et le contexte

Erwin Panofsky (1892-1968) appelait « analyse iconographique » la méthode à adopter à propos des œuvres d'art. Il écrivait à ce sujet : « *L'analyse iconographique*, qui concerne les *images*, *histoires* et *allégories* (non plus les motifs), présuppose, comme il va de soi, bien davantage que cette familiarité avec les objets et événements que nous acquérons par expérience pratique. Elle présuppose une familiarité avec les *thèmes* ou *concepts* spécifiques, tels qu'ils sont transmis par des sources littéraires et assimilés au moyen soit de lectures orientées en ce sens, soit d'une tradition orale » (E. Panofsky, *Essais d'iconologie*, Paris, Gallimard, 1967, p. 32). Pour comprendre une image artistique selon Panofsky, on ne peut pas se contenter de décrire sa construction (couleurs, formes, techniques du peintre…) ou de vanter ses qualités artistiques. Il faut aussi se pencher sur les « thèmes » ou les « concepts » qui peuvent toucher au domaine de la religion (comme la passion du Christ et son récit dans la Bible) ou de la philosophie (les grands systèmes qui ont cours à une époque). Ainsi, on doit éclairer le sens d'une image à l'aide par exemple des textes qui étaient lus à une époque donnée.

Le tableau est un portrait en pied (on voit le corps entier des personnes) de deux ambassadeurs (à gauche : Jean de Dinteville ; à droite : Georges de Selve) envoyés par le roi François 1er en Angleterre afin d'obtenir le soutien du roi Henri VIII contre l'Empire de Charles Quint (qui allait au-delà de l'actuelle Allemagne). C'est un moment de grande tension politique, alors que l'Europe est sur le point de basculer dans la guerre, mais aussi de tension religieuse. Henri VIII s'apprête en effet à annuler son mariage avec Catherine d'Aragon qui ne lui a pas donné de fils. Il épousera Anne Boylen contre la volonté du Pape, ce qui conduira l'Angleterre à fonder l'Église anglicane (protestantisme anglais).

II. L'organisation du tableau

Les ambassadeurs sont richement vêtus et possèdent des attributs qui permettent de les identifier : Jean de Dinteville porte un médaillon et a une dague à la main, Georges de Selve est accoudé sur un livre indiquant qu'il a 25 ans (le chiffre est écrit sur la tranche). Ils ferment la composition sur les côtés, et entre eux se trouve une étagère à deux étages. En haut, l'on trouve des instruments de mesure scientifique : un globe céleste, des horloges solaires, deux quadrants et un *torquetum* (un instrument de mesure astronomique). Ces objets assurent la connaissance du monde par la maîtrise du temps et de l'espace : ils renvoient à un idéal du savoir incarné par les humanistes et les scientifiques de l'époque. L'étage inférieur comporte un globe terrestre, un livre d'arithmétique, un compas, un luth, des hymnes luthériens (protestants), et quatre flûtes dans leur étui. Ces objets renvoient à la géométrie et à l'art de la musique. Le fait de les mettre sur l'étage inférieur construit un rapport d'opposition avec l'étage supérieur, plutôt réservé à ce qui est au-delà du domaine terrestre.

L'ensemble de la composition repose sur un certain équilibre. La frontalité des figures et l'impression de puissance qu'elles dégagent, la stabilité apparente de l'étagère et la certitude des savoirs que cela implique, l'ordre d'ensemble, tout cela concourt à construire une image du monde reposant sur une certaine maîtrise de la réalité. Cette maîtrise va d'ailleurs au-delà de l'Europe : les motifs du tapis de l'étage supérieur font référence à la région turque (Anatolie), et le globe du bas renvoie au découpage du monde qui est opéré par les puissances européennes dans le processus de colonisation amorcé au XVe siècle. Enfin, le grand rideau vert derrière les ambassadeurs donne une dimension théâtrale à l'ensemble, renforcée par le fait que les deux figures nous regardent. Holbein prouve ici la grande maîtrise qu'il a du dessin et du sens de la composition, ainsi que sa maîtrise des couleurs, des modelés (rendu du relief) et des détails. Le pavement démontre aussi son sens de l'organisation de l'espace grâce à la perspective, qui est considérée comme la manière la plus aboutie de réaliser une œuvre d'art.

Alberti en codifiait l'utilisation dans le *De pictura* en 1435, un des ouvrages les plus importants de la Renaissance.

III. Ce qui nous trouble dans cette image

Si le tableau exprime une vision du monde en apparence paisible et stable, plusieurs éléments troublent l'équilibre de la composition. Sur l'étage du haut, certains instruments sont posés de travers : faut-il y voir une faillite du savoir ? Sur l'étage inférieur, on peut remarquer qu'une des cordes du luth est cassée, ce qui empêche l'instrument de produire une musique harmonieuse. De même, il manque une flûte dans les étuis. Certains commentateurs ont remarqué que le livre d'arithmétique était ouvert à la page « division », ce qui peut faire écho à la division politique et religieuse de l'époque. Le livre de chants a été identifié comme un livre d'hymnes religieux ayant un lien avec Luther, ce qui annonce aussi les divisions à venir entre catholiques et protestants. On sait aussi qu'au XVIe siècle, nous sommes à l'aube de la mathématisation de l'explication des phénomènes naturels, ce qui va amener une véritable révolution dans la science physique. Ainsi, ce tableau est truffé de détails qui nous donnent des indications sur le contexte dans lequel il a été réalisé, et en particulier, sur le fait que le monde est sur le point de basculer. Il est difficile de déterminer si Holbein a fait tout cela de manière intentionnelle : l'enjeu est plutôt de se demander en quoi cette image reflète les préoccupations de son temps.

Venons-en enfin à ce qui est à la fois caché et évident : le tableau est traversé, en bas, par une forme étrange. On ne peut pas la voir nettement quand on fait face au tableau : il faut se mettre sur le côté. Il s'agit d'un crâne « en anamorphose » dont la présence inquiétante se faisait sentir depuis le début. En haut à gauche, on devine aussi un crucifix caché derrière le rideau. On peut penser alors à la représentation des vanités, un thème classique dans la peinture et dans la littérature. La vie est brève, et il faut penser au salut de son âme. On peut choisir, comme les libertins, de multiplier les plaisirs (*Dom Juan* dans la pièce de Molière), mais on peut aussi choisir de se tourner vers Dieu pour être sauvé. C'est une des questions les plus importantes qui se pose à l'époque d'Holbein, et qui entraînera de vives polémiques entre les catholiques et les protestants. Ainsi, derrière la puissance du savoir et derrière l'habileté des ambassadeurs se loge la mort, qui nous guette tous. La condition humaine est fragile – Pascal dira dans les *Pensées* qu'elle est « misérable » – et la vie est vaine comme une pièce de théâtre (pensons à nouveau au rideau qui est en arrière-plan). À partir de tous ces éléments, Holbein construit donc ce tableau comme une véritable mise en scène.

Pour aller plus loin

- Sur Holbein : https://www.worldhistory.org/trans/fr/1-19267/hans-holbein-le-jeune/.
- Pour des analyses complémentaires sur l'œuvre : https://www.youtube.com/watch?v=eqBmn7kMYmU.
- Erwin Panofski, *Essais d'iconologie*, Paris, Gallimard, 1967.

Gustave Courbet, *L'origine du monde*

Ou image et pornographie

Dans la peinture occidentale, le sexe des femmes n'apparaît jamais : une feuille, une étoffe, une main viennent toujours le dérober au regard du spectateur. Ou bien il est éludé : c'est le rien, une absence, que montre le peintre au lieu du sexe. *L'Origine du monde* de Courbet marque en ce sens une rupture, ne nous donnant à voir qu'un sexe de femme pleinement offert au regard, à tel point d'ailleurs qu'il faudrait déboîter la cuisse gauche du modèle si l'on voulait obtenir en réalité la visibilité que présente la toile.

La toile ne fit pas scandale, tout simplement parce qu'elle ne fut jamais exposée avant son entrée au Musée d'Orsay en 1995. Jusque-là, elle a été peu vue et ses divers propriétaires ne sont pas tous connus avec certitude. Plus étonnant encore, ceux-ci la cachaient : son premier propriétaire, Khalil Bey, ambassadeur de la Sublime Porte à Paris, à qui Courbet l'a vendue en même temps que *Le Sommeil*, en 1866, l'accrocha dans sa salle de bains, recouverte d'un rideau vert et ne la montrait qu'à quelques privilégiés de ses amis, parmi lesquels Maxime Du Camp et Flaubert. Son dernier propriétaire privé, le psychanalyste Jacques Lacan, avait fait peindre, par son ami le peintre surréaliste André Masson, un cache évoquant la toile. Il ne montrait le tableau caché qu'à des invités triés sur le volet (Lévi-Strauss, Heidegger, Marguerite Duras) guettant avec intérêt leur réaction. Il y a peut-être quelque chose de l'ordre du cérémonial religieux dans le dévoilement de ce tableau et de son objet. Mais on peut aussi y voir le désir de cacher et en même temps de désigner l'objet de scandale, le sexe nu, ce qui n'est pas sans rapport avec la pornographie. « Eh bien, le voile – vous savez que la civilisation commence avec le voile, on voile le sexe, on place à cet endroit des génitoires, pour parler comme Dolto, en avant-poste, un linge, *une surface qui arrête quoi ? Le regard !* – … Eh bien *le voile, le rideau* – car ce voile peut, doit toujours faire penser qu'il peut *être déchiré* ou lui-même *se déchirer, s'ouvrir, s'entrebâiller* –, ce que l'érotisme ou la pornographie savent très bien, comme l'on dit, exploiter », écrit à propos Jacques Lacan dans le livre IV du *Séminaire, La relation d'objet.*

I. Une image pornographique ?

En application de l'article 227-24 du Code pénal, prohibant la diffusion d'un message à caractère pornographique, le roman de Jacques Henric, *Adorations perpétuelles*, publié en… 1994, fut interdit à la vente aux mineurs et les libraires obligés de le retirer de leurs vitrines, parce qu'il comportait une reproduction de

L'Origine du monde sur sa couverture. Aussi incroyable que cela puisse paraître, il y eut ces dernières années d'autres affaires similaires de censure visant des reproductions de l'œuvre de Courbet. S'agit-il donc d'une image pornographique ?

À cette question, il faut d'abord répondre qu'un tableau n'est pas une image. L'image est plutôt comparable au voile, dont parle Lacan, qui cache et qui en même temps désigne ce qu'il cache. C'est ce que Platon avait déjà mis à jour concernant le rapport du réel à son image. S'il est vrai que l'image peut masquer la véritable réalité dont elle n'est que copie, du moins quand on la prend pour elle, et ainsi tromper, elle peut aussi refléter la réalité qu'elle n'est pas, et ainsi participer d'une pédagogie du vrai. S'il en est ainsi, c'est parce que l'image est une réalité inférieure qui ne peut s'expliquer d'elle-même et qui ne trouve son sens qu'à la condition d'être rapportée à son modèle : on ne peut même la saisir pleinement qu'une fois connu ce dont elle est l'image. L'image renvoie à quelque chose qui n'est pas une image, mais une réalité qui lui est extérieure et en constitue la raison d'être. Elle est fondamentalement une représentation.

Or c'est justement ce que les tableaux des peintres ne sont jamais. Un tableau est intelligible à partir de ce qu'il montre, rend visible et non en tant que reproduction d'une réalité extérieure. Un tableau ne se juge pas d'après le modèle, ou il n'est qu'une image. On comprend mieux en quel sens *L'Origine du monde* ne saurait être une image pornographique, destinée à susciter le désir en représentant quelque chose qui l'excite.

II. L'art exclut le désir

On a pu dire, plus généralement, que les relations de l'homme à l'œuvre d'art ne sont pas de l'ordre du désir. « Le désir exige pour lui-même non seulement l'apparence superficielle des choses extérieures, mais les choses elles-mêmes, dans leur existence sensible et concrète. […] Maintenant, cette relation de désir n'est pas celle dans laquelle se trouve l'homme par rapport à l'œuvre d'art. Il laisse celle-ci exister librement pour soi en tant qu'objet, et s'y rapporte sans désir, comme à un objet qui ne s'adresse qu'à la face théorique de l'esprit » (Hegel, *Esthétique*, Introduction, III, 2). C'est que le désir exige pour sa satisfaction un objet matériel et concret, ne pouvant se contenter d'une représentation, aussi belle soit-elle. Par exemple, si « vivante » que puisse paraître une nature morte, elle ne saurait être appétissante, parce qu'elle n'existe pas d'une existence tangible. L'œuvre d'art exclut donc bien le désir précisément en ce qu'elle s'adresse à l'esprit et non au corps, bien qu'elle le fasse de manière sensible. Ceci ne veut pas dire que *L'Origine du monde* ne puisse concrètement exciter un spectateur, mais que cette excitation serait en porte-à-faux s'agissant du rapport à une œuvre d'art.

Il est probable que Khalil Bey, qui était un érotomane notoire, ait vu *L'Origine du monde* comme objet d'excitation. Pour Courbet, le sexe féminin qui y est exhibé serait plutôt l'aboutissement d'une recherche esthétique menée antérieurement dans ce qu'on appelle, sans doute rétrospectivement, ses « paysages vaginaux » :

grotte, puits, sources, etc. Ce à quoi renvoie d'ailleurs le titre malicieux donné au tableau : *os, oris* désigne en latin l'entrée, l'ouverture, tandis que *gynè* désigne la femme en Grec.

Enfin et surtout, ce qui est donné à voir ce n'est pas le corps d'une femme que l'on puisse désirer mais un sexe en quelque sorte séparé de ce corps. L'origine du monde est une abstraction : on ne désire pas une abstraction.

III. Le fétiche sexuel

Il faut pourtant rectifier cette dernière proposition. Le tableau est bien une abstraction ainsi que l'avait souligné un de ses premiers spectateurs, Maxime Du Camp : « Lorsqu'on écartait le voile, on demeurait stupéfait d'apercevoir une femme de grandeur naturelle, vue de face, extraordinairement émue et convulsée, remarquablement peinte, reproduite *con amore* ainsi que disent les italiens, et donnant le dernier mot du réalisme. Mais, par un inconcevable oubli, l'artisan qui avait copié le modèle sur nature avait négligé de représenter les pieds, les jambes, les cuisses, le ventre, les hanches, la poitrine, les mains, les bras, les épaules, le cou et la tête » (*Les convulsions de Paris*, 1881). Pourtant une abstraction est susceptible d'éveiller le désir, à condition toutefois qu'il s'agisse d'un désir fétichiste.

Le fétichiste sait que l'objet de son désir n'est pas un objet sexuel à part entière, et pourtant il veut le croire. « Je sais bien, dit-il, mais quand même... ». Freud appelle déni de réalité (*Verleugnung*) ce qui s'exprime en ces termes dans les propos de ses patients. Simple négation de la réalité au nom du désir ? Aveuglement volontaire ? Et bien non justement, puisqu'en même temps, pour croire son désir, le fétichiste a justement besoin de savoir effectivement qu'il n'est pas la réalité : *je sais bien*, mais quand même... On croit ordinairement que la croyance fétichiste résiste à la répudiation mais en réalité, elle la requiert. En d'autres termes, pour un fétichiste, un tableau, malgré son abstraction constitutive, peut fonctionner comme une image susceptible d'éveiller son désir.

L'origine du monde peut donc bien, tout compte fait, éveiller le désir, sous condition que ce désir soit de type fétichiste : je sais bien que ce tableau présente une abstraction... *mais quand même.*

Pour aller plus loin

- *L'Origine du monde* est visible au Musée D'Orsay à Paris ou sur internet, par exemple à l'adresse suivante : http://www.wga.hu/art/c/courbet/3/courb304.jpg.
- *Le Sommeil* est exposé au Musée du Petit Palais et visible à cette adresse : http://www.wga.hu/art/c/courbet/3/courb303.jpg.
- Le livre de Thierry Savatier, *L'Origine du monde. Histoire d'un tableau de Gustave Courbet*, éditions Bartillat, est une somme, incontournable.
- Pour situer l'œuvre dans le cadre général du nu féminin au XIXe siècle, recommandons *La Divine et l'impure* de Michèle Haddad, éditions du Jaguar.

Magritte, *La clef des songes*

Ou les ambiguïtés de l'image artistique

Connu pour de nombreuses toiles aux significations mystérieuses, René Magritte développe au travers de son œuvre artistique une réflexion sur le rôle de l'image. Son enfance et son éducation laissent penser qu'il lui a donnée une place centrale, qu'elle soit tenue pour une source d'inspiration ou pour un motif de création : lecture de bandes dessinées et de romans policiers, réalisations de petits films ou d'affiches… La Belgique est aussi le lieu d'un important foisonnement artistique à la fin du XIXe siècle et au début du XXe siècle, comme le montrent les mouvements de l'art nouveau et du symbolisme. Ce dernier avait déjà donné une grande place à la question du rêve et à l'étrange. La rencontre de Magritte avec le surréalisme parisien en 1927 (Breton, Éluard, Ernst, Dali) confirme son intérêt pour les rapports entre rêve et réalité et pour les associations d'idées étonnantes.

C'est ce que l'on peut voir dans l'œuvre intitulée *La clef des songes* (1930), laquelle fait partie d'une série de tableaux qui associent de manière décalée un nom et une image. Le peintre brouille en effet les rapports entre les images et les choses, entre les noms et les images. Comment Magritte nous permet-il de réfléchir au sens et à la fonction de l'image, en jouant sur ce qui est à la fois évident et ambigu en elle ?

I. Description de l'image

La construction de l'image permet d'en comprendre certains aspects. Ce tableau est en lui-même une image composée de plusieurs images. Il a une forme rectangulaire, et il est découpé comme une fenêtre. Mais ici, nous ne voyons pas à travers : le découpage sert à présenter différentes choses qui n'ont a priori pas de liens entre elles. Plus encore, les noms ne désignent pas les choses auxquelles ils sont associés, et il y a un contraste marqué par la suggestion de propriétés opposées (le lisse de l'œuf et le piquant de l'acacia, l'inutilité du marteau dans le désert). Ce contraste est renforcé par le style de Magritte, qui se caractérise par un certain réalisme. En effet, on voudrait que ce qui est représenté corresponde à ce qui est écrit, et que ce qui est écrit renvoie à ce qui est représenté. Mais ce n'est pas le cas. Comment comprendre alors le sens de ce tableau ?

Celui-ci s'intitulant *La clef des songes*, on pourrait penser qu'il existe un secret pour le comprendre, et pour comprendre le monde du rêve en général. La psychanalyse, fondée au XIXe siècle par Sigmund Freud, avait fait du rêve la matière de ses premiers travaux en cherchant à donner des clés de lecture aux images que nous formons pendant notre sommeil. Pourtant, le tableau de Magritte ne cherche pas à donner une grille d'interprétation définitive. Il privilégie plutôt le domaine des associations d'idées, ce qui rend plus libre la lecture du tableau. On peut associer le verre à l'orage par l'idée de l'eau qui coule, la lune à un endroit sur lequel on pourrait marcher, etc. En ce sens, *La clef des songes* laisse libre l'imagination du spectateur, qui peut construire lui-même le sens de ce qu'il voit.

II. Qu'est-ce qu'une image « surréaliste » ?

La psychanalyse a eu une influence sur l'art en mettant en évidence le rôle explicatif de l'inconscient dans la pensée en général. Freud montre que les images oniriques sont construites selon une logique affective et qu'elles expriment des pulsions : elles symbolisent le réel plutôt qu'elles ne le représentent. André Breton soulignait l'importance de ces découvertes dans les différents *Manifestes du surréalisme* (1923, 1930, 1942). Les surréalistes ont en effet exploré des associations étranges, voire dérangeantes, en suivant le mot du poète Lautréamont : ils ont cherché ce qui était « beau comme la rencontre fortuite sur une table de dissection d'une machine à coudre et d'un parapluie » (*Chants de Maldoror*, Chant VI, strophe 1). L'image n'a donc plus pour fonction de représenter le réel, ce qui l'écarte de sa fonction mimétique traditionnelle (la *mimesis*), ce qu'on voit dans le trompe-l'œil. Cette fonction était mise en évidence dans le texte que Pline consacrait au duel des peintres Zeuxis et Parrhasios (*Histoire naturelle*, XXX, 36). Il raconte que ce dernier gagna le duel parce que Zeuxis essaya de soulever le rideau peint sur le tableau. Ainsi, le spécialiste de la tromperie a été à son tour trompé.

La peinture de Magritte privilégie une représentation soignée, en dehors de ce que l'on nomme la « période vache », pendant laquelle il peint des personnages beaucoup plus grossiers. Il se distingue ainsi d'autres peintres plus fantasques, comme Max Ernst ou Salvador Dali. Mais en privilégiant la netteté de ce qui est représenté, il nous oblige à aller au-delà ce qui est immédiatement visible. La représentation de la chandelle n'est pas la chandelle réelle, elle n'est peut-être que la forme que nous donnons à certains désirs, à certaines peurs ou à certaines passions. On pourrait aller un peu plus loin en affirmant que l'image, en elle-même, ne signifie rien : tout dépend de son contexte, de ses rapports avec d'autres images ou avec un texte qu'on lui joint. Dans le domaine du cinéma, c'est ce qu'on appelle « l'effet Koulechov », et qui est au principe du montage cinématographique. Koulechov a mené plusieurs expériences en montrant que l'on peut donner des sens différents, voire opposés, aux mêmes images lorsqu'on varie leur ordre de succession ou le texte qui les accompagne.

III. Art et philosophie

Le décalage instauré entre la chose, la représentation de la chose, et le nom qui lui est donné, rappelle un tableau célèbre de Magritte très justement nommé

La trahison des images (1928-1929). On retrouve la facture très réaliste de la pipe qui est représentée, avec des effets de lumière et de profondeur. On retrouve également l'usage de l'écriture sur la toile, ce qui n'est pas un procédé si courant dans la peinture. Pourquoi l'image trahit-elle ? Et qui/que trahit-elle ? Elle trahit celui ou celle qui pense que ce qu'il ou elle voit correspond à un objet réellement existant. On peut alors proposer au moins deux niveaux de lecture :

- d'une part, l'image de la pipe n'est pas une « pipe réelle », car elle n'en est qu'une représentation, même si celle-ci est très soignée. Nous nous sommes habitués à penser que la peinture devait être la copie du réel sans questionner ce présupposé. Or, la plupart des artistes ne suivent pas cette règle : ils utilisent leur imagination, déforment la réalité, etc. ;
- d'autre part, l'image de la pipe n'est pas « une » pipe, car elle reste stylisée. Elle ne renvoie donc par à un objet en particulier (par exemple, la pipe que Magritte pouvait fumer), mais à toutes les pipes. En ce sens, elle est plus proche de l'idée générale de la pipe que d'un objet individuel.

La trahison des images insiste donc sur le fait qu'on ne peut pas faire confiance aux images, c'est-à-dire qu'il ne faut pas croire à l'équivalence de la représentation et de la chose représentée.

Si l'on suit cette piste, on peut penser à la manière dont Platon considérait l'image artistique dans la ***République***, au Livre X. Il distinguait en effet trois niveaux de réalité en prenant l'exemple d'un lit : il y a d'une part l'idée générale du lit qui est immatérielle, ensuite le lit qui est fabriqué par l'artisan, et enfin le lit qui est peint par le peintre. Dans ce chapitre, Platon explique qu'il faut bannir les artistes de la cité car ils nous trompent en produisant ce qu'il appelle des « simulacres », c'est-à-dire des copies de copies des idées. Ainsi, l'artisan copie l'idée du lit pour fabriquer le lit réel, et le peintre copie le lit réel en en réalisant une image. C'est ce dernier degré de réalité qui pose problème à Platon, car il nous détourne des choses qui existent véritablement (les idées), et qui sont les objets de la connaissance. L'allégorie de la caverne cherchait à expliciter ceci : tant que nous en restons aux images, nous sommes passifs et ne réfléchissons pas à leur provenance. En l'occurrence, dans la caverne les prisonniers sont manipulés par les orateurs et les sophistes qui sont appelés des « fabricants de simulacres » par Platon.

En dehors de la théorie de Platon, il faut cependant reconnaître que l'image artistique a un statut particulier. Elle ne sert pas à connaître le monde, même si elle peut nous aider à comprendre une certaine vision du monde. En ce sens, il n'est pas nécessaire de se demander si elle est vraie. ***La clef des songes*** montre que la signification de l'image est mobile, de la même manière que les poètes peuvent jouer avec le sens des mots dans leurs poèmes, en les détournant de leur usage habituel.

Pour aller plus loin

- Magritte, *La trahison des images*, Éditions Centre Pompidou, 2016 (catalogue d'exposition).
- Platon, *La République*, X.
- André Breton, *Le manifeste du surréalisme*, 1924.

Cinéma

Dziga Vertov, *L'homme à la caméra*

Ou image cinématographique et vérité

Dziga Vertov (1896-1954) fait partie de ces cinéastes soviétiques (Eisenstein, Koulechov) qui mirent le montage au cœur de l'art cinématographique. Vertov peut, de plus, être considéré comme l'un des représentants de cette avant-garde russe constructiviste qui, avant même la révolution (laquelle ne tarda pas à dénoncer le formalisme au nom du réalisme socialiste), avait privilégié en art la composition géométrique dans l'intention de s'affranchir des conventions réalistes. Disons qu'il a été pour le cinéma ce qu'ont été Malevitch pour la peinture ou Rodtchenko pour la photographie, appartenant au même univers visuel qu'eux. Enfin, Vertov, théoricien autant qu'artiste, est l'auteur d'un cinéma expérimental dont le fleuron est justement *L'homme à la caméra* (1929).

I. Un film expérimental

Vertov avertit d'emblée le spectateur qu'il va assister à un film expérimental et faire une expérience visuelle inhabituelle : « À l'attention des spectateurs : ce film est une expérience de cinématographie de phénomènes visibles. Sans sous-titres, sans scénario, sans théâtre (sans décors, sans acteurs, etc.). Ce travail expérimental vise à créer un langage cinématographique absolu, véritablement international, fondé sur sa séparation complète du langage théâtral et littéraire » : ce seront les seuls intertitres du film.

Expérience purement visuelle, le film peut, de ce point de vue, être rapproché du *Dernier homme* de Murnau qui réussissait la prouesse de raconter une histoire de manière purement visuelle, sans dialogues, avec un seul intertitre avant l'épilogue final ! C'est l'occasion de se rappeler à quel degré de perfection le cinéma « muet » était parvenu entre le moment où les règles de l'écriture cinématographique se sont fixées, sous l'impulsion de Griffith, dans la première moitié des années 1910, jusqu'à l'avènement du parlant au début des années 1930. Beaucoup de cinéastes garderont la nostalgie de cet âge d'or, ainsi Hitchcock qui n'hésitait pas à déclarer : « Les films muets sont la forme la plus pure du cinéma ». D'où cette règle d'or de beaucoup de cinéastes, même contemporains : accorder, chaque fois qu'il est possible, la préférence au visuel sur le dialogue.

Ceci dit, Vertov, contrairement à Murnau, rejette également la fiction, ce qu'il appelle le « théâtre » : il veut faire œuvre documentaire. « Le drame cinématographique est l'opium du peuple. À bas les fables bourgeoises et vive la vie telle qu'elle est », écrit-il dans son manifeste, *Ciné-Oeil*, publié en 1923. *L'homme a la caméra* peut être décrit comme un film qui montre une ville (anonyme mais le film a été tourné à Moscou et à Odessa) du matin au soir : on voit les habitants se lever, aller au travail, se distraire après le labeur ; il nous fait découvrir des grandes rues parcourues par des tramways, des usines, des activités sportives. Cet univers est assez familier : c'est celui des photos de Rodtchenko, pour rester en Union Soviétique mais également celui d'autres films documentaires contemporains, comme *Les hommes le dimanche* (1930) de Robert Siodmak et Edgar George Ulmer ou *Berlin, symphonie d'une grande ville* (1927) de Walther Ruttman, dont Vertov s'inspire à bien des égards.

L'originalité de Vertov, dans ce cadre, c'est de vouloir faire œuvre de vérité, en déjouant l'illusion réaliste propre à l'image cinématographique, en faisant de la caméra un instrument de compréhension de la réalité.

II. Une image qui ne trompe pas

Les « vues » des frères Lumière (petits films de 50 secondes filmés en plan séquence) constituent des blocs d'espace-temps arrachés à la réalité. La caméra ne fait rien d'autre que d'enregistrer ce qui se passe devant elle : elle n'est pas mobile et il n'y a pas de montage de plans. Il y a tout un courant qui voit dans cette démarche la garantie d'une objectivité de l'image cinématographique. « Les choses sont là, pourquoi les manipuler ? » disait Rossellini. Mais il y a bien de la naïveté dans un tel point de vue. Il suffit de savoir que le premier des films tournés, *La sortie des usines Lumière*, a été refait pour permettre aux ouvriers de sortir en 50 secondes et pourvoir ainsi clore le film sur une porte qui se ferme. Il n'y a pas de cinéma sans mise en scène. Et c'est ce que Vertov n'oublie pas.

Sa démarche, en ce sens, c'est de rappeler sans cesse au spectateur qu'il est au cinéma, qu'il regarde non pas la réalité mais des images qui ont été filmées par un opérateur (d'où le titre). Ainsi le film s'ouvre-t-il sur l'image d'une caméra avec, à son sommet, en surimpression, l'opérateur en train de filmer. « L'homme à la caméra » sera présent tout au long du film : si l'on voit des véhicules en mouvement, on voit ensuite l'opérateur qui les filme dans une voiture. Ou encore : Vertov filme d'abord un ascenseur qui arrive sur le palier et remonte, puis nous montre l'opérateur du plan précédent, filmé depuis l'intérieur de l'ascenseur. Si le spectateur était tenté d'oublier que ce qu'il voit n'est pas la réalité, il en serait encore empêché par le fait par tous ses plans de coupe qui montrent les spectateurs, la salle de cinéma, et la projection du film même qu'ils sont en train de regarder…

Tout est bon à Vertov pour casser l'illusion réaliste, la croyance selon laquelle les images cinématographiques montreraient la réalité. Là où le découpage traditionnel privilégie un « montage invisible », pour reprendre le mot d'André Bazin, Vertov le fait au contraire apparaître au grand jour, notamment par l'accélération ou au contraire de brutales ruptures. On peut penser au Godard d'*A bout de souffle*, qui nous montre d'un seul coup le personnage principal du film, incarné par Jean-Paul Belmondo, se tourner vers la caméra et apostropher le spectateur en ces termes : « Si vous n'aimez pas la mer, si vous n'aimez pas la montagne, si vous n'aimez pas la ville, allez vous faire foutre ! ». Reprenant le projet de Vertov, Godard fondra d'ailleurs, dans les années 1970, le « groupe Dziga Vertov » avec Jean-Pierre Gorin. Pour Vertov, Le cinéma ne doit pas prétendre montrer la réalité mais *dire la vérité*. « Le cinéma, c'est vingt-quatre fois la vérité par seconde », dira Godard en écho.

III. Le *Ciné-Œil*

C'est dans *Ciné-Œil* que Vertov théorise sa conception de l'image cinématographique : « Je suis le ciné-œil, je suis un œil mécanique. Moi, machine, je montre le monde comme seul je peux le voir. Maintenant et pour toujours, je me libère de l'immobilité humaine, je suis en mouvement constant, je m'approche, puis je m'éloigne des objets, je rampe sous eux, je monte dessus... Mon chemin mène à la création d'une nouvelle perception du monde. Je déchiffre d'une nouvelle manière un monde qui vous est inconnu ».

L'idée, c'est que cet œil nouveau qu'est la caméra, laquelle permet d'explorer toutes les possibilités du langage visuel, peut monter ce que l'œil organique est incapable de voir. De manière significative, le dernier plan du film est la superposition de l'iris d'une caméra et d'un œil ouvert.

C'est en ce sens qu'il faut comprendre les audaces formelles du film de Vertov, ainsi des nombreuses surimpressions d'images ou division d'images (*split screen* avant la lettre) – par exemple un tramway vu de face en bas de l'image et un autre vu de profil en haut de l'image, par-dessus le premier, ou encore la façade d'un immeuble semblant se pencher sur elle-même, presque un siècle avant que Christopher Nolan n'en reprenne l'idée dans *Inception* (2010). On peut aussi évoquer ces vertiges, ces ivresses, dont la caméra semble saisie, roulant sur elle-même dans des panoramiques insensés, entrecoupés d'un œil en gros plan. Ou encore, ces images défilant à l'envers (une idée qu'explora également Jean Epstein dans ses documentaires à la même époque). Enfin et surtout, les accélérations du défilement des images pour célébrer la frénésie du monde moderne, industriel et urbain, un peu comme Godfrey Reggio le fera dans *Koyaanisqatsi*, il est vrai dans une intention exactement contraire. La plus inoubliable de ces audaces formalistes, c'est évidemment le final où tous les plans du film se succèdent à un rythme de plus en plus accéléré, comme on dit d'un noyé qu'il revoie sa vie en instant.

Vertov espérait mettre la caméra au service d'un cinéma qui s'affranchirait de l'illusion réaliste et en ferait un instrument de compréhension du réel, et conséquemment de transformation sociale. Il n'est pas certain qu'il y ait totalement réussi, mais il est tout à fait sûr qu'il est à compter au nombre de ces créateurs de formes qui ont enrichi le langage du cinéma et exploré les possibilités de l'image cinématographique.

Pour aller plus loin

- *L'homme à la caméra* a été publié en DVD par Arte Video.
- Les écrits sur le cinéma de Dziga Vertov ont été rassemblés sous le titre *Le ciné-œil de la révolution* aux Presses du réel.

Fritz Lang, *Furie*

Ou l'image comme preuve

Furie/Fury (1936) est le premier film américain de Fritz Lang (1890-1976), cinéaste allemand, réfugié aux États-Unis à l'arrivée des nazis au pouvoir. L'intention de départ de Fritz Lang était de s'attaquer à un des fléaux de l'Amérique, le lynchage. Le scénario – coécrit avec Bartlett Cormack – avait pour titre *Mob Rule (La Loi de la populace)*. Le héros du film, Joe Wilson (incarné par Spencer Tracy), fait un long trajet en voiture pour retrouver sa fiancée, Katherine (Sylvia Sidney), dont il a été séparé pendant un an. Sur le trajet, il est arrêté par le shérif adjoint d'une petite ville de l'Illinois. On le soupçonne d'être un des auteurs du kidnapping d'une jeune fille. La nouvelle se répand à travers le bourg que le coupable a été arrêté. Le soir, des citoyens, conduits par un meneur, décident de se faire justice eux-mêmes. Ils enfoncent la porte de la prison (mais ne peuvent atteindre la cellule), mettent le feu au bâtiment, puis deux d'entre eux jettent des bâtons de dynamite dans la prison, avant de quitter les lieux. Fritz Lang a consacré vingt minutes environ de son film à montrer comment une foule, perdant la raison (« une foule ne pense pas », dit Katherine) se livre à ses pulsions de violence.

I. L'image comme preuve dans un procès

La deuxième partie du film traite d'un autre thème, la reconnaissance juridique de l'image comme preuve. Après l'incendie, Joe Wilson est considéré comme mort et 22 personnes soupçonnées d'avoir participé à l'incendie de la prison sont poursuivies en justice. Une longue séquence est consacrée à ce procès. Les individus accusés d'avoir pris part au lynchage de Joe et de l'avoir brûlé vif dans sa prison sont jugés. Mais, nous, spectateurs, sommes en situation de supériorité cognitive sur tous les personnages présents au procès : nous savons, comme les accusés, qu'ils ont vraiment participé au lynchage, malgré leurs dénégations, mais nous savons aussi (ce que tout le monde ignore dans la salle) qu'ils ne peuvent être jugés pour homicide, puisque Joe a survécu par miracle. Au début du procès, les accusés sont goguenards, parce qu'ils ont des alibis parfaits (des voisins et amis témoignent qu'ils étaient avec eux, ailleurs, à l'heure du lynchage). Mais un coup de théâtre leur fait ravaler leurs ricanements : le procureur (district attorney) fait projeter dans le prétoire un film d'actualités tourné lors de ce lynchage. La projection de cette bande, d'une durée de quelques minutes, réduit à néant ces alibis. En effet, elle démontre que non seulement ils étaient bien présents devant la prison, mais qu'ils ont aussi contribué, à divers titres, à la mise à feu de la prison.

Dans le livre d'entretiens accordés à Peter Bogdanovich (*Fritz Lang en Amérique*, éd. Cahiers du Cinéma), le cinéaste indique que les experts juridiques de la MGM (la Major productrice) s'étaient opposés à la projection d'un film lors d'un procès comme pièce à conviction. Il ajoute : « J'ai pris la liberté de le faire quand même et à la suite de cela, dans plusieurs procès, la cour l'a autorisé ». Fritz Lang avait anticipé de quelques années ce qui allait devenir une pratique des sociétés occidentales, utiliser l'image animée (cinéma, puis vidéo) comme preuve. À l'époque du tournage de *Furie*, il était déjà reconnu que le cinéma en tant que continuateur de la photographie trouve dans l'exactitude automatique une force quasi absolue de probation. « Pour la première fois, une image du monde extérieur se forme automatiquement sans intervention créatrice, écrira, huit ans plus tard, André Bazin, le plus grand théoricien français du cinéma. Le cinéaste allemand avait beaucoup réfléchi dans les années 1920 au statut de vérité de l'image cinématographique et avait eu l'intuition qu'elle entrerait dans le prétoire. L'image peut fournir la preuve du mensonge de l'accusé ou du témoin.

II. Lang en avance sur son temps

La disposition de l'écran et de l'appareil de projection imaginée par Lang sera celle reprise par le procureur Robert Jackson lors du procès des dignitaires nazis à Nuremberg (novembre 1945). La réaction d'une accusée – elle s'évanouit en se voyant à l'écran en train d'incendier la prison où était enfermé Joe Wilson – imaginée par Lang était prémonitoire. Il est arrivé à plusieurs reprises que des accusés s'évanouissent pendant le procès lors de la projection d'images de leurs exactions. Non seulement Lang avait réfléchi à la valeur probatoire des images mais aussi aux effets qu'elles ont sur les spectateurs. Ainsi, nous spectateurs de *Furie*, nous voyons à deux reprises les images du lynchage. La première fois nous éprouvons un sentiment de répulsion envers ces citoyens qui tirent un grand plaisir à l'idée qu'ils vont brûler vif Joe Wilson, d'autant plus que nous le savons innocent. La seconde fois nous les voyons regarder ces images qui les accusent et nous les voyons souffrir, certes parce qu'ils savent qu'elles les condamnent, mais aussi parce qu'ils ont honte d'eux-mêmes. Ils deviennent pour nous des victimes se débattant à l'intérieur même de leur situation de bourreaux. Il est important que la projection de cette bande d'actualités ne se déroule pas comme un film ordinaire : chaque fois qu'un des 22 accusés apparaît à l'écran en plan rapproché, le procureur ordonne au projectionniste un arrêt sur image et donne le nom de l'accusé. Or cette technique de l'arrêt sur image n'était absolument pas courante dans le cinéma en 1936. Là encore, Lang est en avance sur son temps.

III. Trop grande confiance accordée à l'image

Il est essentiel dans le scénario que Joe ait pu échapper à la mort et veuille continuer à passer pour mort afin de se venger des lyncheurs (qui risquent la peine de mort). Cela change complètement le statut de ces images. Lors du procès, elles sont « consommées » comme des preuves de la culpabilité des prévenus. Tout le monde les pense assassins, Ils seront d'ailleurs condamnés par le jury. Mais selon la loi, ils ne peuvent être accusés que de destruction des murs et non pas d'homicide. Notons tout de suite que ce film d'actualités vu pendant le procès est totalement improbable : Lang a pris soin, lors de la scène du lynchage, de nous montrer le cameraman qui a tourné ces images : il est sur un balcon surplombant la foule : son film devrait être constitué exclusivement de plans larges en plongée, vus sous le même angle, puisque le reporter reste sur le balcon. Or, l'on remarque des angles de caméra différents (au moins quatre) et deux plans rapprochés en contre-plongée (ce qui impliquerait la présence du caméraman aux côtés des lyncheurs). Lang ne vise pas la vraisemblance, mais veut faire réfléchir le spectateur sur l'utilisation de l'image animée. Nous, spectateurs, savons que ces images d'actualités ne disent pas toute la vérité sur ce lynchage, d'autant plus que Lang a pris soin de nous montrer qu'à un moment le caméraman est arrêté dans son filmage parce qu'il n'a plus de pellicule et qu'il doit recharger la caméra. Ces images désignent effectivement les auteurs du lynchage, mais elles taisent l'essentiel, à savoir que Joe est sorti vivant de prison. Lang met donc en accusation, par le moyen du medium cinématographique, la trop grande confiance accordée par la société aux images animées (à l'époque cinématographiques, aujourd'hui vidéo). Lang anticipe ce vers quoi la société américaine se dirige, à savoir la surestimation de la véridicité de l'image animée. Il était plus sensible que d'autres à cette utilisation perverse et politique de l'image animée qu'il avait pu constater en Allemagne lors des premiers mois de 1933 (Hitler prend le pouvoir le 31 janvier 1933) avant de quitter son pays. Les nazis savaient parfaitement utiliser les images documentaires pour servir leur cause (cf. les films de propagande de Leni Rienfenstahl comme *Le Triomphe de la volonté*, 1935). Lang est, pour reprendre la formule du critique de cinéma Serge Daney, « le premier moraliste des médias encore à venir ». C'est pourquoi l'on peut dire que Lang a eu des continuateurs dans le cinéma américain. Le plus important étant Brian De Palma, qui, lui aussi, a mis en garde le spectateur contre cette trop grande confiance accordée aux images dans plusieurs de ses films, tels que *Mission impossible* (1996), ou *Redacted* (2007).

Pour aller plus loin

- Le film est disponible en DVD, en Blu-ray, et en VOD.
- Michel Ciment, *Fritz Lang : le meurtre et la loi*, Découvertes Gallimard, 2003.
- Le livre de Christian Delage, *Filmer, Juger* (sous-titré *De la seconde guerre mondiale à l'invasion de l'Ukraine*, Folio Gallimard, 2023) consacre les neuf premières pages de son avant-propos à une analyse de *Furie*.

Otto Preminger, *Laura*

Ou l'image aimée

Laura, film réalisé en 1944 par Otto Preminger, est un des plus grands classiques du film noir : à une intrigue originale, il ajoute un thème musical inoubliable, composé – par David Raskin et appelé à devenir un des plus célèbres « standards » du jazz. Entièrement centré sur le personnage principal homonyme, le film doit beaucoup à l'interprétation de Gene Tierney, qui sera identifiée à Laura tout au long de sa carrière, la star faisant l'objet d'un culte ayant pour objet indistinctement l'actrice et la figure qu'elle incarne.

Mark McPherson (Dana Andrews) enquête sur la mort de Laura Hunt, assassinée chez elle d'une décharge de chevrotine qui l'a défigurée. Il reçoit l'aide d'un écrivain célèbre, Waldo Lydecker (Clifton Webb), qui se présente comme le confident, l'ami fidèle de Laura et oriente les soupçons du détective sur Shelby Carpenter (Vincent Price), un gigolo que Laura, d'abord séduite, avait renoncé à épouser après qu'il l'a mise en garde contre lui. Littéralement subjugué par le portrait de Laura qui décore le salon de la défunte, McPherson tombe progressivement amoureux de Laura alors que celle-ci réapparaît… La victime, tuée par erreur, étant en réalité la maîtresse de Shelby, Laura devient à son tour la principale suspecte tout en restant sous la menace de celui qui a cru l'avoir tuée.

Au cours de l'enquête que mène Mark, deux choses apparaissent nettement : Laura est une femme exceptionnelle par sa beauté, son intelligence, sa grâce, son élégance : elle ne laisse aucun de ceux qui l'ont connue indifférent. Et, nouveau Pygmalion, Waldo qui l'a prise sous son aile et fait sa carrière, la considère comme sa plus parfaite création : il ne cesse de mettre en avant la relation privilégiée qu'il avait avec elle, se vante d'avoir fait échouer les liaisons qu'elle a essayé d'entretenir avec d'autres : avec le peintre qui a fait son fameux portrait et bien sûr avec Shelby qu'il estime indigne d'elle. Ces deux données encadrent et expliquent le reste de l'intrigue, mais surtout, elles mettent en son cœur la question de l'image.

I. La femme au portrait

La première originalité du film, c'est de mettre en scène un détective qui tombe amoureux de la femme sur la mort de laquelle il enquête. Comment expliquer un tel sentiment ? Que Waldo dépeigne Laura comme la plus désirable des femmes n'y suffirait sans doute pas. En vérité, McPherson est littéralement subjugué, et le spectateur avec lui, par l'image de la morte, son portrait, qui trône au milieu de son salon. Waldo comprend d'ailleurs que McPherson est tombé amoureux de Laura – d'une femme dont il estime que même morte, elle n'appartient qu'à lui – quand il apprend que celui-ci a fait une offre auprès de l'exécuteur testamentaire pour acheter le tableau. Le détective entend beaucoup de choses sur Laura, pour les besoins de son enquête, il lit sa correspondance privée et son journal intime, il sait ainsi tout d'elle, mais c'est d'abord son portrait qui la fait exister à ses yeux. Laura est d'abord une image, un fantasme.

Les théories de René Girard sur le caractère triangulaire plutôt que linéaire du désir trouvent ici une application particulièrement frappante. Nous ne désirons jamais directement un être mais toujours parce qu'il nous a été désigné comme désirable par un tiers. Ici, c'est l'évidente passion qu'éprouve Lydecker pour Laura qui en fait un objet de désir aux yeux de McPherson. De quoi oublier le tableau ? Certainement pas. Il arrive en effet que la médiation qui désigne au sujet l'objet de son désir soit une image. Ainsi dans *Un amour de Swann* de Marcel Proust, Swann tombe-t-il amoureux d'Odette quand elle se met à ressembler à une fresque de Botticelli : « Il la regardait; un fragment de la fresque apparaissait dans son visage et dans son corps, que dès lors il chercha toujours à y retrouver, soit qu'il fût auprès d'Odette, soit qu'il pensât seulement à elle, et bien qu'il ne tînt sans doute au chef-d'œuvre florentin que parce qu'il le retrouvait en elle, pourtant cette ressemblance lui conférait à elle aussi une beauté, la rendait plus précieuse. Swann se reprocha d'avoir méconnu le prix d'un être qui eût paru adorable au grand Sandro, et il se félicita que le plaisir qu'il avait à voir Odette trouvât une justification dans sa propre culture esthétique ». Il y a des amours qui naissent de la soudaine coïncidence entre un une personne réelle et une image fantasmée comme celle de l'être suprêmement désirable.

Mais ici l'image est celle d'une morte : elle porte témoignage d'une perfection qui a été mais qui ne pourra plus jamais être. Ce qui est singulier dans la situation de McPherson, c'est qu'il veut posséder ce tableau non comme une trace, un moyen de se souvenir de Laura, puisqu'il ne l'a pas connue, mais comme manifestation de la seule femme qu'il puisse aimer, lui qui dans le monde réel n'a connu, selon ses propres dires, que des « poules ». Un amour impossible, une situation en apparence inextricable.

II. L'image incarnée

Laura ne ressuscite d'entre les morts qu'au milieu du film. C'est dire si Preminger prend le temps de préparer cette scène capitale. McPherson est seul dans l'appartement de Laura : il boit pour oublier l'impasse affective dans laquelle il s'est mis : être amoureux d'une femme dont il ne reste qu'un tableau. Il s'endort dans un fauteuil du salon et, à son réveil, Laura est devant lui, comme sortie du tableau, en chair et en os, effarée de voir un inconnu dans son salon, autant qu'il l'est de la voir en vie.

Il y a dans *Les Carabiniers* de Jean-Luc Godard une scène restée célèbre ou l'un des deux personnages principaux (des paysans frustres, illettrés, engagés dans la milice d'un État fasciste) allant au cinéma pour la première fois de sa vie, et voyant sur l'écran une jeune femme dans son bain, s'approche de l'écran pour regarder par-dessus le bord de la baignoire la nudité que l'image lui cache. Prenant l'image pour la réalité, il pense littéralement, en s'approchant, pouvoir y entrer. C'est en quelque sorte l'inverse que donne à voir le film de Preminger, le même rêve inversé : Laura semble tout droit sortie du tableau pour entrer dans le monde réel, comme si la force du désir de McPherson lui avait miraculeusement permis de s'incarner.

McPherson se retrouve devant ce cadeau du ciel comme un enfant devant le père Noël : il va tout faire préserver le miracle, le maintenir en vie. Tout ses efforts à partir de ce moment du film tendront vers ce seul but : protéger Laura contre la menace qui pèse sur elle, quitte à la mettre pour cela en état d'arrestation. Il y a une très belle scène où se manifeste son amour, sa tendresse, alors qu'il écarte du visage de Laura les lampes qui l'aveuglent pendant son interrogatoire.

III. Pygmalion et son autre

De manière pour le moins subtile, le film propose deux manières différentes de se rapporter à la femme aimée et à son image idéalisée.

Dès lors que Laura est ressuscitée d'entre les morts, McPherson oublie complètement le portrait au bénéfice de la femme réelle qu'il aime et protège. Alors que Preminger prenait soin, dans la première partie du film, de le cadrer longuement dans le même plan que le tableau, cette figure de style disparaît ensuite pour ainsi dire complètement du film. Le rêve de McPherson étant devenu réalité, il l'a oublié et la femme en chair et en os est à ses yeux infiniment plus désirable que son image idéalisée.

Il en va tout autrement de Waldo Lydecker (que le dernier plan du film cadrera symboliquement en même temps que le portrait de Laura). Pygmalion moderne, il entend façonner Laura selon l'idéal de perfection qui est le sien. La véritable Laura que le spectateur découvre dans la deuxième partie du film est assez différente du portrait qu'il en avait fait. C'est qu'il n'a jamais vu Laura telle qu'elle est mais seulement telle qu'il voulait qu'elle soit. Il ne supporte pas qu'elle puisse tomber amoureuse d'un détective qu'il méprise. Il lui reproche d'être trop facilement séduite par le physique des hommes. Il la trouve soudainement vulgaire et c'est pourquoi il préfère tuer la femme réelle et préserver son image idéalisée. Considérant Laura comme sa création, il se reconnaît le droit de la détruire s'il la juge imparfaite, comme on déchire un manuscrit pour le réécrire. Là où McPherson préfère la femme réelle au fantasme, Waldo en reste à l'image.

À tout ceci, il faut sans doute ajouter que le film fonctionne également comme une métaphore du cinéma : c'est le désir qui nous fait croire aux images et, parfois, les préférer à la réalité.

Pour aller plus loin

- Laura est disponible en DVD (20th Century Fox). *Les Carabiniers* également (Aventi).
- René Girard a développé sa théorie du désir triangulaire ou mimétique pour la première fois dans *Mensonge romantique et vérité romanesque*, Pluriel.

Alfred Hitchcock, *Vertigo*

Ou l'image désirée

Depuis 1952, le British Film Institute, après consultation d'institutions cinématographiques, d'historiens du cinéma et de critiques du monde entier, établit tous les dix ans un classement des meilleurs films de tous les temps. Pendant 50 ans, *Citizen Kane* d'Orson Welles est toujours arrivé en tête. En 2012, il a été détrôné par *Vertigo* qu'Hitchcock réalisa en 1958. Ce n'est pas seulement l'indice d'un changement des goûts de la critique mais également du fait qu'avec le temps, Alfred Hitchcock (1899-1980) s'impose de plus en plus comme l'un des plus grands cinéastes du XXe siècle – celui en tout cas chez qui la conscience des possibilités de son art est la plus vive – et *Vertigo* (*Sueurs froides* en français) comme son chef-d'œuvre. Le film présente la particularité de trouver le motif d'un suspense « psycho-sexuel », comme le dira lui-même Hitchcock, dans le désir qu'a le personnage principal de coucher avec… une morte dont l'image l'obsède.

I. Qu'est-ce que le suspense ?

Souvent qualifié de « maître du suspense », Hitchcock le définit par opposition à la surprise, comme un meilleur moyen de provoquer chez le spectateur des émotions fortes. Si un film montre deux personnes attablées dans un lieu public soudainement foudroyées par l'explosion d'une bombe, explique Hitchcock, le spectateur est certes violemment surpris mais l'émotion qu'il ressent dure quelques secondes tout au plus. En revanche, si le spectateur sait qu'il y a une bombe sous la table et qu'on lui montre les deux protagonistes s'attabler un quart d'heure avant que la bombe n'explose, il ne va cesser de craindre pour eux, d'espérer qu'ils puissent partir avant l'explosion et de s'impatienter de tout ce qui, dans leur conversation, laquelle prend de ce fait beaucoup d'intérêt, reporte ce départ. Quelques secondes contre quinze minutes d'émotion : le suspense est évidemment supérieur à la surprise.

Conséquence : alors qu'un film policier est généralement construit en fonction de la révélation finale qui doit surprendre le spectateur et déjouer ses pronostics, les films d'Hitchcock ne laissent généralement rien ignorer au spectateur du coupable, passée la première bobine. Ses détracteurs lui ont d'ailleurs souvent reproché de divulguer rapidement dans ses films le nom du coupable. *Vertigo* constitue une stricte mise en application de ce principe : Hitchcock y sacrifie la surprise finale contenue dans le scénario original de Boileau et Narcejac au suspense.

II. Un suspense psycho-sexuel

Rappelons l'intrigue : Scottie (James Stewart), un ancien inspecteur, a quitté la police suite à un accident qui l'a rendu sujet au vertige. Il est chargé par un vieil ami de surveiller sa femme Madeleine (Kim Novak) qui est en proie à des tendances suicidaires. Effectivement, il ne tarde pas à la sauver de la noyade et tombe amoureux d'elle. Malgré ses efforts, et parce qu'il est sujet au vertige, il ne parvient pas à l'empêcher de se jeter du haut d'un clocher. Dépressif après la mort de Madeleine, il parvient à reprendre une vie normale jusqu'au jour où il rencontre dans la rue une jeune femme, Judy, qui est le sosie de Madeleine. Ici intervient le choix majeur d'Hitchcock, désapprouvé par ses collaborateurs et par les fidèles de Boileau-Narcejac : il décide de révéler au spectateur la surprise finale, Madeleine et Judy sont une seule et même personne. Judy, complice du mari, a joué le rôle de Madeleine et c'est cette dernière qui a été jetée en haut du clocher.

La situation est hitchcockienne par excellence : le spectateur sait quelque chose que le personnage principal ignore ; il perd le bénéfice de la surprise qui sera réservée au personnage mais il y gagne une demi-heure de suspense, puisqu'il ne cesse de se demander quand Scottie percera à jour le secret de Judy. À ce suspense policier, dont on pourrait discuter de la question de savoir s'il fallait ou non lui préférer la surprise, Hitchcock ajoute une dimension affective ou, comme il dit, un aspect de « sexe psychologique ». C'est que Judy, en jouant Madeleine, est réellement tombée amoureuse de Scottie : au lieu de quitter la ville, elle cède à ses avances et se met en danger. D'autant plus que Scottie ne peut l'aimer qu'à la condition qu'elle se transforme en Madeleine : peut-elle accepter d'être aimée en incarnant l'image d'une autre ? N'est-ce pas alors cette image qui est aimée, plutôt que la femme réelle ? À ce problème s'en ajoute un autre : chaque concession qu'elle fait au fantasme de Scottie, chaque effort qu'elle fait pour se rendre conforme à l'image de Madeleine, la démasque un peu plus…

Le suspense culmine dans la scène ou Scottie attend dans sa chambre d'hôtel que Judy, s'étant entièrement rendue semblable à Madeleine, le rejoigne. En apparence, c'est une situation extrêmement banale : un homme attend, dans une chambre d'hôtel, une femme qui se fait belle pour lui. Mais deux aspects compliquent la situation : en se rendant semblable à Madeleine, à l'image qui ne cesse d'obséder Scottie, Judy le comble de bonheur, ce qu'elle souhaite par-dessus tout, mais elle ne se fait pas aimer pour elle-même et de plus elle s'expose à être découverte. S'agissant de la nature du désir qui anime Scottie, Hitchcock a toujours été clair sur les intentions qu'il entend, visuellement, prêter à son personnage : « Pour dire les choses simplement, cet homme veut coucher avec une morte, c'est un nécrophile ». Le suspense « psycho-sexuel » est à son comble dans la scène Madeleine sort de la salle de bain. Dans un film traditionnel, Judy elle en sortirait déshabillée (ou en déshabillé) et s'offrirait à son amant dans une tenue susceptible de porter son désir à l'incandescence. C'est bien ce qui se passe, sauf qu'elle va sortir tout habillée, portant sur elle la tenue d'une morte, coiffée et maquillée comme elle l'était. L'apparition de Judy est proprement fantomatique. Nimbée de la lumière d'un néon verdâtre venu de l'extérieur, elle est presque sans matière : un spectre, une apparition, un fantasme, *l'image d'une morte* : « elle revient vraiment d'entre les morts » commente Hitchcock.

III. Désir et image

Scottie peut donc retrouver Madeleine et Judy être aimée à condition qu'elle reprenne le rôle de Madeleine. Mais Judy est d'autant moins Madeleine que Madeleine n'a jamais existé, qu'elle n'a jamais été qu'une image où le désir de Scottie s'est pris. Le spectateur a ceci de commun avec Judy qu'il sait la situation impossible et leur amour condamné. Il se prend à souhaiter que Scottie se mette à aimer Judy pour elle-même, qu'ils soient heureux ensemble, mais Scottie ne peut être heureux qu'en modelant Judy à l'image de Madeleine.

Cette dernière partie du film est la plus passionnante, d'abord bien sûr parce que le spectateur se demande sans cesse quand Judy finira par se trahir et ce que fera alors Scottie quand il aura appris la vérité, ensuite et surtout parce que le film dit sur la passion amoureuse des choses fort intéressantes. On aurait tort en effet de voir en Scottie un pervers dont la nécrophilie pourrait nous rassurer sur la nature « saine » de nos propres désirs. Que Scottie aime quelqu'un qui n'existe pas ou plus, en dit long sur l'impossibilité de l'objet du désir en général, sur le fait que le désir n'a jamais le réel pour objet, mais un fantasme – ou pour le mieux dire un fantôme – qui n'a en fait que peu de rapport avec un être réel, fait de chair – n'est-ce pas d'ailleurs, plus généralement le cas de toutes les stars de cinéma ? On comprend que le sujet ait passionné Hitchcock. On sait depuis *Fenêtre sur cour* (*Rear Window*, 1954) que tout spectateur de cinéma est un voyeur. Mais qu'est-ce qu'un voyeur sinon quelqu'un pour qui *l'image a plus de potentiel érotique que la chair* ?

Parce que le désir ne se soucie pas du réel, il n'apprend rien de lui. Scottie, qui n'a pu sauver Madeleine, va la perdre une seconde fois. Ce que l'on comprend comme une fatalité dans la passion tient en réalité à la compulsion de répétition propre au passionné qui ne manque jamais, malgré qu'il en ait, de recommencer les erreurs qui l'ont conduit au malheur. Robert Aldrich reprendra ce thème dans un film passionnant et en ce sens inspiré de *Vertigo*, *Le Démon des femmes* (*The Legend of Lylah Clare*, 1968) avec Kim Novak… dans le double rôle principal !

Pour aller plus loin

- *Vertigo*, ainsi que la plupart des films d'Alfred Hitchcock, est disponible en Blu-ray ou en DVD dans une très belle édition remastérisée.
- Intitulé *Le cinéma selon Hitchcock*, publié chez Gallimard, le livre des entretiens entre François Truffaut et Alfred Hitchcock est le plus passionnant des livres jamais écrits sur le cinéma. On peut également recommander l'ouvrage de Patrick Brion, *Hitchcock*, aux éditions de la Martinière.

Chris Marker, *La jetée*

Ou l'image du temps

Enfant, Chris Marker s'amuse à monter des photographies de son chat sur une pellicule. Un de ses camarades se moque et dit : « On ne peut pas faire un film avec des images fixes ! » En 1962, comme une réponse à son ami, Marker réalise *La jetée*, un film de science-fiction de 28 minutes. Le générique présente le film comme un « photo-roman ». À l'exception d'un seul plan en mouvement, le film est une succession de photographies 24 × 36 en noir et blanc, fixes, commentées par un narrateur et illustrées d'une bande sonore.

« Ceci est l'histoire d'un homme marqué par une image d'enfance » : c'est par cette phrase que débute le film. Enfant, le héros se rend souvent avec ses parents à l'aéroport d'Orly. Un jour, il assiste sur la jetée à un évènement tragique : un homme est assassiné, sous les yeux d'une femme dont il gardera le visage en mémoire. Puis, la Troisième Guerre mondiale éclate et détruit toute la surface de la Terre. À Paris, les survivants se réfugient dans des souterrains.

Le héros, choisi en raison de sa forte mémoire visuelle de l'image qui l'a traumatisé enfant, devient le cobaye de scientifiques, qui cherchent à l'envoyer dans le passé pour établir un couloir temporel et « appeler le passé et l'avenir au secours du présent ».

Envoyé plusieurs fois dans le passé, l'homme retrouve la femme de son souvenir, et leur histoire d'amour débute. Les scientifiques l'envoient aussi dans le futur, où il rencontre des hommes qui lui confient un générateur d'énergie pouvant sauver le présent. Sa mission accomplie, il comprend qu'il n'est plus utile aux savants dont il est le cobaye et qui vont maintenant l'éliminer. Les hommes du futur, qui maîtrisent les voyages temporels, lui proposent de s'échapper et de les rejoindre dans l'avenir; mais il dit préférer retourner à l'époque qui précédait la guerre. Il est donc renvoyé à Orly, sur la jetée, le jour de son souvenir traumatique. Pendant qu'il court rejoindre la femme, il est tué par un de ses geôliers qui l'a suivi dans le passé. Il comprend alors que l'image d'enfance qui l'avait marqué n'était autre que celle de sa propre mort.

I. L'image, lieu de convergence de temporalités multiples

Avec ce procédé narratif des images fixes se succédant à différents rythmes, Marker explore la temporalité au cinéma : chaque image est une fenêtre sur un moment précis du passé, du présent ou du futur. Dans *La jetée*, l'image fixe agit comme une manifestation de l'immanence du temps. Elle capture des instants fugaces de la vie du héros, lui permettant de voyager mentalement dans le passé. Mais chaque image fixe transcende aussi son statut d'objet visuel pour devenir un portail vers différentes temporalités. Ainsi, comme le disait Merleau-Ponty, l'image, comme la perception humaine, transcende les limites de l'espace et du temps pour saisir l'essence même de l'existence. Elle sert de passerelle entre le fini et l'infini, entre l'instantané et l'éternel.

L'image-temps de Chris Marker rappelle ainsi celle de Deleuze, qui représente, plus que l'image-mouvement, des durées, des processus, des flux temporels : le temps y est représenté comme une série de moments cristallisés, figés, permettant au spectateur de percevoir simultanément différentes temporalités. Le dispositif cinématographique, le montage des images, n'impliquent pas seulement un temps qui s'écoulerait selon une certaine chronologie, mais aussi un temps complexe, stratifié, dans lequel nous nous mouvons sur plusieurs plans à la fois, présent, passé, futur. Le célèbre critique André Bazin affirmait : « le cinéma embaume le temps ».

Les différentes temporalités sont imbriquées, la mémoire, le temps et sa perception ne sont plus linéaires. Les images fixes ainsi montées créent une impression de mouvement temporel. Le héros de ***La jetée*** comprend qu'il ne peut s'évader du temps (le narrateur récite : « Le temps s'enroule à nouveau », « L'instant repasse », « Le temps se construit simplement autour d'eux »...). À vouloir trop retrouver cette image d'enfance qui l'obsède, il meurt, en se sachant prisonnier d'une boucle temporelle vertigineuse. Projeté sur une image, sur un instant choisi, le héros, mais aussi le spectateur de cinéma, peut y demeurer et s'y mouvoir.

II. L'image : un fragment de mémoire

Le héros du film a recréé un temps subjectif, non linéaire, où chaque image est un fragment de mémoire. Le souvenir est une image, une seule, et non vingt-quatre par seconde. Quand l'homme tombe et meurt sur la jetée, ses mouvements sont découpés, les images sont saccadées, comme en chronophotographie, où l'immobilité devient mouvement. Paradoxalement, c'est dans l'immobilité de l'image que réside sa puissance évocatrice, et la véritable essence du mouvement.

La mémoire est donc avant tout pensée en termes d'espace où l'on se meut. Donc l'image, en tant que fragment de mémoire, est un fragment d'espace. Le film de Marker illustre la théorie de Merleau-Ponty selon laquelle la succession des images est supérieure à leur somme : « le film n'est pas une somme d'images mais une forme temporelle ». Barthes, lui, souhaitait, avec la photo, « entourer de ses propres bras ce qui est mort et ce qui va mourir ». L'image fixe peut contenir toute la vie d'un homme, jusqu'à sa mort : lors de son premier voyage dans le passé, l'homme voit apparaître ces fragments venus du temps où la paix régnait sur Terre. La femme du passé accepte les passages de l'homme, ce visiteur temporel, et le narrateur précise qu'elle le voit « comme une image qui passe, apparaît, disparaît ». Elle appelle cet homme « son spectre », comme un fantôme sur une image du passé. La succession d'images fixes accentue la fragmentation, mais confère à ces images une supériorité sur le concept, celle d'évoquer un contenu de pensée sous une forme moins abstraite, et d'atteindre plus facilement que lui un monde idéal.

III. L'image mentale pour trouver le monde idéal

Les images mentales du héros du film ont une fonction de libération et d'ouverture sur un nouveau monde et de nouvelles temporalités. Elles lui permettent de s'évader du souterrain du présent par *l'imaginaire* (l'image, plus que l'odorat ou le goût chers à Proust). Il utilise une image du passé pour créer un temps où il s'échappe et retrouve, *un temps*, le bonheur. Le mythe platonicien de la caverne est réinterprété : si le monde « idéal » et la réalité ne se situent pas en surface, hors des souterrains, c'est-à-dire dans l'espace, il faut aller les chercher dans le temps. Cet homme est choisi car la force de ses images mentales (la jetée d'Orly, symbole de l'envol vers la liberté), de ses souvenirs, le rend capable d'imaginer ou de rêver un autre temps.

L'image ajoute toujours quelque chose à ce qu'elle montre. Elle se situe au seuil du visible et de l'invisible. Le cinéma est donc une forme esthétique qui organise l'image comme un langage. Le cinéma pense, non pas avec des images, mais « en images », comme le disait Jean Mitry, qui se demandait si le langage filmique ne serait pas susceptible de refléter la pensée « en train de se faire » mieux que les mots qui la cristallisent en forme d'idées achevées, toutes faites.

Les photos fixes du film *La jetée* pensent : leur montage régulier ou plus rapide (quand l'homme court vers la femme sur la jetée), leur netteté ou leurs flous, l'illustration par la musique ou de bruitages insistants (l'avion, la musique sur bonheur du passé...), les zooms, les plans noirs ou les photos qui se succèdent sans voix off, toutes ces techniques cinématographiques contribuent à construire un monde. Leurs différents points de vue (celui du scientifique, celui de l'homme dans sa réalité ou dans ses images mentales, celui du narrateur omniscient) projettent le spectateur dans l'image, dans les mondes mentaux des protagonistes et la spirale du temps. Puis, après une suite de plans fixes sur la femme endormie, survient, pendant quelques courtes secondes, l'unique plan animé du film : la femme aimée se réveille. C'est le pouvoir du bonheur et de l'amour, dans lesquels l'homme s'est projeté mentalement, d'animer ainsi les images. Chris Marker se souvient d'une image du visage d'une actrice, dans un film qu'il a vu enfant : « C'est cette image qui apprit à un enfant de sept ans comment un visage remplissant l'écran était la chose la plus précieuse au monde, quelque chose qui revenait sans cesse, qui se mêlait à tous les instants de la vie [...], en un mot, ce que c'était que l'amour ».

Pour aller plus loin

- *Chris Marker*, La Cinémathèque Française, 2018.
- Jacques Aumont, *L'image*, Armand Colin, 2011.

Michelangelo Antonioni, *Blow Up*

Ou l'image creusée

Blow Up (1967) a remporté la Palme d'or au festival de Cannes en 1967. C'est le premier film qu'Antonioni tourne hors d'Italie et en langue anglaise (il en tournera deux autres dans la suite de sa carrière). Le protagoniste, qui est quasiment de tous les plans, est un photographe professionnel, Thomas (David Hemmings).

I. Le quotidien d'un photographe professionnel

Depuis le début du film, nous l'avons suivi dans ses activités (photos de mode, mais aussi photos artistiques pour un livre qu'il va publier) ; Thomas est allé fouiner dans un magasin d'antiquités, puis il est entré dans un parc désert (nous sommes le matin) et a un vu un couple d'amoureux s'enlaçant, une jeune femme et un homme plus âgé aux cheveux grisonnants : il les a photographiés de loin (une vingtaine de mètres), en se cachant quelque peu ; au bout de deux ou trois minutes, la femme (Vanessa Redgrave) l'a repéré juste quand il quittait le parc, elle s'est alors approchée seule de lui et lui a ordonné avec insistance de lui rendre les photos, elle essaie même en vain de lui prendre son appareil par la force ; il refuse de les lui rendre. Il rentre chez lui. La femme du parc apparaît au moment où il ouvre la porte ; elle entre et s'offre à lui implicitement pour obtenir les clichés ; il dit accepter mais, en fait, lui donne une pellicule vierge. Comme il est intrigué par les efforts de cette femme et le sacrifice qu'elle était prête à faire pour récupérer les photos, après son départ, il les développe et les examine longuement.

II. L'image agrandie

C'est alors que commence la séquence, très célèbre, d'agrandissement (en anglais *blow-up*) des photos du parc. Dix-sept minutes (13 minutes, une interruption, puis 4 minutes), totalement muettes, sans aucune autre musique que celle diégétique de Herbie Hancock (on voit Thomas placer le disque sur l'électrophone). Entre le premier et le dernier plan de cette séquence, rien ne s'est passé, mais tout a changé, parce que Thomas pense qu'il a trouvé une signification nouvelle à ses clichés. Quand il a pris les photos, il croyait avoir photographié, une banale escapade d'amoureux, ce que l'on peut appeler la *réalité originelle* ; il est donc dans cet esprit quand la séquence débute. Après avoir étudié ces photos en détail, il pense qu'il a assisté à une scène de meurtre, ce que l'on peut appeler la *réalité interprétée*. Pour que cette idée de meurtre naisse dans son esprit, il lui a fallu accomplir un énorme travail : il recadre une partie de photo qu'il agrandit ; on le voit d'ailleurs dessiner un petit rectangle sur une photo et pour choisir la partie (détail) qu'il va recadrer (agrandir) il utilise la loupe ; l'idée principale sous-jacente de cette séquence, c'est que pour donner un sens au réel, il faut en isoler une partie, dans un premier temps, grâce à une opération qui est le cadrage. Mais Antonioni suggère aussi que ces opérations d'entrer dans le détail ne vont pas livrer la vérité au personnage-enquêteur : lorsque Thomas se trouvait trop loin de son objet, le couple, au moment où il les photographiait, la réalité *originale* était anodine (il n'a pas vu de meurtrier), mais lorsqu'il grossit des parties (détails) de la photo, ces agrandissements ont trop de grain, les photos deviennent quasiment des représentations non figuratives. La seconde opération nécessaire à la fabrication du sens, c'est la mise en relation des détails isolés ; Thomas ne cesse de passer d'une photo à l'autre, soit par son regard, soit par des lignes mentales qu'il trace avec les mains. Cette réalité interprétée n'est pas verbalisée, puisqu'il est seul, mais grâce à sa mise en scène, au montage, et au jeu de l'acteur, Antonioni parvient à le faire comprendre au spectateur ; et surtout grâce à un plan, celui du pistolet. Mais il faut faire attention à l'incongruité de cette apparition. Ce pistolet (avec silencieux peut-être) apparaît par l'agrandissement de la partie de sa photo comprenant la barrière, mais dans cette photo, on ne voit pas le pistolet. Il faut donc accepter la possibilité que ce pistolet soit un fantasme de Thomas – le seul plan fantasmatique de tout le film. À la fin de son travail, Thomas pense que cette réalité contient un tueur et un cadavre. Mais ces deux items n'étaient pas visibles dans la réalité originelle (ni pour nous ni pour lui), pas plus que dans les photos avant son travail de manipulation. C'est pourquoi on a pu qualifier ce tueur et ce cadavre de hors-champ ; Antonioni intériorise le hors-champ, à l'intérieur du champ (telle tâche qui apparaît à l'intérieur de la photo devient un cadavre ou un pistolet).

III. Le réel construit

Après avoir acquis la certitude qu'il a assisté à un assassinat, Thomas, à la nuit tombée, revient dans le parc. Et là où il pense que gît le corps, il voit un cadavre. Il avait donc raison, pense le spectateur dans un premier temps, il avait vu juste, comme on dit. Sauf que ce corps ne comporte aucune trace de balle (pas de sang, pas de blessure). Rien ne dit que cet homme a été assassiné, ni même qu'il est mort au moment où Thomas était dans le parc. D'ailleurs Thomas va se mettre à douter de son interprétation. Pour deux raisons : il parle de ce meurtre à son ami l'éditeur et à son ex-femme (Sarah Miles), et ceux-ci ne semblent pas particulièrement intéressés ; mais surtout parce que pendant son absence, toutes les photos (sauf une) ont été volées, ainsi que les négatifs, et, de plus, le cadavre a disparu dans le parc. Le spectateur doute lui aussi, rétroactivement, se disant que Thomas par un double excès de fragmentation et d'agrandissement a construit un sens incertain. Il faut remarquer que ce réel *interprété* relève du film ou du roman policiers. D'ailleurs Bill, ami de Thomas, peintre « tachiste », lui explique qu'il trouve un sens à ses œuvres abstraites, bien après les avoir peintes, et il compare cette découverte du sens du tableau à une enquête de roman policier. Ainsi *Blow Up* n'est pas l'histoire de l'agrandissement d'un événement autrement resté invu. Antonioni a déclaré que le sujet de son film était « le rapport entre l'individu et le réel ». Thomas, qui « n'est pas philosophe », comme dit le cinéaste, a la naïveté de croire que le réel est ***donné*** dans nos perceptions, alors que *Blow Up* nous montre que ce réel est ***construit*** à partir de nos perceptions sensorielles et que cette construction s'appuie sur des habitudes culturelles (le film ou roman policiers, nous l'avons vu), mais aussi sur les groupes sociaux. Cela est perceptible dans deux séquences importantes, placés après l'expérience de l'agrandissement. La première est celle du concert des *Yardbirds* (groupe rock ayant réellement existé), commentée surtout pour mettre en exergue la dimension documentaire de *Blow-Up* sur le *swinging London*. Un des deux guitaristes du groupe détruit sa guitare et en lance le manche dans le public ; les gens se battent avec frénésie pour s'en saisir, et c'est Thomas qui l'emporte ; il sort de la salle et une fois dehors, le jette par terre. Les spectateurs du concert des *Yarddbirds* accordaient une valeur à cet objet ; sans ce groupe social, il n'en a plus aucune. La seconde est la séquence finale, très célèbre également, la séquence de la partie de tennis. Pour la troisième fois, Thomas est allé dans le parc : il a constaté que le cadavre n'y était plus. Le groupe de jeunes (vu dans la première séquence), maquillés, et déguisés en clowns est présent : deux d'entre eux entrent sur un court de tennis du parc, les autres restent à l'extérieur et les regardent mimer un match, sans raquette, ni balle, partie mimée qui ne laisse pas indifférent Thomas. Un des deux joueurs fait semblant de lancer la balle hors du cours et tous font comme si la balle imaginaire était aux pieds de Thomas, et lui demandent, par gestes, de la renvoyer aux joueurs. Encore une fois, un groupe social construit une réalité (une partie de tennis) et Thomas, pour ne pas être écarté du groupe, pendant quelques secondes, adhère à cette réalité puisqu'il mime le geste de renvoyer la balle.

Blow Up s'inscrit dans la liste des films qui incitent le spectateur à réfléchir sur la part d'interprétation de la réalité à partir de nos perceptions sensorielles, tels, *Fenêtre sur cour (*Hitchcock, 1954), *Conversation secrète* (Coppola, 1974), *Blow Out* (De Palma, 1981).

Pour aller plus loin

- Le film est disponible en DVD, Blu-ray et VOD).

Peter Watkins, *Edvard Munch, la danse de la vie*

Ou les images de la création

En 1968, Peter Watkins est invité par l'université d'Oslo à présenter deux de ses films, *La Bombe* et *La Bataille de Culloden*. La projection ayant lieu dans la grande salle du Musée Munch, il découvre à cette occasion une œuvre qu'il ignorait et qui le bouleverse instantanément. « J'ai été frappé par l'atmosphère de ses tableaux, sa façon de représenter sa famille et de bousculer le temps. J'ai retrouvé ensuite dans ses *Carnets* cette lancinante et audacieuse manière de faire resurgir des souvenirs obsessionnels qui a beaucoup influencé la structure de mon film », déclare-t-il au *Monde* à la ressortie du film en 2005. Produit par la télévision norvégienne, le film sera finalement diffusé en salle, en 1974, sous le titre *Edvard Munch, la danse de la vie*, titre raccourci en *Edvard Munch* en 2005, pour cette raison qu'il traite de la première période créatrice de Munch, en gros de 1884 à 1894, alors que *La danse de la vie*, une de ses plus célèbres toiles, ne sera peinte qu'en 1900.

Edvard Munch, la danse de la vie s'attarde longuement (pratiquement toute la première partie du film) sur la période 1884-1886 : Munch y peint *L'enfant malade*, un tableau inspiré par la mort de sa sœur aînée, Sophie, emportée à 15 ans par la tuberculose, la maladie ayant également frappé la mère de Munch et failli tuer le peintre. Dans le même temps, il fréquente la « bohême de Christiania » (Christiania est l'ancien nom d'Oslo), un cercle d'intellectuels libres-penseurs et anarchistes où dominent les figures de l'écrivain Hans Jaeger et du peintre Christian Krohg. Il entame une relation passionnée avec une femme mariée qu'il désigne sous le pseudonyme de Mme Heiberg et se dispute en permanence avec son père (un médecin très pieux) qui lui reproche ses fréquentations.

I. Un dispositif original

D'entrée, la présence d'une voix off qui informe sur le peintre, sa famille, le contexte social et politique, dans lequel il crée, son appartenance à la « bohême de Christiania » nous installe dans la perspective d'un film documentaire (ou plus exactement de ce qu'on appelle aujourd'hui un docu-fiction). Watkins y reprend une technique inventée pour *La Bataille de Culloden* et qui est un peu la marque de fabrique de ses films : les personnages (à l'exception significative de Munch lui-même et de Mme Heiberg), comme le feraient des témoins, s'adressent à la caméra et semblent répondre à une interview réalisée par une équipe de télévision. Le récit historique se fait témoignage au présent et semble suivre la chronologie. Mais très vite le spectateur va constater un certain nombre de décalages…

D'abord, la narration est tout sauf linéaire, faite d'allers-retours permanents entre la description de la vie sociale (bourgeoisie, bohême et travail ouvrier), la famille Munch marquée par la mort et la maladie, l'intrigue amoureuse, l'œuvre en train de se faire. Elle n'est pas non plus chronologique, du moins pas dans le détail, entrecoupée d'incessants flash-back qui concernent, non des séquences, mais les plans à l'intérieur de séquences mêlant le passé, le présent, et même parfois le futur. D'autre part et surtout, son et images sont décalés d'un plan à l'autre : le son du passé se fait entendre au présent ou l'inverse. Ainsi voit-on, par exemple, la famille Munch déjeuner en 1884 alors qu'on entend les râles de la mère de famille en train d'agoniser quelques années auparavant (scène entrevue quelques images plus tôt) et quelques secondes plus tard, une discussion sur la sexualité dans un bar fréquenté par la bohême de Christiania, qui n'a pas encore été présentée par la voix off, se poursuit alors que l'image revient au déjeuner familial.

À l'intérieur de séquences différentes, les mêmes images (les adieux de la mère aux enfants, la maladie du jeune Munch, la mort de sa sœur, les discussions avec Jaeger, les disputes avec son père, une nuit d'amour avec Mme Heiberg) reviennent de manière obsessionnelle, venant habiter, contaminer d'autres séquences, présentes de manière fantomatique, et parfois par leur seule bande-son.

II. Des images obsessionnelles

J'ai décidé, écrit Watkins « de faire un film qui ressemblerait à un vitrail brisé et qu'on aurait reconstitué mais en mettant les milliers d'éclats de verre dans un nouvel ordre afin de créer entre eux des rapports neufs et complexes » (*Auto-interview de Peter Watkins*). Quelle est la signification de ce dispositif?

Watkins affirme en avoir eu l'idée en lisant les carnets de Munch : « La maladie, la folie et la mort sont les anges noirs qui ont veillé sur mon berceau et m'ont accompagné toute ma vie », peut-on y lire. Ainsi les images de la mort de sa mère, de celle de sa sœur et de sa propre maladie ne cessent de hanter le film comme ils hantent les œuvres du peintre. Prières, pleurs et cris de souffrance habitent de même la bande-son, se superposant aux commentaires de la voix-off ou aux dialogues. Même les tête-à-tête amoureux sont entrecoupés d'images d'enfants en train de cracher du sang... Le procédé est aussi inspiré par l'œuvre elle-même : « Munch ne "montre" pas, il *exprime* la souffrance de sa famille. La grande toile sur la mort de sa sœur Sophie en 1875, par exemple, a été peinte comme si l'événement avait eu lieu 15 ou 20 ans plus tard – c'est-à-dire que les frères et sœurs en deuil qui entourent Sophie sont représentés comme s'ils avaient une vingtaine d'années, alors qu'au moment de son décès, ils étaient bien plus jeunes. J'ai été très touché par cette manière qu'a Munch d'utiliser l'espace et la forme, de décaler le temps » (*ibid.*)

Le dispositif mis en place par Watkins ne se borne pas à exprimer les angoisses et les souffrances de Munch : il les rapporte sans cesse à l'œuvre. Les images de film ne cessent de se rapporter aux tableaux de Munch, de les citer :

la plupart des plans qui cadrent l'acteur (dont la ressemblance avec Munch est sidérante) citent les autoportraits du peintre ; les paysages même sont choisis dans la même intention ; les scènes de mort et les scènes d'amour plus encore : quand Mme Heiberg embrasse Munch dans le cou, elle évoque la vampire du tableau homonyme.

III. Filmer la création artistique

Là où le dispositif mis en place par Watkins trouve tout son sens, c'est quand il s'agit de filmer la création artistique.

Nous assistons à la longue gestation de *L'enfant malade*. Nous voyons le peintre reprendre inlassablement son œuvre, ajouter des détails, puis les supprimer, gratter rageusement la toile au couteau pour enlever des couches de peinture et repeindre par-dessus. Il y a là une manière toute descriptive de filmer le geste artistique au plus près et de le faire entendre (bruit de grattage, frottements du pinceau sur la toile). Mais voilà : les images de la création ne sont pas plus linéaires que les autres images du film et se mêlent aux scènes d'amour, de maladie, de mort. Watkins filme le tableau en train de se faire comme produit des pensées, des réminiscences, des sentiments, des souvenirs et des obsessions, de toutes les différentes images qui hantent le vécu de l'artiste.

On croit trop souvent qu'un tableau figuratif est une image qui représente quelque chose de déterminé : par exemple la mort d'un enfant. Mais ce que Watkins donne à comprendre, c'est qu'un tableau n'est pas une image mais la résultante d'une multitude d'images qui hantent, comme des fantômes, les pensées de l'artiste. L'image représentée est habitée de toutes les images qui peuplent l'esprit du peintre et se condensent en elle. L'image que constitue le tableau renvoie donc moins à ce qu'elle représente qu'à ces images intérieures dont elle constitue une sorte de somme provisoire, parce que jamais achevée, d'où les repentirs incessants de l'artiste.

Le processus créatif n'est pas plus linéaire que ne l'est notre vie intérieure, dont il procède. L'écriture cinématographique de Watkins, qui nous plonge dans l'esprit du peintre, s'affranchissant du temps et de l'espace, n'est pas sans évoquer la modernité en littérature, le « courant de conscience » (transcrire dans l'écriture le flux ininterrompu d'images, de souvenirs et de pensées, qui constitue notre vie intérieure) que l'on retrouve chez Proust, Joyce ou Virginia Woolf (particulièrement dans *Mrs Dalloway*). Elle devient une méthode pour explorer le kaléidoscope créatif qu'est l'esprit d'un peintre : les images qui le peuplent, passées comme présentes, forment quelque chose comme une farandole endiablée. *La danse de la vie* est le titre d'un tableau de Munch qui, en ce sens, pourrait convenir à tous, et finalement Watkins avait eu raison de le mentionner, dans un premier temps, dans le titre de son film.

Pour aller plus loin

- *Edvard Munch* est édité en DVD par Doriane films. On y trouve l'*Auto-interview de Peter Watkins.*

Tim Burton, *Vincent*

Ou image par image, l'imaginaire

En 1982, Tim Burton travaille aux studios Disney et participe à la conception de dessins animés. Peu enclin à la philosophie gentillette qui règne chez Disney, il obtient un budget pour faire son premier court-métrage, *Vincent*. Pour ce film de six minutes, Burton choisit la technique d'animation des images en *stop motion*, popularisée par Ray Harryhausen, un maître des effets spéciaux, dans des films comme *Jason et les argonautes*. Cette technique (que Burton avait déjà utilisée enfant en filmant des courses de petites voitures dans son jardin) permet de filmer image par image des petites figurines en trois dimensions dans un décor adapté, afin de créer l'illusion du mouvement. Par jour, trois secondes tournées donnent soixante-douze images du film.

L'histoire de *Vincent* est très loin des sirupeuses péripéties de Disney. Vincent Malloy est un petit garçon comme les autres (même s'il a un visage presque adulte et des cheveux noirs ébouriffés) mais solitaire et rêveur. Il nourrit son imaginaire et échappe au monde réel en lisant les livres fantastiques d'Edgar Poe. Son idole de cinéma est l'acteur Vincent Price, habitué des films d'horreur. En fait, Vincent Malloy n'est évidemment que Tim Burton lui-même. Pendant six minutes, nous sommes projetés dans l'imaginaire de Vincent, qui rêve de transformer son chien en zombie, de plonger sa tante dans une cuve de cire et de libérer son épouse de la tombe où elle a été enterrée vivante. Seule une voix off, des bruitages et une musique à l'orgue gothique, illustrent le fond sonore du film. Le texte – lu par Vincent Price lui-même ! – est un poème en rimes et les images sont toutes en noir et blanc.

À travers le petit Vincent, Tim Burton synthétise toutes ses obsessions et préfigure son œuvre à venir, de *Batman* à *Ed Wood*, en passant par *Frankenweenie*, *Sweeney Todd*, ou *Edward aux mains d'argent*. La technique d'animation image par image lui permet d'être le plus fidèle possible à cet imaginaire riche et tourmenté.

I. Dessins, figurines : images de l'enfance

L'animation de dessins, de marionnettes ou de figurines est associée, pour le réalisateur, comme pour ses spectateurs, aux images d'enfance. La figurine de Vincent, mais aussi celles de son chien, de son chat noir et de sa petite sœur, rappellent les jouets d'enfants que l'on manipule pour leur donner vie. L'animation image par image rend celles-ci plus expressives, puisqu'en plus de montrer quelque chose d'extraordinaire, elle ravive des souvenirs enfouis, parfois inconscients. Les dessins animés de Tex Avery représentaient plus facilement qu'un film classique un loup amoureux du petit Chaperon Rouge, aux yeux exorbités et à la langue pendante. De même, Miyazaki a l'infinie liberté de recréer en dessin les personnages de sa foisonnante imagination. Mais ce côté enfantin de la technique ne verse pas dans le puéril ou la niaiserie. Burton au contraire fait preuve d'une poésie constante. Non seulement le texte lu est un véritable poème, mais l'image est elle-même poétique, au sens premier du terme : elle se crée elle-même, invente son objet, son rythme et son langage. Ainsi, Vincent se transforme en un plan (soit plusieurs images de *stop motion*) en Vincent Price devant son chat terrorisé ; le brouillard inquiétant dans lequel évoluent Vincent et son chien, le cimetière arpenté de nuit, les escaliers noirs qui symbolisent le destin de Vincent, les créatures diaboliques que son esprit torturé a conçues, sont des décors facilement mis en image par la technique choisie par Burton.

Il a ainsi pu recréer dans *Vincent* les ambiances des films expressionnistes allemands qui l'ont influencé : noir et blanc, esthétique sombre et gothique, jeux d'ombres où seul le petit garçon est éclairé, au milieu des ténèbres, quand il monte les escaliers monumentaux, pour mieux signifier son isolement d'avec le monde qui l'entoure. Les mouvements saccadés de l'animation image par image nous renvoient aux films muets et gothiques de Murnau. Burton s'amuse aussi à représenter le trouble de Vincent, petit garçon perdu dans un décor immense, par des images vacillantes, dans laquelle les décors tremblent, ondoient, donnent le vertige, où des éclairs jaillissent et créent des ombres gigantesques de monstres menaçants, où des mains spectrales tentent de le saisir, et où les images en surimpression de sa « femme » et de sa tante fondent sur lui pour l'engloutir. Alors que le photographe Muybridge décomposait le mouvement d'un cheval au galop image par image pour prouver le réel (en l'occurrence que le cheval avait un instant ses quatre pattes non posées sur le sol), la *stop motion* de Tim Burton lui permet de décomposer l'irréel pour mieux représenter son imaginaire, et finalement échapper au réel.

II. L'image pour fuir le réel

Tim Burton affirme que « *le film va et vient dans la réalité de Vincent. Il croit qu'il est Vincent Price, et l'on* voit *le monde* par ses yeux ». Ce monde est coloré par un style gothique et surnaturel, la réalité n'a pas d'emprise sur lui, Les images animées sont celles, extravagantes et hachées, d'un enfant dans son monde.

Pour le philosophe Clément Rosset, « rien de plus fragile que la faculté humaine d'admettre la réalité, d'accepter sans réserve l'impérieuse prérogative du réel ». En ce sens, le cinéma n'est qu'illusion, mais une illusion salutaire en ce qu'elle peut « illusionner les illusions du quotidien », celles autant du créateur que du spectateur. Les films fantastiques de Tim Burton procèdent par « la subversion de l'ordinaire par l'altération du réel », (Rosset, encore). La réalité, dans *Vincent*, est symbolisée par sa mère et sa tante, dont on ne voit jamais les visages, apparaissant toujours dans une lumière aveuglante qui éclaire les rêves sombres du garçon, et interrompant ses lectures d'Edgar Poe et ses griffonnages. Car Vincent ne parle pas : il écrit et dessine des images, pour mieux s'évader du réel.

La mère de Vincent lui dit : « Tu n'es pas un possédé, tu n'es pas presque mort, ce n'est que dans ta tête ! » Vincent s'invente des images : pour lui, tout ce qui n'est pas dans son monde imaginaire est symbole d'oppression. Pour Burton, la marginalité est la vraie normalité. Il filme l'image de la marge. *Vincent* est un film sur l'impossibilité du marginal de se mêler au monde réel, et sur le pouvoir émancipateur de l'imaginaire.

III. Pouvoir créateur de l'Imaginaire : les images mentales

L'imaginaire est le domaine de l'imagination, entendue comme faculté créatrice d'images intérieures. Il est le synonyme de « fictif », opposé au réel. En ce sens, l'image représentative donne à voir un monde imaginaire, une diégèse. Lacan a toujours insisté sur le fait que le mot « imaginaire » est strictement lié au mot « image » : les formations imaginaires d'un créateur sont des images qui peuvent s'incarner dans des images matérielles. L'imaginaire transcende les limites de la réalité et donne vie aux images, en leur attribuant des significations, des histoires et des interprétations personnelles. L'image, produit d'un imaginaire, est aussi un portail vers l'imaginaire. Pour Bachelard, « l'imaginaire a la faculté de déformer les images fournies par la perception, et surtout de nous libérer des images premières ». Tim Burton, aidé par son personnage Vincent, s'échappe des images du réel pour matérialiser ses images mentales.

Ainsi, de même que l'inconscient de Vincent contient de l'image, des représentations, l'image elle-même contient de l'inconscient, du primaire que l'on peut « analyser ». L'analyse des images mentales de Vincent révèle les mécanismes d'un inconscient. Ces images mentales ne sont pas des « photographies » en mouvement de sa réalité intérieure, mais une représentation codée de celle-ci, avec les codes de l'imaginaire, de la narration et de la technique d'animation des figurines.

Le cinéma, et pas seulement celui de Burton, en conjuguant image visuelle et narrativité, articule plus formellement le désir et les pulsions du créateur, de sa créature et du spectateur qui la regarde.

Pour aller plus loin

- *Vincent* est visible sur Internet, et les autres films de Tim Burton cités sont disponibles en DVD et Blu-ray.
- Antoine De Baecque, *Tim Burton*, Éditions Cahiers du Cinéma, mai 2010.

David Cronenberg, *Vidéodrome*

Ou l'image dévorante

Vidéodrome est un film canadien, réalisé en 1983 par David Cronenberg. Le film suit Max Renn, directeur de chaîne d'une télé canadienne spécialisée dans des contenus pornos et violents. Renn, à la recherche de programmes toujours plus hardcore, découvre Vidéodrome, un nouveau programme que son ami hacker a piraté. Vidéodrome semble être une émission où des inconnus subissent tortures et sévices sexuels. Renn se passionne pour ce programme et le veut pour sa chaîne. Sa nouvelle maîtresse, Niki, est elle aussi très excitée par cette émission, au point même de vouloir y participer. Mais Vidéodrome provoque chez Max des hallucinations, et après enquête, il comprend que ce programme est un piège destiné à contrôler l'esprit de ceux qui le regardent, en créant une tumeur dans leur cerveau, tumeur responsable des hallucinations. Max Renn découvre qu'il est la victime d'un complot mené par un des créateurs de Vidéodrome, Barry Convex. Ce dernier, directeur d'une grande entreprise de vente de lunettes dans le tiers-monde, élimine son associé, le professeur O'Blivion qui s'oppose au projet de Convex d'utiliser la chaîne de Max pour diffuser Vidéodrome dans toute l'Amérique. Par son désir irrépressible d'images violentes, Renn se trouve ainsi pris au piège, et esclave de ses hallucinations : les extraits de Vidéodrome qu'il a regardés n'étaient destinés qu'à lui, pour en faire un cobaye et le vecteur de la diffusion du programme. Il décide de se rebeller et de détruire Convex et Vidéodrome. Mais, atteint par la tumeur hallucinogène qui transforme sa réalité, son corps devient un lieu de mutations technologiques. Son sacrifice est inévitable.

Le programme Vidéodrome est donc une machine à halluciner dont les images ont le pouvoir de capter l'attention et l'esprit de ses spectateurs, en modifiant leur perception de la réalité.

I. L'image hallucinatoire

Dans tout le film, Cronenberg cherche à montrer, non seulement le pouvoir envahissant et hallucinatoire de l'image omniprésente dans notre monde, mais surtout celui des médias qui la diffusent. Il prophétise en quelque sorte l'accumulation d'écrans et d'images dans la société d'aujourd'hui, ainsi que la médiatisation croissante de la vie sociale, où le privé et le public, l'intime et le collectif s'interpénètrent. La chaîne de Renn a d'ailleurs pour slogan « TéléCivic, celle que vous emmenez au lit avec vous ». Les métaphores visuelles, plans où des images d'images envahissent le décor, sont nombreuses : des écrans apparaissent dans des écrans ; Convex s'adresse à Renn par l'intermédiaire d'un écran télé ; Renn observe Nikki au travers d'un hublot rond comme sur un écran ; la réalité de leurs scènes d'amour sadomasochiste devient soudain, d'un plan à l'autre, une image de télévision ; et enfin, Renn voit l'image de lui-même en train de se suicider dans un écran de télévision.

Cronenberg n'invoque aucune morale et ne critique pas l'image elle-même. Dans ces mises en abîme où l'on regarde un écran dans un écran, il renvoie le spectateur dans sa propre fascination de l'image et lui demande d'assumer son désir voyeur. Il réfléchit sur le pouvoir d'attraction de l'image cinématographique, et sur la responsabilité des technologies qui la créent et la propagent.

Cette invasion des images est exprimée par la sentence du professeur O'Blivion : « L'écran de télé est devenu la rétine des yeux de l'esprit ». Sa fille elle-même affirme : « Je suis l'écran de mon père ». L'image dévore la réalité et colonise la vie psychique, l'emprise du média est totale jusqu'à influencer nos propres rêves. Une scène présente une organisation humanitaire, « la Mission du Rayon Cathodique », refuge où des indigents sont recueillis afin de leur offrir leur dose d'images télévisées, et ainsi de « les rattacher à la table de mixage du monde ».

L'image est donc devenue une drogue : son abus produit des hallucinations. O'Blivion avertit Max Renn : « votre réalité est déjà une hallucination ; si vous ne faites pas attention, elle deviendra une hallucination totale ». *L'Image* crée donc dans l'esprit de Renn *des images* : la cassette vidéo qu'il manipule devient littéralement une mâchoire mordante (l'image dévorante) ; il pénètre au sens propre dans un appareil de télévision qu'il a fouetté, caressé et fait gémir, sur lequel les lèvres pulpeuses de Nikki, en gros plan, l'appellent. Renn est réellement avalé par l'image autant que par son désir pour cette femme, tandis que dans son délire, autour de lui, tout le décor vit, halète, palpite. Il commence à faire corps avec l'image et avec la technologie qui la produit.

II. L'image-chair

Le corps et l'image se fondent. L'image froide devient une image-chair, le corps et l'esprit humain deviennent un média. O'Blivion, le créateur de Vidéodrome, avoue avoir senti « les visions prendre chair ». Il ajoute : « la télévision nous pourrit de l'intérieur ». À la fin, Renn est devenu « la parole vidéo faite chair ». Dans une de ses hallucinations (souvent sexuelles), un vagin s'ouvre dans son ventre et il y fait pénétrer une cassette vidéo. En se métamorphosant en « magnétoscope » humain, Renn montre que « la nouvelle chair » rêvée par Vidéodrome est une chair numérique. Nos appareils de diffusion de l'image sont des extensions de notre corps (quelle préscience sur les smartphones d'aujourd'hui !).

Pour le professeur O'Blivion, Vidéodrome est le volet suivant de l'évolution de l'Homme en tant qu'animal technologique. Nikki lui dit que pour éliminer Vidéodrome, Renn doit « faire la transformation totale de son corps, tuer l'ancienne chair pour faire vivre la nouvelle ». Cette fusion de la chair avec la technologie (l'écran ou l'arme à feu) est très souvent présente dans le cinéma de Cronenberg. Ses personnages, dont Renn est un symbole, deviennent des mutants. Le cinéaste insiste ainsi sur le caractère sensoriel de la technologie et rappelle ainsi les thèses du sociologue Marshall McLuhan (dont le personnage du professeur O'Blivion est inspiré) selon lesquelles « le média est le message » : la valeur d'une image ne doit pas être jugée que sur son contenu, mais aussi sur le dispositif technique qu'elle impose.

III. L'image plus forte que la réalité

O'Blivion le précise : « l'écran fait partie de la structure physique du cerveau ». Donc toute image apparaît comme une expérience brute pour ceux qui la regardent, donc la télévision est la réalité et la réalité est moins que la télévision. Il va plus loin : « Rien n'est réel sinon notre propre perception de la réalité », et ose ajouter : « Vous *voyez* cela, n'est-ce pas ? ». L'image est une arme de la technologie, un moyen de contrôle de l'esprit. La tumeur au cerveau est une excroissance du cerveau qui produit les hallucinations au point de changer la réalité humaine. On pense à l'objection de Paul Valéry sur l'image : « La facilité de l'image critique la vie : que valent désormais ces actions et ces émotions dont je vois les échanges et la monotone diversité ? Je n'ai plus envie de vivre car ce n'est plus que ressembler. »

Vidéodrome (l'émission et le film de Cronenberg) joue avec notre pulsion voyeuriste, de notre volonté que l'image qui nous fascine soit « réelle ». « Y'a pas grand-chose à voir, mais regarde quand même », dit le vendeur de lunettes à Max. Cronenberg dévoile la puissance attractive des images due à leur ressemblance avec la réalité. Ces images créent un « effet » de réel qui invoque la jouissance spectaculaire. Cet « effet de réel », cher au philosophe Clément Rosset, sur lequel nous ne pouvons agir et auquel nous ne pouvons nous dérober, satisfait notre pulsion scopique. Mais comme le dit Stanley Cavell, le spectateur ne gagnerait rien à vouloir pénétrer dans le monde du film par l'écran, à être dévoré par l'image, puisque, comme dans la caverne de Platon, « la réalité est derrière nous ».

Dans ses univers où la réalité et le virtuel se confondent, Cronenberg joue de cette « double réalité », cette ***présence-absence*** sur laquelle agit l'image cinématographique. Beaucoup de ses films, et *Vidéodrome* en particulier, tendent à métamorphoser l'image de la réalité en réalité de l'image, pour donner une « nouvelle chair » au corps cinématographique.

Pour aller plus loin

- *Vidéodrome* et autres films de David Cronenberg (*Existenz, Faux Semblants, La Mouche*) sont disponibles en DVD et Blu-ray.
- Fabien Demangeot, *La transgression selon David Cronenberg*, Playlist Society, janvier 2021.

Michael Haneke, *Benny's video*

Ou l'image provoquant la déréalisation

Michael Haneke, auteur de douze longs métrages pour le cinéma a obtenu de multiples prix et récompenses internationales, dont deux Palmes d'or à Cannes pour *Le Ruban blanc* (2009) et *Amour* (2012) Haneke, cinéaste autrichien, est un des réalisateurs contemporains qui, à l'instar d'Atom Egoyan, accorde la plus grande importance à l'image vidéo, par importance, il faut entendre que l'image vidéo constitue souvent dans ses films un moteur narratif. C'est le cas dans *Benny's video*, dans *Funny Games* (1997) et dans *Caché (2005). Benny's video* est le deuxième volet de ce qu'on a appelé, à l'initiative du cinéaste, « la trilogie de la glaciation émotionnelle » (le premier étant Le *Septième continent*, 1989, le troisième *71 Fragments d'une chronologie du hasard*, 1994).

I. Une série de vidéos privées

Benny's video a pour protagoniste un jeune adolescent de quatorze ans, Benny (Arno Frisch), fils unique d'une famille aisée autrichienne, fasciné par la violence et par la vidéo au point d'avoir occulté toutes les fenêtres de sa chambre et de n'avoir pour ouverture sur le monde extérieur qu'une caméra braquée sur la rue. Le récit débute avec la mise à mort d'un cochon, enregistrement vidéo inséré plein cadre, donc privé de ce qui l'identifie a priori comme film dans le film (ou film enchâssé), mais néanmoins reconnaissable comme tel à son grain particulier et à ses couleurs « sales ». Cette séquence de la mort du cochon, filmée par Benny (ce que le spectateur découvrira plus tard) s'impose comme scène programmatique et place d'emblée le film sous le signe de la mort à l'œuvre. Dans un vidéoclub, il remarque une fille de son âge, qui semble tout aussi solitaire que lui. Peu après, il l'invite chez lui, en l'absence de ses parents, et lui montre son installation ainsi que son film sur la mort du cochon (45 secondes). Sa caméra est branchée, comme d'habitude, et filme la scène. Benny ensuite exhibe le pistolet d'abattage des cochons qu'il a subtilisé. Comme elle refuse d'appuyer sur la gâchette et qu'elle le défie, il passe à l'acte et la blesse mortellement avant de l'achever par deux autres tirs. Un peu plus tard Benny montre son enregistrement vidéo du meurtre à ses parents qui viennent de rentrer. Sidérés par ce qu'ils voient, ils décident de se débarrasser du cadavre, afin de protéger leur enfant. Pendant que le père découpe le corps en morceaux, la mère et le fils séjournent pendant une semaine en Égypte, où Benny ne cesse de filmer avec sa caméra les paysages, les rues. À leur retour, toute trace de cet homicide a disparu (dont la vidéo du meurtre). Les journaux ne parlent pas de la disparition de la fille. Benny reprend le cours normal de sa vie (école, chorale) On retrouve peu après Benny au commissariat de police, il y montre la conversation qu'il a enregistrée à leur insu, dans laquelle ses parents parlaient de leur volonté de faire disparaître le corps et donc de le disculper. Les parents sont arrêtés. Ainsi chaque séquence vidéo privée en entraîne une autre (celle de l'abattage est la cause indirecte de celle de l'homicide, qui est elle-même la cause indirecte de l'enregistrement de la conversation des parents qui causera, directement, l'arrestation des parents de Benny).

II. La réalité perçue par le truchement d'un écran

L'adolescent n'a du réel qu'une représentation éclatée sur les multiples écrans qui tapissent sa chambre, plus exactement deux écrans, un grand écran où il regarde les chaînes de télévision, mais aussi ses cassettes, et un petit écran recevant les images fournies par les deux caméras de sa chambre, celle à l'extérieur, cadrant la rue, et celle à l'intérieur cadrant une partie de la pièce. Plusieurs détails témoignent de l'impossibilité des personnages à percevoir le réel, car ils ne le perçoivent que par l'intermédiaire d'images (télévisuelles ou cinématographiques). Lorsque l'adolescente regarde la vidéo de l'abattage du cochon, elle est plus interloquée par le fait qu'il neigeait ce jour-là que par la violence de l'acte filmé. Lorsque Benny montre la vidéo du meurtre à ses parents, ces deniers sont évidemment abasourdis, mais leur trouble vient du fait qu'ils pensent aux conséquences que pourra avoir ce meurtre sur la vie de leur fils, n'exprimant ni chagrin, ni compassion pour cette jeune fille, comme le révèle la longue conversation qu'ils ont entre eux, une fois leur fils couché. Il est un détail à ne pas négliger : Benny a enregistré ces images non pas sur une cassette vierge, mais sur une cassette qui contenait des images de violence du journal télévisée (la guerre en Yougoslavie). Cette juxtaposition des images relevant de deux sortes de violence, celle de la guerre, donc externe et celle vécue par lui, donc domestique, suggère que dans l'esprit de Benny, la différence entre ces deux sortes de violence est vraiment floue. Benny ne peut communiquer, pour les choses importantes, qu'à travers les images qu'il a filmées. Il ne dit pas à ses parents qu'il a tué la fille, il leur montre la vidéo, il ne dit pas à la fille qu'il est fasciné par la violence, mais il lui montre la séquence de l'abattage du cochon qu'il a filmé. Quand il regarde cette séquence, il revient constamment en arrière et en ralentissant l'image aux quelques secondes qui ont précédé le coup de feu, comme s'il voulait saisir le secret du passage de la vie à la mort, ce qui est impossible.

III. Faire réfléchir le spectateur

Michael Haneke est, de toute évidence, un cinéaste ambitieux, un auteur complet (il a écrit seul les scénarios de ses douze longs métrages), exigeant, radical, perfectionniste, refusant toutes les facilités du cinéma commercial. *Benny's video*, comme tous ses autres films, est pensé pour qu'aucun spectateur ne puisse en sortir indemne en se disant qu'il a assisté aux aventures d'un adolescent psychopathe (comme le cinéma hollywoodien en propose, cf. *La Malédiction/The Omen*, Richard Donner, 1976 et ses suites ou remakes) sans aucun rapport avec lui. On peut arguer que Haneke veut créer un malaise chez le spectateur en ayant recours à plusieurs approches. En premier lieu, une approche antipsychologique. Pour Haneke, ce qu'il appelle « le cinéma de divertissement » donne à voir un monde où les comportements des personnages sont explicables, ce qui rassure le spectateur. On ne sait pas vraiment pourquoi Benny tire avec le pistolet d'abattage sur la fille : le fait-il accidentellement ou volontairement ? C'est indécidable. Quant aux deuxième et troisième coups qui achèvent sa victime, on sait cette fois que c'est volontaire, puisqu'il lui faut recharger l'arme très vite. On a l'impression qu'il agit ainsi parce qu'il ne supporte pas de l'entendre crier : il lui dit à plusieurs reprises « tais-toi » avec une grande douleur dans sa voix, mais là encore, le spectateur n'a aucune certitude. Ne pouvant se rassurer avec une étiologie psychologique, le spectateur est contraint de diriger son attention vers l'environnement social. Benny tue la fille, on ne sait pas pourquoi, en revanche, on voit bien que Benny vit dans un monde où il consomme de l'image télévisuelle à haute dose (il n'éteint jamais ses deux écrans de télévision de sa chambre, même quand il fait ses devoirs) et que cette consommation abusive a pour conséquence de lui faire perdre le sens de la réalité. La mort n'est pour lui qu'un spectacle que l'on peut manipuler à souhait sur la cassette VHS (par les retours en arrière, les ralentis) et non pas une réalité. Il n'apprend la vie qu'à travers le médium, et cela crée chez lui inconsciemment un manque. D'ailleurs la seule explication qu'il est capable de donner à son père, quand celui-ci lui demande pourquoi il a fait « ça », c'est : « je voulais savoir comment c'est » (le fait de donner la mort). Haneke a d'ailleurs dit que cette phrase avait été prononcée par plusieurs adolescents meurtriers sans raison. La seconde approche de Haneke est la réflexivité. La scène du meurtre de la fille n'est pas montrée par la caméra de l'énonciation (du cinéaste), mais par celle de Benny et en hors-champ. Cette scène est montrée une seconde fois sur un écran de télévision que regardent Benny et ses parents, avec des plans de réaction du père et de la mère. 25 minutes environ sur 105 de *Benny's video* sont des images d'un écran de télévision, occupant la totalité de l'écran ou une grande partie. Ce déferlement d'images vidéo contraint le spectateur à questionner son rôle d'observateur et explorer le sens de ce qu'il voit. « Tout le travail viscéral d'un cinéaste, a dit Haneke, consiste à mettre le spectateur dans la position objective d'un voyeur volontaire, aussi conscient de son regard que de lui-même. »

Pour aller plus loin

- Le film est disponible en DVD, Blu-ray et VOD.

Peter Weir, *The Truman Show*

Ou l'image prise pour la réalité

Cinéaste australien, Peter Weir a surtout connu le succès à Hollywood avec des films mémorables comme *L'Année de tous les dangers* (1982), *Witness* (1985), *Le Cercle des poètes disparus* (1989) ou encore *Master and Commander* (2003). Les films de Peter Weir touchent à tous les genres et l'on peut dire que son cinéma qu'il sait séduire le grand public tout en restant intellectuellement ambitieux. Tel est le cas de *The Truman Show* (1998) qui, sous les dehors d'une comédie surfant sur les succès de son acteur principal, Jim Carrey, interroge de manière pertinente ce qu'il est convenu d'appeler l'*american way of life*, et plus généralement tend à notre société une image dans laquelle elle peut se reconnaître.

Truman Burbank vit heureux sur l'île de *Seahaven* qu'il n'a jamais quittée depuis sa naissance. Il est marié à une femme charmante Meryl, (Laura Linney), et passe beaucoup de bon temps avec son meilleur ami Marlon (Noah Emmerich). Ce qu'il ignore, c'est que son île est un gigantesque plateau de télévision et qu'il est le héros d'un show de télé-réalité, dans lequel tous ceux qui l'entourent sont des acteurs. Espionné par des caméras qui le filment 24 heures sur 24, il vit sous le regard de millions de téléspectateurs dans un monde artificiel ou tout est faux, à ceci près que lui, Truman est vrai, comme le lui dira son « créateur », le producteur du show, Christof (Ed Harris), à la fin du film.

I. La caverne de Platon

Le scénario du film comporte quelques-unes des naïvetés caractéristiques d'un conte de fées, d'une fable : le héros s'appelle Truman (*true man* – homme vrai) et vit dans l'île de Seahaven (littéralement le refuge maritime, et à une lettre près – le même « e » manquant dans Truman – le paradis sur mer). Mais la fable dont il s'agit a ses lettres de noblesse philosophiques tant il est clair que *The Truman Show*, plus encore que *Matrix* quelques années plus tard, se rapporte à « l'allégorie de la caverne » de Platon.

Rappelons de quoi il s'agit. Des prisonniers enfermés dans une caverne depuis leur naissance contemplent des ombres projetées sur un mur par d'habiles marionnettistes. Ils prennent ces ombres pour la réalité et ne supposent pas que le monde réel est à chercher à l'extérieur de la caverne. On sait la fonction de ce mythe dans la philosophie de Platon : il suggère que le monde sensible n'est pas la réalité véritable, laquelle n'est accessible qu'à l'esprit (c'est ce qu'il appelle l'intelligible). Au-delà, l'allégorie suggère que nous pouvons prendre pour la réalité un monde illusoire, un artifice bâti à l'image du monde réel pour qu'on puisse le confondre avec lui.

Les allusions à la caverne sont nombreuses : Truman a été placé dans ce monde artificiel dès sa naissance et ce monde sphérique, recouvert d'un dôme, n'est pas sans évoquer une caverne. c'est bien un spectacle théâtral, réglé par un metteur en scène illusionniste, qui est donné à voir à Truman à chaque instant de sa vie : les édifices autour de lui sont des trompe-l'œil, des décors, les personnes qu'il rencontre des acteurs. Il est au milieu d'un show TV mais il doit se croire dans la réalité.

On a souvent comparé la situation des prisonniers de la caverne à celle des spectateurs de cinéma : ils croient aux images qui défilent devant eux et les prennent pour la réalité. À ceci, il faudrait ajouter que le film prend acte d'une évolution de nos sociétés contemporaines : l'usine à rêves, ce n'est plus Hollywood mais l'écran de télévision. Les shows de télé-réalité qui commençaient alors à envahir les programmes télévisuels proposant à la naïveté des spectateurs des dispositifs, des installations, où les caméras sont omniprésentes mais jamais visibles et où les protagonistes font semblant de les oublier. *The Truman Show*, c'est *Le loft* élevé à la hauteur d'une fabulation platonicienne.

II. Mirage de la vie

Comme les prisonniers de la caverne, Truman finira par gravir la « montée rude et escarpée » et choisira de quitter le monde familier et rassurant dans lequel on l'aura fait vivre. Il accédera ainsi à une vie authentique. Si cette vie authentique renvoie pour Platon à la vie philosophique, la vraie vie, ici, n'est pas non plus exempte de résonnances religieuses.

La vie inauthentique est celle dans laquelle on confond la réalité et son image, l'image trompeuse qu'en donnent les ombres, les reflets et les miroirs. Croire en ces images, c'est vivre en rêve, comme Truman dans son paradis illusoire. Cette situation est encore celle de la vie terrestre pour celui qui aspire à la vie éternelle où tout sera révélé. On peut citer ici un passage, très présent dans la culture anglo-saxonne, de l'épître de Paul aux Corinthiens « Nous voyons à présent dans un miroir, en énigme, mais alors ce sera face à face. À présent, je connais d'une manière partielle ; mais alors je connaîtrai comme je suis connu » (*Corinthiens*, I, 13, 12). Il faut se rappeler que les miroirs, faits à l'époque de bronze poli, n'avaient pas la précision de ceux que nous connaissons et renvoyaient une image floue et imprécise. Il n'est donc pas étonnant qu'elle soit si souvent opposée à la réalité, jusque dans la tradition chrétienne qui sonne, comme on l'a souvent remarqué, étonnamment platonicienne. L'image du miroir est reprise par Augustin : « encore que je ne puisse maintenant vous voir face à face, mais seulement comme dans un miroir et en énigme » (*Confessions*, X, V). Nourri de platonisme, Augustin réinvestit dans le champ religieux quelque chose du plus profond de la *sophia* grecque : le vrai est ce qui ne se voit pas, la véritable réalité nous demeure cachée, tant du moins que l'âme ne s'est pas convertie aux réalités intelligibles... Parce que notre connaissance de Dieu est imparfaite, énigmatique et lacunaire, la connaissance que nous avons de nous-mêmes et qui en procède, sera tout aussi imparfaite : nous ne nous comprenons pas nous-mêmes, pas plus que nous ne comprenons ce monde et cette vie, dont nous n'avons que des images troublées et incompréhensibles. Cette vie n'est pas la vraie vie, elle n'en est qu'une imitation, un mirage.

III. Croire aux images

Si le film se contentait d'être une énième dénonciation de la fausseté des images de télévision, il n'aurait pas autant d'intérêt. Comme dans l'allégorie platonicienne, il faut rapporter le monde artificiel dont Truman est prisonnier, au monde dans lequel nous vivons effectivement. À l'instar des prisonniers de la caverne, Truman « nous ressemble ». Nous vivons dans un monde factice où nous jouons des rôles, rôles ordonnés à des clichés qui procèdent des images qui nous environnent. Ce que nous appelons une vie valant la peine d'être vécue, c'est une vie rêvée, façonnée par les images télévisuelles (et cinématographiques avant elles). *Seahaven* est bien un paradis artificiel, une utopie télévisuelle : le lieu du bonheur factice que proposent les publicités ou les soap-opéras, *Seahaven*, ce sont *Les feux de l'amour* pris pour la réalité... Si nous ne le voyons pas, c'est justement que nous croyons – ou voulons croire – que la réalité ressemble aux *Feux de l'amour*.

Il faudrait aussi évoquer ces nombreux reportages – le quotidien de la télé-réalité – où les individus filmés semblent ignorer la caméra qui est pourtant bien présente et auxquels nous croyons dur comme fer. André Bazin a définitivement rendu raison de cette naïveté en évoquant une forme de ce qu'il appelait « l'obscénité ontologique » du cinéma : quand, dans un documentaire, on vous montre un indien réducteur de têtes, il ne peut s'agit d'un indien réducteur de têtes, sans quoi il aurait coupé la tête de l'opérateur. « Montrer en premier plan un "sauvage" coupeur de têtes surveillant l'arrivée des Blancs, implique forcément que l'individu n'est pas un sauvage puisqu'il n'a pas coupé la tête à l'opérateur » (« Le monde du silence » dans *Qu'est-ce que le cinéma ?*). L'obscénité ontologique du cinéma, c'est de faire passer une image fabriquée pour une copie conforme et crédible de la réalité. Si nous croyons à ces images, c'est aussi et peut-être d'abord parce qu'elles nous peignent un monde conforme à nos désirs, désirs eux-mêmes façonnés par ces mêmes images. Christof, à la fin du film, tente de persuader Truman de croire encore en cette vie factice parce que, souligne-t-il, c'est une vie heureuse. Ce qu'il ne voit pas, c'est que le bonheur sans risque, aseptisé, qu'il garantit à Truman est un mirage de bonheur, une image du bonheur et non un bonheur réel. Truman préférera la vie authentique au mirage de la vie.

Pour aller plus loin

- *The Truman Show* est disponible en DVD.
- « L'allégorie de la caverne » se trouve au début du livre VII de *La République* de Platon (voir cette fiche).
- Le livre d'André Bazin, *Qu'est-ce que le cinéma ?* est publié aux éditions du Cerf.

Jean-Pierre Jeunet, *Le Fabuleux destin d'Amélie Poulain*

Ou l'image déclinée

Le Fabuleux destin d'Amélie Poulain de Jean-Pierre Jeunet est le plus gros succès public de l'année 2001 et le vainqueur des Césars (Meilleur film, Meilleur réalisateur, Meilleure musique et Meilleurs décors). À l'international, il sort sur les cinq continents, dans cinquante pays, et touche près de 23 millions de spectateurs. Il a souvent été dit que les raisons de son immense succès sont à chercher du côté de son optimisme. Jeunet le reconnaît lui-même : « Je voulais amener du soleil aux gens [...] chanter le bonheur ». Pour ce faire, Jeunet et son co-scénariste Guillaume Laurant ont imaginé un personnage de jeune femme trop introvertie dont la quête principale consiste à rendre les gens autour d'elle plus heureux (ou moins malheureux) et ce, gratuitement sans rien demander en retour.

I. Que faire des images ?

Au-delà de cette histoire d'Amélie (Audrey Tautou), qui en sortant les autres de leurs malheurs va se sortir de ses anciennes habitudes et de son repli sur elle-même, on peut lire dans le film de Jeunet un sous-texte que l'on pourrait formuler ainsi : que faire des images ? En effet certains des principaux personnages font des usages différents d'images de types différents : images fixes – picturales ou photographiques –, images animées sur grand écran ou petit écran. Les personnages qui ont affaire aux images sont Amélie, bien sûr, Nino (Mathieu Kassovitz), Dufayel (Serge Merlin) et Lucien (Jamel Debbouze), les quatre seuls personnages vraiment positifs du film, dénués de toute méchanceté ou mesquinerie.

II. L'admiration stérile des images

Cette attitude est celle surtout du personnage de Dufayel ; cet homme atteint d'une grave maladie congénitale (ses os se cassent comme du cristal) ne peut sortir de chez lui (il vit dans l'immeuble d'Amélie). Il n'a qu'une seule occupation dans sa vie : il réalise une copie du tableau de Renoir, *Le déjeuner des canotiers*, 1881 (conservé à la Philips collection à Washington), une par an et ce, depuis vingt ans. Il n'explique pas les raisons de son choix. Pourquoi cette peinture et non pas une autre ? Et surtout pourquoi ne pas en changer chaque année ? Le moins que l'on puisse dire, c'est que son activité de copiste est stérile. D'ailleurs, il est significatif que dans la séquence finale qui montre ce que sont devenus tous les personnages qui ont été « aidés » par Amélie, Dufayel, enfin, ne peint plus une copie du *Déjeuner des canotiers* de Renoir, mais une variation de ce tableau (il garde la même disposition des personnages, mais le style est totalement différent). L'idée lui en est venue sans doute de Lucien, qui, lui, n'est pas dans l'admiration paralysante. Celui-ci prend des cours de peinture avec Dufayel et très vite il abandonne les natures mortes pour une variation sur le *Déjeuner des canotiers* (L'arrêt sur image permet d'avoir la certitude que sa variation n'est pas la même que celle de Dufayel).

Une autre utilisation que l'on peut faire des images, stérile, elle aussi, c'est de les collectionner. C'est ce que fait Nino, avec des photos d'identité photomaton (ce qui représente en quelque sorte le degré zéro de la photographie). Ne ramasser que les photos, abandonnées ou déchirées qu'il reconstitue et réunit dans un album (Jeunet s'est inspiré d'un album existant confectionné par l'écrivain Michel Folco). Par cette activité, il avance un tant soit peu sur la voie de la création. D'ailleurs recoller des morceaux d'images n'est pas sans rappeler le travail du montage au cinéma.

III. L'image panacée

Si Dufayel et Nino sont du côté des images fixes, Amélie, elle, est plutôt du côté de l'image animée, soit sur grand écran, soit sur petit écran. Certes elle ne produit pas d'images, au sens artistique du terme, mais elle les consomme et en fait une utilisation positive. Dans le portrait-présentation du personnage, on apprend qu'elle aime aller au cinéma et repérer des détails dans les films qui l'enchantent (ex. *Jules et Jim* de Truffaut, 1962) ou qui l'agacent (ex. *Le Père de la mariée* de Vincente Minelli, 1950). Mais elle consomme aussi la télévision d'une manière très originale, en ce sens qu'elle se projette imaginairement dans ce qu'elle regarde. C'est ainsi qu'elle regarde un documentaire sur les personnages historiques du XXe siècle de Frédéric Mitterrand (texte écrit et dit par lui). La séquence du visionnage est entièrement construite sur un champ/contrechamp, Amélie regardant la télévision/les images du documentaire (en noir et blanc). Très vite, le spectateur perçoit des anomalies énormes : sur la bande-image, Amélie, dédoublée, circule dans ce monde en noir et blanc, présentée le plus souvent dans une posture d'exposition médiatique. Sur la bande-son, même anomalie : le commentaire de Mitterrand ne parle plus d'une célébrité mais d'Amélie (dans le même style ampoulé et la même diction lente). Le spectateur comprend alors qu'il assiste à « une plongée dans l'imaginaire d'Amélie », pour reprendre une expression de Jeunet. Amélie fait de la télévision un miroir magique qui lui renvoie une image d'elle fantasmée, esthétisée, satisfaisant son narcissisme. Jeunet réitère le procédé une heure plus tard. Mais cette fois, le moral d'Amélie (sa timidité maladive l'a empêchée d'aborder Nino) est au plus bas : elle va donc profiter de ce qu'elle regarde à la télévision pour s'autoflageller moralement. Il s'agit d'un film soviétique de propagande avec Staline pour héros, en version originale sous-titrée. Mais le sous-titrage est modifié par l'imaginaire d'Amélie et fait écho à sa situation.

Dans ses efforts pour faire le bien autour d'elle (en toute discrétion), Amélie a aussi recours parfois à l'image. À l'image fixe, sous la forme de cartes postales. Chaque semaine, elle va voir son père à Enghien dans son pavillon. Et elle constate que celui-ci est très déprimé et ne sort plus de chez lui ou de son quartier. Des cartes postales et une machination complexe vont lui permettre de mettre fin à cet immobilisme léthargique. Dans un premier temps, elle enlève, nuitamment un nain de jardin qu'il affectionne particulièrement. Puis elle demande à une amie, hôtesse de l'air sur les grands courriers, de photographier ce nain dans les endroits les plus lointains et célèbres; elle fait de ces photos des cartes postales qu'elle expédie à son père. Tant et si bien, que, à la fin du film, muni de deux valises, il appelle un taxi et lui demande de l'amener à « l'aéroport international ». Elle a aussi recours à l'image animée de télévision. Pour mettre un peu de gaité dans la vie de M. Dufayel, elle enregistre des moments insolites pris dans diverses émissions (cheval s'immisçant dans une course cycliste, chien acrobate, bébé nageur etc.) et lui offre ces cassettes qui provoque chez lui un sourire. Amélie se sert aussi de l'image pour « contourner » son introversion. Dans le jeu de piste très complexe qu'elle imagine pour amener Nino à la rencontrer, elle se sert des photos d'identité qu'elle fait d'elle, mais le visage caché par un masque de Zorro. Mais c'est dans sa relation avec M. Dufayel que l'image fixe va avoir le plus de conséquences pour l'un comme pour l'autre. Lorsqu'elle se trouve dans son appartement, tous deux parlent, évidemment, de la copie du tableau de Renoir, et en particulier d'un personnage féminin, par l'intermédiaire duquel, elle dit sur elle-même des choses qu'elle n'aurait pas été capable de formuler directement. Lors de cette visite, M. Dufayel lui explique qu'il ne fait qu'une seule utilisation de la caméra vidéo qu'on lui a offerte. Celle-ci cadre en permanence l'horloge sise en face de chez lui. Il l'a branchée sur son écran de télévision (qu'il ne regarde pas) et ains, n'a « plus besoin de remonter » ses pendules. C'est là un emploi assez limité de la caméra vidéo. Or c'est justement grâce à sa rencontre avec Amélie qu'il va l'utiliser autrement. Lorsqu'il constate qu'elle est dans l'impasse dans sa tentative de rapprochement avec Nino, à cause de sa timidité, il s'enregistre avec sa caméra en train d'expliquer qu'elle doit impérativement faire l'effort de vivre son histoire d'amour. Il fait porter cette cassette chez Amélie par Lucien. Il a donc découvert qu'on pouvait utiliser sa caméra vidéo pour d'autres emplois plus intelligents; c'est pourquoi elle ne reste plus fixée sur l'horloge extérieure. Il la prête à Lucien qui en fait une utilisation nettement plus amusante (il filme les ombres d'Amélie et Nino s'embrassant). Ainsi l'image, sous formes diverses, a fait sortir d'eux-mêmes ces quatre personnages.

Pour aller plus loin

- Le film est disponible en DVD, en Blu-ray, et en VOD.

Éric Rohmer, *L'Anglaise et le Duc*

Ou l'image historique

Éric Rohmer est surtout célèbre pour ses films de l'époque contemporaine : *Ma nuit chez Maud*, 1967, *Les Nuits de la pleine lune*, 1983, *Le Rayon vert*, 1984 (Lion d'or au festival de Venise). Il a aussi réalisé des films historiques : *La Marquise d'O*, 1975, *Perceval le Gallois*, 1978, *L'Anglaise et le duc*, 2001, *Triple agent* 2003, *Les Amours d'Astrée et Céladon*, 2006 ; le premier situé au XVIIIe siècle, le second au Moyen Âge, le troisième pendant la Révolution française, le quatrième pendant l'Occupation, le cinquième dans la Gaule du Ve siècle. Pour chacun de ses films historiques, Rohmer s'est posé la question de savoir comment représenter l'univers d'une époque passée par le moyen d'une machine de notre temps, la caméra. Il a deux certitudes : on ne peut pas aujourd'hui directement accéder à la réalité du passé et on ne peut recréer en studio les rues de du Paris de 1790-1794; pour lui, la tricherie consistant à filmer dans une autre ville qui aurait conservé intacte l'architecture de la fin du XVIIIe siècle est inacceptable. Jean Renoir, dans *La Marseillaise* (1937) avait filmé les Tuileries au château de Fontainebleau. Rohmer, lui, a trouvé une solution esthétique inédite.

I. Un film historique visuellement révolutionnaire

Certes les films historiques situés pendant la Révolution sont légion. Cependant ceux-ci ne comportent que très peu de scènes en extérieur, comme *Danton*, (Andrzej Wajda, 1983) ou bien se passent hors de Paris comme *La Nuit de Varennes* (Ettore Scola, 1982). Or, ainsi que le dit Rohmer dans sa note d'intention du film, « la Révolution est avant tout un événement parisien ». Son scénario est une adaptation des mémoires de Grace Elliot, *Journal of My Life During the French Revolution*, écrits en 1801 et traduits en français sous le titre *Mémoires de Mme Elliot sur la Révolution française* en 1861. Pendant la période qu'a retenue Rohmer, 1790 –1794, Grace réside à Paris, rue de Miromesnil ou dans sa maison de Meudon, d'où elle a une vue sur Paris. Elle ne participe pas aux événements importants de la Révolution, mais étant la maîtresse du Duc Philippe d'Orléans, rebaptisé « Égalité », elle dispose d'informations de première main et commente l'évolution des événements qu'elle suit avec un intérêt passionné. Elle assiste tout de même à des « fragments », pour reprendre le mot de Rohmer, de la Révolution, la prise des Tuileries le 10 août 1792 de son grenier de la rue de Miromesnil, à l'exécution de Louis XVI du haut de la terrasse de sa maison de Meudon. De plus, pour des raisons diverses, Grace se déplace en cabriolet ou à pied même parfois et, lors de ses déplacements, elle rencontre des gardes, des citoyens et échange avec eux. Or tout cela Rohmer veut le filmer, parce qu'il tient à mettre entre le spectateur et l'événement un « filtre supplémentaire », le point de vue d'un personnage-témoin. Il lui faut donc filmer le Paris de cette époque. Sa solution pour les scènes d'extérieur consiste à filmer les acteurs dans un studio peint dans une couleur qu'on ne trouvait pas sur leurs costumes (le vert le plus souvent, parfois le bleu). Dans un second temps, le fond vert est supprimé et remplacé par des tableaux. Le peintre Jean-Baptiste Marot a peint trente-sept toiles pour le film, représentant tous les lieux dans lesquels évolue Grace Elliot, la protagoniste. Ces tableaux historiques – aquarelles issues pour la plupart du musée Carnavalet que Marot a retravaillées au moyen du numérique – vont servir de fond à dix-sept minutes de film (sur 126 mn). Pour réaliser ces toiles, Jean-Baptiste Marot s'est appuyé sur des œuvres picturales peintes dans cette période par Louis Léopold Boilly (1761-1845), Pierre Antoine Demachy (1723-1807), ou Hubert Robert (1733-1808).

II. La photographie et la peinture

On pourrait imaginer que ce traitement stylistique binaire, entraînant une division tranchée du dehors – toiles peintes – et du dedans – décors –, est liée à la distinction des classes sociales, à un processus politique, où le peuple serait désigné par le biais du mécanisme pictural et l'aristocratie par celui des décors réels. Mais Rohmer a pris soin de casser parfois cette opposition : trois perquisitions menées chez Grace par des patrouilles révolutionnaires représentent l'introduction du peuple, l'irruption de la révolution dans les appartements de l'aristocratie. Du point de vue formel aussi, cette opposition est atténuée. Les intérieurs semblent parfois se confondre avec une peinture et ainsi la distinction entre le dehors et le dedans s'estompe. Les teintes pastel des rideaux, des tentures et des tenues vestimentaires s'accordent avec les tons des toiles peintes. Des trompe-l'œil peints ont été utilisés pour donner des perspectives derrière les fenêtres. Et puis il y a la lumière. Elle donne une unité aux séquences se déroulant en extérieur et aux séquences se déroulant en intérieur, les unes comme les autres étant éclairées par une lumière artificielle, totalement maîtrisée, dominée. Un autre procédé permet de faire le trait d'union entre le monde extérieur (la peinture) et les intérieurs. Les personnages nous sont d'abord présentés comme des êtres peints. Au début du film, tandis que le narrateur présente la situation et les personnages (portraits de Grace Elliot et du Duc), quelques-uns des tableaux qui constitueront le décor défilent sous nos yeux. Soudain les personnages présents sur l'un des tableaux, une vue du Palais Royal, s'animent. Les tableaux prennent vie. Le film commence.

III. Voir le passé avec les yeux des contemporains

Ces extérieurs représentés par des toiles permettent à Rohmer d'éviter de nous donner à voir un « Paris prétendument reconstitué avec des images prises à Pézenas, Uzès ou au Mans », pour reprendre une de ses formules. Mais c'est aussi pour lui un moyen de s'insurger contre le faux réalisme. Le cinéaste ne tente pas de « faire vrai ». En montrant par des tableaux animés un Paris remémoré, il affecte *l'Anglaise et le Duc* d'invraisemblance. Il refuse de faire de son film une œuvre naturaliste. À travers la représentation artificielle des décors, il interroge la nature et la fonction de l'image cinématographique. Alors que le choix du virtuel aurait permis une reconstitution hyperréaliste de la capitale sous la Terreur, Éric Rohmer a préféré placer de grands tableaux auxquels il a conservé une vraie picturalité, conférant à l'image cinématographique une certaine irréalité provoquée par la patine des aquarelles. Rohmer a dit de sa méthode : « J'ai fait comme si mes personnages étaient des êtres picturaux, des êtres de tableaux, qui accèdent à la vie. » La stylisation du monde par la peinture apporte un ton, un esprit qui est celui du XVIIIe siècle. Le cinéaste n'essaie nullement de provoquer une immersion fictionnelle si intense que le spectateur, du moins une part de lui-même, finit par croire à la réalité de ce faux-semblant qu'est le film de fiction. Au contraire, Rohmer, grâce à la présence de ces tableaux insérés, au langage utilisé par les protagonistes (les subjonctifs imparfaits et les passés simples abondent), à la gestuelle des personnages (qui n'est jamais naturelle et s'éloigne le plus possible de la gestuelle actuelle) rappelle constamment au spectateur que l'image cinématographique qui est devant ses yeux porte la mémoire d'une autre image. L'auteur de *L'Anglaise et le Duc*, en représentant artificiellement l'époque à laquelle le film se réfère, dés-actualise l'Histoire. Il met en cause la puissance généralement accordée au cinéma d'être l'expression immédiate de ce qui est représenté.

L'idée que les citoyens ordinaires se font des grands moments historiques se constitue à partir des cours d'histoire dispensés à l'école, bien sûr, mais aussi (pour les plus férus d'histoire) à partir de la lecture de textes d'historiens, et enfin, pour tous, de manière inconsciente, à partir d'images émanant des films de fiction historiques, vus au cinéma ou à la télévision. Or ces films, malgré toutes les précautions des cinéastes (présence de conseillers historiques sur le plateau) ne donnent jamais une image du passé qui soit indépendante du biais apporté par les auteurs, mais qui se veut malgré tout vrai. Rohmer, avec *L'Anglaise et le Duc*, à l'inverse de la plupart des films historiques, n'essaie pas de nous faire croire que ce que nous voyons est l'image juste du passé. Nous sommes convaincus qu'il s'agit juste d'une image, construite, forgée avec l'aide d'autres images, peintes à la fin du XVIIIe siècle et d'un texte écrit en 1801 par une femme témoin de cette époque et engagée, donc sujette à caution.

Pour aller plus loin

– Le film est disponible en DVD, Blu-ray et VOD.

László Nemes, *Le fils de Saul*

Ou l'image de l'irreprésentable

Comment représenter l'irreprésentable ? Comment une image de cinéma peut-elle figurer l'abjection absolue ? Filmer la Shoah a toujours suscité de vifs débats, esthétiques et moraux. En 1960, quatre ans après la sortie du documentaire de référence *Nuit et brouillard* d'Alain Resnais, un plan précis du film *Kapo*, de Pontocorvo, provoque la polémique : dans un travelling stylisé, une déportée se suicide sur un barbelé d'Auschwitz. Le critique et cinéaste Jacques Rivette écrit alors un célèbre article dénonçant cette stylisation de l'horreur, et plus tard Godard lui-même dira que « le travelling est une affaire de morale ». Depuis, de nombreux cinéastes se sont essayé au filmage de l'horreur de l'extermination des juifs : Steven Spielberg, avec *La liste de Schindler*, Roberto Benigni dans *La vie est belle* et plus récemment, Jonathan Glazer dans *La zone d'intérêt*. Depuis l'affaire du travelling de *Kapo*, le cinéma pense sa propre responsabilité morale. La prévention contre la plastique de l'image (prévention portée par le critique André Bazin), est résumée par le dilemme de Panofsky : « au cinéma, le problème est de manipuler et de filmer une réalité non stylisée de façon que le résultat ait du style ».

En 2015, le cinéaste hongrois László Nemes obtient le Grand Prix du festival de Cannes pour son premier long-métrage, *Le fils de Saul*. Ce film se déroule en octobre 1944. Saul, un juif déporté à Auschwitz-Birkenau, enrôlé dans un Sonderkommando, est forcé d'assister les nazis dans le processus d'extermination. Il nettoie les chambres à gaz, porte les corps dans les fosses ou les fours crématoires. Un jour, parmi les cadavres, il croit reconnaître son fils. Dès lors, il va tout entreprendre pour le soustraire à la crémation et lui offrir une sépulture digne, au risque de perdre la vie et de compromettre la révolte qui sourd parmi les prisonniers du camp. Le spectateur suit Saul à travers le camp, dans son projet impossible, jusqu'à la course finale dans la campagne polonaise où, après un échange de regards avec un enfant d'un village voisin, il est exécuté par les nazis.

I. L'immersion dans l'image

Dès les premiers plans, le spectateur est immergé dans l'image : Nemes, le réalisateur, voulait faire naître chez son spectateur, par les moyens du cinéma, « la perspective mentale de l'infini de souffrance du camp de concentration », le mettre au centre d'une expérience humaine. Cette ambition d'immersion est propre au cinéma lui-même : il abolit la distance fixe du spectateur, qui se trouve cerné par les personnages du film. Ici, nous suivons Saul au sens propre, puisque le réalisateur, caméra à l'épaule, filme constamment la nuque du personnage ou le cadre très resserré de son visage. Il le suit pendant tout le film, regarde avec lui, et écoute avec lui. C'est une image qui regarde et qui écoute.

Les espaces du camp, cette usine de mort, se découvrent petit à petit : le spectateur, collé à Saul, est soumis au cadre restreint de l'image, et à la vision limitée de ce qui se passe autour de lui. Nemes souhaitait ne pas dépasser les capacités de la vision d'un homme. La question morale est ainsi réglée, car plus qu'une image panoramique de l'horreur, le réalisateur fait d'abord le portrait d'un homme. Les longs plans-séquences inscrivent le corps de Saul autant dans la durée concrète des tâches horribles qu'il est obligé d'effectuer que dans cet environnement terrifiant. Mais cet environnement, mal capté par le regard de Saul, est dilué dans une image floutée, sur les bords du cadre ou en arrière-plan. Cette incomplétude de la vision renforce le pouvoir de suggestion et convoque l'imagination du spectateur, nourrie par les images documentaires présentes dans son esprit. L'image du film, imprécise, se complète des images-souvenirs imprégnées déjà dans la culture mémorielle du spectateur.

L'image cinématographique possède donc un double pouvoir : elle porte en elle la tentation de montrer, d'aborder frontalement les choses, même dans leur abjection. Mais de l'autre côté, elle a aussi la capacité de rétrécir le champ de ce qu'elle montre pour faire entrer le spectateur dans le processus du film, et ainsi faire confiance à son imagination et à ses sensations. L'image devient ainsi l'objet d'une perception. *Le fils de Saul* est un film qui en appelle aux sens de ses spectateurs : la vision, certes, contrainte par le cadre, mais aussi l'écoute de sons qui sidèrent autant que ce que l'image ne veut pas montrer.

II. L'image qui ne montre rien, mais qui dit tout

Le format d'image choisi par Nemes (format 4/3), avec une focale unique de 40 mm, permet de cacher ce qui est inmontrable. L'arrière-plan de l'image est net quand elle montre quelque chose d'acceptable, mais devient flou quand l'horreur s'y déploie. Ainsi, au lieu de risquer de réduire l'horreur en la montrant brutalement, c'est l'image elle-même qui est rétrécie afin de donner une perspective humaine de l'irreprésentable. Le spectateur est alors invité à *écouter* pour recueillir l'information. Le projet esthétique du film tient en partie dans cette relative soustraction du visible qui entraîne un surinvestissement du champ sonore.

L'image cinématographique, ou plus exactement son cadre dessiné par le réalisateur, a la propriété de déterminer exactement ce qui lui appartient (le champ) et ce qui ne lui appartient pas (le hors-champ)., et structure ce qu'elle contient. L'image se situe au seuil du visible et de l'invisible. Si le son ne peut complètement compenser l'invisible dans l'image, il invoque toutefois le pouvoir de suggestion du spectateur qui tend l'oreille pour happer le moindre bruit diégétique, aussi glaçant soit-il.

Le procédé de floutage de l'arrière-plan d'une image rétrécie permet de freiner le regard et d'atténuer une éventuelle pulsion scopique. Ainsi, le film renvoie chaque spectateur à ses propres contradictions, à son désir malgré tout de regarder ce qui ne peut être vu. *Le fils de Saul*, comme les photos clandestines prises à Auschwitz en 1944 dont le film s'inspire, apparaît comme un témoignage dérisoire mais majeur d'une image qui ne montre rien mais qui dit absolument tout. On rejoint ainsi une des définitions de l'image fournie par Bergson : « Par image, j'entends tout ce que peut ajouter à la chose représentée sa représentation à l'écran ».

III. La projection de notre inconscient sur une image

Les procédés filmiques de Nemes interdisent donc toute esthétisation spectaculaire. L'agencement des images ne devait pas être séduisant afin de ne pas rendre le spectateur admiratif devant le sujet filmé et la capacité à saisir l'impensable. Mais si les événements tragiques du film ne sont pas visibles à l'œil pour le spectateur, ils le sont certainement de manière inconsciente. L'immersion dans l'image permet au spectateur une identification parfaite, la caméra faisant littéralement corps avec son héros : celui-ci est donc conçu comme un écran sur lequel chacun peut se projeter. On ne voit rien mais on ressent, car nous voyons un cadre sur lequel nous projetons nos propres images inconscientes. Le cinéaste choisit d'étouffer l'intellect et les capacités de distance du spectateur parce qu'on est dans la sensation pure, le choc et l'expérience. On retrouve ici la conception de l'image, selon Jean Epstein : foncièrement concrète, elle diffère de l'abstraction logique et symbolise « sans l'intermédiaire du raisonnement », ne demande au spectateur qu'un minimum de décryptage, si bien que le film doit parler à la raison par l'intermédiaire du sentiment.

Le fils de Saul nous propose alors un moyen d'empêcher l'horreur de nous envahir. Nous entrons dans ce camp avec un homme, et nous entrons dans notre propre inconscient. Walter Benjamin disait que la caméra nous ouvre l'expérience de l'inconscient visuel, comme la psychanalyse nous livre l'expérience de l'inconscient instinctif. Notre inconscient s'ouvre à l'abjection, afin de ne pas se laisser enfermer par elle. C'est ce que Georges Didi-Huberman exprime dans son analyse du film : « Faire œuvre, c'est donc entrer dans l'espace de la mort, mais pour que la nuit s'ouvre et non pas, justement, pour qu'on la laisse se refermer sur nous ».

Pour aller plus loin

- L'Avant-Scène Cinéma n° 65, *Dossier Le fils de Saul*, mars 2018.
- Georges Didi-Huberman, *Sortir du noir*, Éditions de Minuit, 2015.

Dissertations

Dissertation 1
De quoi l'image est-elle l'image ?

Une image, du latin *imago*, désigne le reflet d'une chose dont, par définition, elle n'est que le reflet. En cela, l'image n'a rien de la chose qu'elle reflète : elle la donne sous une forme aplatie, partielle, et la réduit à sa seule dimension visible. Dans les *Métamorphoses* d'Ovide, Narcisse ne peut se mirer dans l'eau d'une source que parce que sa surface est parfaitement limpide ; et quant au reflet qu'il admire, il ne s'agit que d'une réfraction à la surface de l'eau, c'est-à-dire un phénomène d'optique et non de Narcisse en chair et en os. On peut aussi parler d'image sonore ou tactile, mais le cas échéant, on procède à une métaphore à partir de ce qu'est l'image : parler d'image sonore, c'est convertir métaphoriquement un son en une surface. Métaphoriser, c'est en effet transformer en image cela même qui ne se donne pas à voir. L'image peut donc bien être image d'une chose, figuration d'un concept, mais dans tous les cas elle n'est pas ce dont elle est l'image ; elle donne accès à ce à quoi elle renvoie, tout en ne donnant accès qu'à son image. Il va de soi que l'image, à ce titre, donne un accès partiel à la chose ; ou plutôt, elle réduit la chose à une image, et l'on peut parfois être tenté de croire aux images plus qu'aux choses, à défaut d'avoir accès aux choses mêmes, ou tout simplement parce qu'on y trouve davantage de bénéfice. Ainsi préfère-t-on parfois croire à de la publicité mensongère à partir d'images que l'on sait illusoires, plutôt que de connaître l'efficacité factuelle d'un produit de beauté, par exemple : l'image « vend du rêve », dont elle est souvent l'image plutôt qu'elle ne l'est du réel.

Aussi y a-t-il nécessité à se demander si l'image est le juste reflet de la chose, ou si, les images ne donnant aux choses qu'un accès partiel, voire fictif, elles sont trompeuses, auquel cas il ne faudrait pas s'y fier. Mais si c'est bien là l'enjeu des problèmes soulevés par l'image, la détermination de la fiabilité épistémique de l'image repose sur celle de savoir si l'image est bien l'image de la chose dont elle se donne comme image ou si, dans le processus par lequel l'image réduit la chose à son apparence, l'image ne se fait pas le reflet de ce qui s'immisce des individus dans cette réduction. À tel point que l'on pourrait se demander si l'image n'est pas le miroir, non des choses, mais du regard qui la dépeint.

I. L'image, décalque d'une réalité concrète ou figuration d'un concept

Il apparaît, dès l'étymologie, que l'image renvoie par définition à ce qu'elle n'est pas, tout en donnant l'apparence de la chose à celui ou celle qui la regarde. Mais l'étymologie grecque du mot connote la lumière : l'image est, notamment, *phantasia*, où *pha-* présente comme le mot français « phare » la caractéristique d'éclairer. L'image repose sur la possibilité d'une vision : elle requiert une aptitude à voir, et la lumière. Une fois ces deux conditions remplies, l'image *met en lumière*, sous un certain angle, et ne rend pas tout visible. Elle opère donc par renvoi à ce qu'elle n'est pas, tout en donnant ce qu'elle n'est pas sous une forme qui la caractérise comme image : plate, colorée, sans zone d'ombre, hormis précisément pour montrer l'ombre et la mettre en lumière.

Dans l'image se donne donc une ambiguïté radicale : elle montre et masque. Si elle montre, de toute évidence elle montre ce dont elle est l'image; mais dans la mesure où elle masque aussi en partie, elle ne montre pas *tout* ce dont elle est l'image. À ce titre, on peut dire que l'image est image d'une partie de ce à quoi elle renvoie, en tant qu'image. Pour autant, l'image n'est pas symbole : si un symbole peut être une image, en revanche l'image ne procède pas d'un déplacement symbolique. Une image du drapeau français sera similaire au drapeau français, contrairement au drapeau français lui-même qui, étant symbole de la nation française, n'en est absolument pas une image fidèle – on aurait grand peine à la figurer sous forme d'image, sauf à user d'une métaphore. Il est attendu que l'image soit le juste reflet d'une réalité à laquelle elle renvoie, mais son reflet partiel.

Cela ne signifie pas pour autant que toute image soit un décalque photographique du réel. Par exemple, une image de chat dessinée à la va-vite n'a rien de juste, mais il s'en dégage l'idée du chat. L'image se fait alors *morphè*, figuration spatiale, de ce qui est commun à tous les chats réels et les caractérise comme concept, idée, *eidos* : l'image donne une étendue perceptible à ce qui, en tant que concept, n'est pas étendu.

On se retrouve dès lors avec deux types d'image : d'une part, l'image-décalque d'une réalité sensible, d'autre part l'image-figuration d'une réalité intelligible. Contre toute attente initiale, il semble bien que l'image-décalque de la réalité sensible ne soit que partielle et, à ce titre, n'apporte une illusion de réalité, quand l'image-figuration d'une réalité intelligible n'a pas cette prétention à donner la réalité intelligible en tant que telle. Pourtant, dans les deux cas, l'image *se donne pour*, elle *tient lieu de* réalité. C'est la raison pour laquelle dans aucune des religions monothéistes, « Dieu » n'est représenté en tant que tel, quoique ce soit le cas dans les religions polythéistes – à commencer par la figure de Zeus. Car le culte des images est dangereux : on encourt le risque de prendre l'image pour cela même dont elle est l'image, et de pratiquer le « culte des idoles ». Ainsi, dans le Livre de l'Exode, Moïse manifeste-t-il sa colère la plus vive lorsqu'il assiste à une cérémonie religieuse où les fidèles prennent la statue d'un veau d'or pour Dieu lui-même. De même, les artistes de l'Islam ne représentent-ils la foi que sous forme de symboles à caractère géométrique, la figuration faisant encourir le risque d'une confusion de l'image avec ce à quoi elle renvoie. Cette tension de l'image à ce à quoi elle renvoie est très forte, précisément parce qu'elle *fait illusion*. Ainsi en fut-il, dit-on, de Zeuxis, peintre grec du Ve siècle av. J.-C. dont la figuration de grains de raisin a fait illusion auprès d'oiseaux venus picorer sur le tableau. Si cette histoire, relatée par Aristote dans sa *Poétique*, est relativement peu crédible, compte tenu du fait que les animaux ne sauraient se laisser abuser par l'odeur de la peinture, elle crédite l'idée que l'image est image de ce que, précisément, elle n'est pas ; et que, se donnant pour, faisant illusion, elle masque avant tout son caractère trompeur. L'image serait donc le négatif de ce qui est, plutôt que son reflet.

II. L'image, négatif de ce qui est (ou être par soi) ?

De deux choses l'une : soit on dit de l'image qu'elle est précisément négation, transformation, de ce dont elle est l'image, ce qui signifie qu'elle reste toujours image *de* ; soit on pose que l'image n'étant image de rien, elle est chose en soi, *absolument* image.

Que l'image donne accès à une réalité déformée, cela ne fait plus grand doute avec les photographies fournies par « intelligence artificielle » et qui laissent accroire à des faits n'ayant pas eu lieu. Un indice, toutefois, laisse la patte de l'artifice : bien souvent, le protagoniste a un nombre de doigts non conforme à la morphologie humaine. De telles images, qui semblent des décalques photographiques du réel, sont de toutes pièces artificielles. Elles ne sont à ce titre images de *rien*. Ce faisant, le processus photographique est poussé au paroxysme des paradoxes de l'image, à savoir une illusion se donnant comme illusion en même temps qu'elle se donne comme authentique renvoi à une personnalité existante. La mise en crise de la valeur informative de l'image conduit à plaider en défaveur de l'image, ou en faveur de l'idée que l'image n'est image que d'elle-même.

Pourrait-on, à ce titre, faire de l'image un positif sans négatif, un être par soi sans référence à laquelle elle renverrait ? Cela va contre la définition même de l'image, à savoir sa valeur définitoire de renvoi. Pourrait-on toujours dire d'une image qui ne renvoie à rien qu'elle est une image ? Contre toute attente là encore, cela ne semble pas impossible : l'image se donne comme visibilité pure. À la différence d'une vision, elle est partageable en tant que visible, mais elle y est aussi réductible. L'image, c'est le visible en tant que pur visible, indépendamment de toute autre réalité qu'elle-même.

On se retrouve ici avec un paradoxe radical : d'une part, l'image est le visible en tant que visible pur, d'autre part l'image simule la réalité du visible, alors même qu'elle n'est qu'illusion de réalité. En cela, on pourrait dire que l'image révèle l'existence d'un non-visible : ainsi Merleau-Ponty emprunte-t-il à Paul Klee, dans *L'Œil et l'Esprit*, l'idée que « L'art ne reproduit pas le visible : l'art rend visible », et l'applique à la peinture de Paul Cézanne. L'image dépeinte par Cézanne de la Montagne Sainte-Victoire, à Aix-en-Provence, ne fait pas que renvoyer à ladite montagne : elle révèle plus qu'elle ne montre, elle s'affirme dans ce qui la singularise par rapport au paysage, et donne accès à l'arrière du décor, à la profondeur même du paysage. En quelque sorte, Merleau-Ponty propose de considérer l'image picturale comme épaisseur, texture, plutôt que comme surface.

III. L'image, miroir du regard qui la dépeint

Mais cette épaisseur, ce n'est pas seulement celle du paysage : le tableau est lesté de l'épaisseur émotionnelle investie par le peintre dans le geste par lequel il peint. De Paul Valéry, Merleau-Ponty reprend ainsi l'idée que « la nature est à l'intérieur » : le peintre impressionniste ne peint pas ce qu'il voit mais ce qu'il ressent au spectacle du paysage. En cela, l'image renvoie peut-être avant tout à celui ou celle qui la dessine, et dont elle témoigne. Partant, c'est aussi celui ou celle qui la regarde qui se reconnaît en elle, qui s'y plaît, s'y retrouve ou s'en horrifie : l'image est un révélateur du sujet regardant et s'y mirant, comme invite à le penser Arthur Schopenhauer dans *Parerga et Paralimomena*. Contempler une image présente ainsi une vertu méditative, cette contemplation étant aussi l'occasion, dit Schopenhauer, de se retrouver en s'y étant perdu. Les pratiques mystiques vont plus loin : dans son *De Icona*, Nicolas de Cues laisse entendre que la nature, le monde que nous voyons, pourraient n'être que l'image, en négatif, de l'auteur duquel ils procèdent : Dieu. À contempler la nature, nous pourrions voir se détacher de la réalité visible une réalité invisible, supérieure, autrice du monde. À ce titre, l'image donnerait le verso de ce dont l'invisibilité est le recto. Charge, donc, à son spectateur, d'investir sa profondeur et d'en traverser les strates jusqu'à atteindre un sentiment d'unité et de complétude, en laquelle s'unifient les diverses instances dont l'image s'avère être l'image.

L'image étant supposée être toujours image d'autre chose qu'elle-même, sa nature est éminemment paradoxale. En effet, sa déficience essentielle par rapport à ce dont elle est l'image met en question son adéquate représentation de la réalité à laquelle elle renvoie. Ainsi pourrait-on dire qu'elle n'est jamais tout à fait à l'image de ce dont elle est l'image ; et qu'elle est à prendre pour ce qu'elle est, plutôt que par rapport à ce qu'elle n'est pas et qu'elle est supposée représenter. Mais la déficience de l'image est remplie de ce que son créateur ou son spectateur projettent en elle, à tel point qu'on pourrait voir, dans l'image, le reflet du regard qui s'y plonge.

Dissertation 2
Penser, est-ce produire des images ?

Qu'appelle-t-on penser ? Les réponses se polarisent formellement autour de deux dimensions opposées : la première est celle de l'activité intellectuelle : penser, c'est produire – des concepts, des idées, des propos, et, peut-être des images, mentales (penser à un arbre, c'est s'en figurer un) ou sensibles (des descriptions verbales, des métaphores, des schémas, etc.). La seconde est celle de l'ouverture à ce qui est : penser, c'est voir et mesurer ce qu'on voit, puisque toute pensée est bien pensée de quelque chose se présentant à nous ou à notre esprit. Cette double polarisation souligne le lien qui rapporte la pensée à l'image : d'un côté, l'acte de penser génère effectivement des images, de l'autre, la pensée reçoit plus ou moins passivement l'image de ce qui est, image qui peut d'ailleurs être tronquée, erronée, mais peut aussi bien être fidèle ou aspire en tout cas à le devenir – tel est le problème classique de la vérité des représentations, et on voit que ce mot lui-même prolonge l'emprunt au lexique du champ figuratif. Mais alors, premier problème, penser, est-ce produire une image de ce qui est, ou la recevoir ? Est-ce d'abord un acte ou d'abord une ouverture, une réceptivité ?

Ce premier problème en ouvre toutefois lui-même un autre. Si la pensée peut produire ou recevoir des images, l'image doit-elle alors être tenue pour un vecteur essentiel, incontournable, de la pensée, ou bien simplement pour un outil secondaire, peut-être même accessoire, de l'acte de penser ? D'une part, si on dit des images mentales qu'elles proviennent de l'imagination, c'est-à-dire d'une faculté propre à la raison humaine, ne faut-il pas toutefois maintenir une distinction entre penser et imaginer dès lors que la pensée a affaire au « réel » et non seulement à « l'imaginaire » ? Autrement dit, ne faut-il pas relativiser voire secondariser le rôle de l'image dans la pensée ? D'autre part, si on dit, que les images sont le reflet des choses, comment les choses peuvent-elles devenir des images pensables sans que la pensée ne consiste, fondamentalement, à imager ? Ces deux questions nous ramènent à leur racine commune, et engagent, à nouveau, la détermination de ce que l'on appelle penser : faut-il considérer que la pensée a pour propre de *mettre ce qui est en image*, d'*imager* l'être plutôt que de l'*imaginer*, ou bien faut-il au contraire soutenir que la pensée dépasse l'image, vers le concept, l'idée, ou l'intelligence véritable du réel ?

I. Dissocier la pensée et l'image ?

La distinction liminaire du réel et de l'image doit d'abord nous pousser, dans un geste qui fut celui de Platon, à rejeter l'image hors de la pensée. Penser, c'est ne pas se contenter des images qui nous entourent et au contraire les transcender pour aller jusqu'à l'essence des choses. L'« allégorie de la caverne », au livre VII de la *République*, nous offre l'illustration d'un tel raisonnement. Les prisonniers sont désignés comme tels non parce qu'ils sont sous la domination d'autres hommes mais parce qu'ils sont sous l'emprise des images, du sensible immédiat : ils voient, et ne pensent pas ce qu'ils voient. Penser, pour eux, à l'inverse, serait ne plus seulement voir l'image de ce qui est, se détourner des images et se tourner directement vers la source du visible : dans un premier temps, l'idée : car la table que je vois devant moi n'est visible comme telle que parce que se dévoile à mon esprit l'idée de table. La pensée consiste donc à délaisser les images pour les idées. On retrouve au livre X un raisonnement convergent, lorsque Platon montre qu'une image de lit doit être pensée comme fondamentalement moins consistante qu'un lit matériel (je ne peux pas m'allonger dans une image), et moins consistante encore que l'idée de lit (je ne peux m'allonger dans un lit que parce que je sais que ce lit est un lit).

La pensée doit donc interrompre la liaison dangereuse, issue de la fascination pour le sensible, qui l'associe à l'image. De fait, celui qui, prétendant penser, produit en fait des images, est le sophiste, désigné dans le dialogue éponyme comme « fabricant d'images », inventeur de métaphores et de beaux discours : le sophiste, confondant la pensée avec la production d'images verbales, est justement celui qui manque la véritable essence de la pensée, celui qui contrevient à cette essence et la contrefait. Mais la périlleuse ressemblance du sophiste, qui joue avec les images, et du philosophe, qui assemble les idées en un discours vrai, montre bien que penser peut aussi consister à produire des images. Et de fait, la pensée ne saurait tout à fait s'abstraire des images. Ici se joue la distinction entre l'idée et le concept : si l'idée n'a rien d'une image, le concept, lui, est construit par images : penser à ce que j'appelle un arbre, c'est s'en représenter un. La pensée, malgré elle, reste liée à la production d'images. L'allégorie de la caverne elle-même ne fait-elle pas appel à une image ? Et ce dont parle cette allégorie, à savoir : le déplacement de la connaissance, de l'image sensible à la lumière des idées, semblable à la lumière du soleil, n'obéit-elle pas à un paradigme visuel, celui de la clarté requise pour le regard ? Sans nul doute. Entre penser et voir, le lien demeure. La conception grecque de la vérité comme ***aletheia***, dévoilement, montre bien qu'il s'agit pour celui qui pense d'être placé devant l'image même du monde qui lui fait face. Mais s'agit-il proprement de produire cette image ? Oui et non. Pour Platon, la présence des idées est d'abord une présence donnée, reçue dans un dévoilement, dont il s'agit de se saisir pour construire la connaissance.

Si la pensée est productrice, ce n'est donc pas essentiellement d'images, même si secondairement, l'image sensible reste solidaire des productions de la pensée. Mais ne faut-il pas prendre cette solidarité plus au sérieux que ne le fait Platon ?

II. Le rôle de l'imagination dans la pensée

On l'a vu en passant : il n'y a pas de conceptualisation sans imagination. S'il n'est pas impossible de rejeter l'imagination, c'est-à-dire la faculté de produire des images, et d'abord des images mentales, à la périphérie du concept, il est tout aussi nécessaire, à l'inverse, de valoriser le rôle de l'imagination dans la pensée. Penser, n'est-ce pas d'abord se confronter à la tâche de passer par l'image, et n'est-ce pas là la condition de ce qu'on pourrait appeler les facultés de la raison ? Voilà ce que, dans un second temps, on peut examiner en lisant la *Critique de la raison pure* de Kant.

Kant interprète très différemment de Platon un constat identique : nous sommes d'abord, en tant qu'êtres ouverts à un monde, placés sous la dépendance de la sensibilité. Le monde est d'abord donné, sous la forme de phénomènes sensibles, dont nous nous faisons une image elle-même sensible : les objets de la connaissance sont dotés de couleurs, de formes spatiales, etc. Toute représentation, dit Kant, est une intuition, c'est-à-dire la construction d'un concept dans l'espace et le temps : l'arbre, à nouveau, est toujours, lorsque je me le représente, tel ou tel arbre, affecté d'une taille, d'une couleur, d'une forme particulière. Dès lors, l'imagination, c'est-à-dire la faculté de se représenter un objet en l'absence d'intuition extérieure donnée, prend pleinement part à la connaissance des objets, loin d'être simplement un pouvoir de s'évader dans la fiction et la fantaisie. Mais si tout acte de conception suppose un acte de l'imagination, c'est que la raison humaine, en tant que telle, ne peut essentiellement se passer de l'image.

Pourquoi Kant affirme-t-il que pensée et image sont fondamentalement liées ? Parce que ce que Kant appelle intuition et qui correspond à la nature réceptive, ouverte à ce qui est, de la raison humaine, est une ouverture spontanée. La sensibilité, qui reçoit l'image sensible du donné, n'est pas un pur réceptacle passif : c'est un acte, consistant à coordonner les sensations dans l'espace et le temps, lesquelles sont, pour Kant, la « forme pure » du monde sensible, puisque tout donné de sensation s'inscrit nécessairement, comme tel, dans l'espace et le temps. Mais l'espace et le temps, formes possibles de toute sensation, que sont-ils eux-mêmes sinon des images ? Kant n'hésite pas en tout cas à les nommer *ens imaginarium*, êtres d'imagination. L'intuition sensible consiste donc, avant de recevoir le donné, à produire l'image des images, la forme même de toute image possible : l'image de l'espace et du temps. Cette image archétypale ne doit pas toutefois être confondue avec une fantaisie. Elle est la plus sérieuse, la plus effective des productions : la production de la dimension où du sensible peut, en tant que tel, se présenter. Si cette dimension est imaginaire, cet imaginaire est ainsi parfaitement réel, il ouvre la compréhension même de ce que nous appelons le réel. La pensée, ainsi, entendue comme faculté de connaître (ailleurs dans son œuvre, Kant reviendra sur cette détermination pour distinguer pensée et connaissance), produit non des images au petit bonheur de son imagination, mais l'image même d'une présence donnée, l'image d'un monde sensible. La pensée ira même, selon Kant, jusqu'à transgresser le donné sensible en imaginant aussi, à partir de sa propre image de l'espace et du temps, un monde et des concepts suprasensibles, comme l'âme ou Dieu, dont on va se faire une image – contradictoire puisque ces choses, si elles en sont, ne sont pas données par la sensibilité – comme d'un espace ou d'une durée infinis. Penser, c'est donc non seulement connaître dans et par l'image mais aussi prétendre produire une image de l'inconnaissable.

III. Penser, c'est faire une image de ce qui n'est pas

Ce double comportement, connaissant et méditant, de la pensée dans l'image ne désigne-t-il pas alors, au fond, sa liberté ? Sartre, dans *L'imaginaire*, montre que la production consciente d'images mentales n'est pas tant un acte cognitif, concourant à la représentation d'objets extérieurs à l'esprit, qu'un acte intentionnel visant des objets justement compris comme des images. Lorsque je me figure un vol d'oiseau, je me figure à la fois ce vol et le fait que cette figuration n'en soit qu'une image. Par conséquent, je me figure ce vol d'oiseau imaginaire comme n'étant pas.

Contrairement à ce que nous avons acquis avec Platon et Kant, Sartre montre ainsi que penser, ce n'est pas seulement se faire une image de ce qui est, mais aussi se faire une image de ce qui n'est pas : l'imaginaire vise avant tout le non-être, il pose des images dans le non-être ou comme non-être, autrement dit, il « néantise ». La conscience d'image se détermine ainsi comme une conscience néantisante, une conscience capable de déployer, vis-à-vis de ce dont elle a conscience, un recul nécessaire pour faire la différence entre l'être et le non-être. Or, cette faculté de recul propre à la conscience détermine très précisément ce que veut dire penser. Penser, c'est, en effet, laisser se déployer devant soi ce qui nous fait face. Le fait de produire une image de ce qui est, de déterminer cette image comme purement imaginaire ou au contraire comme représentative d'une réalité extérieure, de trancher cette alternative entre l'imaginaire et le réel apparaît alors comme la véritable mesure de l'acte de penser.

Imagination et pensée s'avèrent ainsi des facultés pratiquement synonymes, relevant en tout cas d'une seule et même dimension. Et de son côté, l'image, loin d'être la simple exemplification superflue d'un concept ou la trace malheureuse de notre dépendance à l'égard du sensible, détermine la modalité essentielle de notre rapport à un monde extérieur.

Dissertation 3
La vérité de l'image

Quel sens y a-t-il à dire d'une image qu'elle est vraie, véridique, porteuse de vérité ? Nous tenons par là à signifier que ce qu'elle représente, est représenté dans une certaine fidélité de ce qui est. Fidélité veut dire que l'image ne fait pas écran : elle montre ce qui est sans le déformer ou le voiler. Mais tout de suite s'instillent des doutes sur cette prétendue fidélité car l'image, précisément, *est* un écran : elle ne donne du réel qu'un aspect visible, peut-être intéressant ou significatif, mais probablement insuffisant, si ce n'est stylisé, fictif ou mensonger. Qui plus est, l'image ne rend pas présent ce qui est « en chair et en os », n'en offre qu'une copie désincarnée, inconsistante. L'image serait-elle donc par définition condamnée à l'infidélité, au travestissement ?

À moins que cette alternative entre fidélité et mensonge ne soit elle-même pas à la mesure d'une vérité qui serait celle de l'essence de l'image elle-même. L'image, en effet, ne s'épuise pas en une simple représentation. Elle est dotée de sa consistance propre, de sa présence *sui generis*. Sa vérité n'est-elle pas alors de briser l'alternative entre véracité ou inexactitude de la représentation ?

I. L'image est dévoilante

Le propre d'une image est de manifester la présence de quelque chose. Entendons par là non seulement que l'image est le support d'un contenu auquel elle renvoie, mais que l'image montre effectivement ce qu'elle contient, elle en atteste, en accomplit la présence. L'image est donc dotée d'un véritable pouvoir de manifestation, de dévoilement. Un tel pouvoir est analysé longuement par Heidegger dans *L'origine de l'œuvre d'art*, à partir du tableau de Van Gogh dont le sujet est la paire de « godasses » d'un paysan. Il soutient que la vérité de ce tableau ne repose pas sur la véracité de la représentation, comme si le tableau permettait de se faire une image fidèle, détaillée ou précise, des chaussures qui se trouvent peintes dessus. La vérité de l'image n'est pas l'exactitude de son contenu. Au contraire, le tableau rend visible les chaussures parce qu'il ouvre et dévoile devant le regard le monde où ces chaussures prennent place. Les chaussures, parce qu'elles sont données à voir, parce que le regard est invité à se fixer sur elles plutôt qu'à glisser dessus avec inattention – les chaussures montrent le monde du paysan, son labeur, sa fatigue, la difficulté de sa vie, etc. Ainsi, non seulement le tableau rend présentes les chaussures, mais il rend présente leur présence elle-même, en nous portant auprès d'elles, dans une proximité bien plus grande que si les chaussures étaient réellement là, posées dans la pièce.

L'image, autrement dit, concentre le regard et ainsi, détient le pouvoir de dévoiler ce qui est. Si l'on se rappelle que dévoilement, en grec, se dit *aletheia* et que ce mot grec est celui que nous traduisons couramment par « vérité », alors on doit comprendre que ce pouvoir dévoilant ou montrant de l'image est un pouvoir de production de la vérité.

Par ailleurs, non seulement l'image peut être vraie au sens où elle manifeste la présence de quelque chose et la conscience de cette présence, mais cette manifestation du réel dans sa mise en image ou dans la perception des images est nécessaire à la compréhension de la vérité. Comme le soutient Hegel dans ses cours d'*Esthétique*, « l'apparence est essentielle à l'essence : la vérité ne serait pas si elle ne paraissait pas ». Produire des images, c'est faire paraître la vérité de ce qu'on voit. Cette parution culmine, selon Hegel, dans l'image artistique, dont le propre est d'être l'acte créateur d'une conscience humaine, et par conséquent, l'union d'une trame sensible à un contenu spirituel conscient de lui-même.

Si l'image est, de fait, une apparence, cette apparence ne doit pas être tenue pour trompeuse : elle révèle en effet le regard de celui qui voit, un regard humain et personnel, et de fait, elle porte en elle quelque chose comme la présence de l'esprit, contrairement au réel en lui-même, qui est simplement « là » sans porter la trace de sa saisie par une conscience.

II. La vérité de l'image : la singularité de sa présence

Il n'est pas sans pertinence de soutenir, cependant, que l'image se tient essentiellement dans le domaine de la non-vérité. Avisons maintenant cette photo posée sur la table : elle est présente elle aussi. Elle l'est toutefois paradoxalement. En effet, lorsque la photo est là, ce qu'elle représente se tient en retrait. Elle est alors un objet mais non proprement une image, puisqu'elle ne figure rien, qu'elle ne laisse rien voir. À l'inverse, dès lors que la photo nous montre le portrait d'un homme, c'est cet homme qui, par le truchement de l'image, nous est présent. Mais dès lors c'est l'objet « photo », pour autant qu'il s'agisse d'un objet, que l'on ne voit plus. Il s'efface devant ce qu'il présente. À l'inverse, se rappeler que nous tenons dans les mains une « simple » photo, c'est aussitôt penser que l'homme dont cette photo est le portrait, lui, n'est pas là, n'est là que de manière illusoire, fictive. L'image, ainsi, ne donne pas le réel en chair et en os, et nous le soustrait aussi bien. Pour autant, elle n'est pas que sa seule absence. Loin de se substituer au réel, l'image est « là », elle aussi, comme une chose elle-même réelle, dotée de sa propre vérité.

La vérité de l'image ne serait-elle pas finalement celle de la singularité de sa propre présence ? L'image serait vraie non par l'adéquation de son contenu à la réalité, mais par ce que, étant là, elle est dotée de sa propre consistance. Rappelons-le, l'*imago* est étymologiquement le masque mortuaire du défunt, obtenu par moulage. L'image est ainsi une chose où se reflète une autre, la présence d'une chose qui elle-même en représente une autre. L'image est ainsi affectée d'un degré de consistance ontologique : elle n'est pas rien, elle n'est pas pure transparence, elle est un support, doté de sa propre épaisseur d'être, épaisseur qui le rend d'ailleurs capable de représenter son autre, c'est-à-dire son sujet – au sens où une personne est le sujet d'un portrait. La vérité dont est porteuse une image n'est donc pas seulement relative à la validité de son contenu mais à la manière même dont elle existe. L'essence d'une image, telle que l'analyse Wittgenstein dans le *Tractatus logico-philosophicus*, est alors d'être en correspondance ou en interdépendance avec les éléments dont elle est l'image. Il faut, pour qu'il y ait image, que cette image soit, non pas nécessairement fidèle au réel mais qu'elle lui *corresponde*, qu'elle y réponde de manière ou d'autre.

Citons l'exemple, resté célèbre, des « rouleaux d'Auschwitz », ces quatre photographies prises à la sauvette par un membre des *Sonderkommando* chargé de brûler les corps des Juifs gazés, et sorties clandestinement du camp par une manœuvre de la résistance polonaise. La matérialité de ces rouleaux, leur extrême fragilité, les conditions sombres et tragiques de leur production et de leur transmission, correspondent à la réalité elle-même tragique de ce qui y est imprimé. La présence, devant nous, d'une photographie réalisée dans un contexte de clandestinité et d'extrême danger pour son auteur – qui a vraisemblablement caché l'appareil photographique dans sa poche et aurait été immédiatement exécuté s'il avait été surpris –, s'ajuste à la représentation, par la photographie, de la réalité de l'extermination de masse, la photographie montrant un amoncellement de corps amassés autour d'un bûcher de flammes et de fumée. Dans cet exemple, l'image elle-même accuse son propre poids, se montre et se désigne comme un objet à part entière, loin d'être simplement le vecteur technique et anonyme d'un contenu. L'image n'a donc pas seulement un pouvoir dévoilant, une puissance monstrative : elle a aussi en elle-même sa propre vérité. Mais celle n'est-elle pas celle de son interprétation ?

III. La présence de l'image est présence du représenté

Présence *sui generis*, l'image n'en est pas moins dotée d'un sens, dont l'interprétation est relative à une référence à la réalité extérieure à cette image. Tout contenu artistique peut ainsi être ramené à la question de son « message », c'est-à-dire à la manière dont il se montre capable de figurer, de rendre présent, ce qui est aussi présent hors de lui et devait, par lui, être attesté. L'interprétation d'une image consiste donc en une comparaison entre une présence et une autre, comparaison qui donnera lieu à une explication : placer l'image en regard du réel, c'est en écrire la « légende », mot équivoque, qui signifie étymologiquement : *legendum*, « ce qu'il faut lire » ou comprendre, mais plus habituellement : la légende, ce qui doit être transmis et raconté. C'est ainsi les rouleaux d'Auschwitz font sens pour celui qui les regarde : ils « illustrent » un récit qu'il s'agit de comprendre et de retenir en nous, celui de la barbarie nazie. Mais, même très détaillée, la légende demeure une interprétation de l'image, et n'en épuise pas la présence – sans quoi la légende pourrait se subsister à l'image, la rendant superflue ou inutile, ce qui contredit la thèse d'une consistance propre de l'image. L'image ne s'épuise donc pas dans son sens, elle est « là » aussi par elle-même, pour ainsi dire insubstituable.

Conceptuellement, l'image ne se confond ni avec un symbole ni avec un signe. Un symbole ne représente rien, sauf pour ceux qui savent le décrypter. Originairement le symbole était un signe de reconnaissance entre les membres d'une communauté, c'est-à-dire entre des complices. De fait, le symbole ne montre rien, c'est la complicité des complices qui leur permet de se montrer les uns aux autres leur commune reconnaissance du symbole. Mais de fait, l'image est bien plus qu'un symbole puisqu'elle montre quelque chose dont elle témoigne par elle-même, sans être réductible au seul prétexte d'une connivence entre les interlocuteurs. L'image n'est pas davantage un signe. Un signe, en effet, a pour but d'attirer l'attention sur lui-même sans pour autant la retenir. Le clignotant d'une voiture doit être vu, mais ne doit pas capter le regard du conducteur de derrière au point de le distraire ou de l'aveugler : il doit simplement lui apprendre que la voiture de devant va tourner. Le clignotant est donc destiné à être vu et oublié aussitôt pour ce qu'il est. À nouveau, cela suppose un spectateur cultivé, capable d'interpréter les signes, de connaître le sens des symboles. Mais faut-il être cultivé pour être capté par une image ? Non, car l'image a une présence telle qu'elle laisse séjourner le spectateur dans ce qu'elle représente. L'image n'est pas qu'une présence, elle est la mise en présence d'un représenté : elle produit de la présence. L'image, de fait, fait exister le réel, elle ne le raconte pas seulement, comme une narration postérieure et nécessairement appauvrie : elle l'enrichit d'une présence qui ne sera que la sienne. L'image n'est donc pas qu'un vecteur pour ce qui est présent « dans » l'image : il faut plutôt soutenir que la présence « de » l'image est bien la présence « du » représenté lui-même, qui, ailleurs que dans l'image, n'existerait pas comme tel. Les mots, seuls, « parlent » moins de l'horreur du camp que l'image qui, silencieusement, la laisse pressentir. Hannah Arendt déclare ainsi, au sujet des photographies d'Auschwitz, « qu'à défaut de la vérité, on trouvera des instants de vérité et ceux-ci sont en fait tout ce dont nous disposons pour mettre de l'ordre dans ce chaos d'horreur. Ces images surgissent à l'improviste comme des oasis dans le désert ».

À considérer les images comme de simples documents, on en sous-estime donc la présence, mais à leur demander la transcription fidèle du réel, on les surestime car l'image, par la finitude de sa matérialité, n'est pas à la mesure de la réalité qui s'y reflète et qu'elle laisse simplement *imaginer.*

Dissertation 4
L'image et le sacré

Le souci humain de produire des images sensibles du dieu ou de la présence du dieu a d'abord consisté à nier à l'image sa qualité d'image : si le temple est l'image du sacré, alors il n'apparaît pas comme tel. Le temple est sacré, les dieux y sont présents, et dès lors il n'est pas une image, il est la maison du dieu. À l'inverse, ce n'est que lorsque les dieux le désertent, lorsqu'il devient, pour les yeux profanes, œuvre d'art, exemple d'architecture, que le temple apparaît comme tel, offre l'image de sa propre présence, c'est-à-dire l'image d'une œuvre dont la fonction fut, un temps, religieuse – mais cette présence n'est plus celle du sacré. Voir l'image du sacré n'a donc lieu que pour autant que le sacré soit devenu invisible. À l'inverse, tant que le sacré se donne à voir ou à sentir, il ne laisse aucune place à la visibilité de l'image en tant que telle. Une « image du sacré » supposerait donc la désacralisation de ce dont elle est l'image, elle serait contradictoire. En effet, image et sacré ne cessent de s'appeler l'un l'autre. D'un côté, le sacré, si l'on entend par là la dimension du divin, ne prend place dans la condition humaine et dans l'histoire qu'à condition d'être, de manière ou d'autre, cette dimension invisible, spirituelle ou suprasensible, pourtant vue et rendue sensible en sa transcendance même, qu'à condition qu'il y en ait des images. La préoccupation constante de l'homme pour le problème de la représentation du divin en est la preuve. Mais de l'autre côté, l'image, elle-même, tend vers le sacré dès lors qu'on peut se demander si elle n'est pas une présence suffisamment singulière pour n'être comparable à nul autre objet d'usage, dès lors qu'apparaît l'art en tant que tel. L'émergence, en particulier, de ce dernier, si l'on entend par là le domaine des productions qui ne sont ni purement techniques ni purement religieuses, suppose que l'image peut conserver voire acquérir une dimension sacrée – ou être sacralisée par le regard de celui qui la contemple. Mais ce « sacré » propre à l'image n'est-il pas alors une dévaluation du véritable sacré, n'est-il pas qu'un mot d'emprunt ou une métaphore ? Ou bien faut-il, à l'inverse, penser que parce que le sacré originaire, celui du divin et du religieux, peut passer par l'image, celle-ci est par la suite susceptible de s'approprier ce sacré dont elle ne fut originairement que le support ?

I. L'image, signe du sacré ?

Le sacré peut-il, en lui, passer par l'image ? La représentation habituelle consiste à soutenir que le sacré est, en tant que tel, suffisamment présent par lui-même pour effacer les vecteurs qui pourraient être ceux de sa présence. Maurice Blanchot nous invite à réfléchir sur ce qu'est une image en tant que support, ou encore, en tant que signe. Si l'image est le signe du sacré, elle est une réalité qui renvoie à une autre réalité, et qui, pour que ce renvoi soit possible, doit se faire oublier, demeurer paradoxalement invisible. Toutefois, cet oubli ne peut être complet car cette autre réalité qu'est le divin est elle-même une réalité silencieuse ou invisible, faisant ressortir, par ricochet, la visibilité du signe lui-même. Par ricochet, car, comme le montre Blanchot, ce n'est qu'indirectement, c'est-à-dire après coup, une fois entendu le silence du divin, que le poème ne peut se montrer comme œuvre, l'image comme image. L'image aura donc deux significations successives, impossibles à superposer, l'une n'apparaissant que quand l'autre disparaît : sa réalité sera alternativement artistique ou religieuse, mais elle ne sera pas en même temps l'une et l'autre. Pour que le sacré se fasse voir, l'image doit s'effacer, mais la contemplation de l'image sera placée sous la condition de l'invisibilisation des dieux. Il sera alors possible de dire, comme Feuerbach, que « les temples construits en l'honneur de la religion le sont en l'honneur de l'architecture », ce qui suppose qu'ils soient devenus visibles comme des images, et non comme des choses proprement sacrées.

Art et religion seraient ainsi comme les deux faces d'une même pièce, impossibles à voir en même temps. L'image et le sacré correspondraient alors, au sein du même objet, à deux visées intentionnelles bien distinctes, relatives au contexte dans lequel le spectateur voit, et à ce qu'il recherche dans le spectacle de ce qu'il voit.

II. L'image et le sacré, deux visées intentionnelles distinctes

Cette distinction entre deux visées correspond à la thèse soutenue par W. Benjamin dans *L'œuvre d'art à l'époque de la reproductibilité technique*. Benjamin soutient qu'il est nécessaire de distinguer, comme des moments historiques successifs, la valeur rituelle d'une œuvre, avec l'aura qui l'accompagne, de la valeur d'exposition de l'œuvre d'art. L'œuvre peut en effet, lorsque prévaut sa valeur rituelle, apparaître dans sa singularité, dans un lieu sacré, à un certain moment – celui de la cérémonie religieuse ou celui de l'acte de croyance du contemplateur, qui se réfère à elle comme à une idole. L'œuvre, alors, n'est pas faite pour être vue : elle est là, mais hors de vue, dans une présence paradoxale. Mais si, à l'inverse, elle est exposée, destinée à être vue, elle devient alors proprement sacrée, les caractères du sacré dont elle était le support silencieux deviennent, par transfert, directement les siens. Benjamin peut aussi le montrer en creux en montrant comme la reproduction technique de l'œuvre altère, à son tour, cette nouvelle sacralité : lorsque les contemplateurs deviennent des consommateurs, achètent une image ou une reproduction de l'œuvre pour la posséder chez eux, dans leur sphère privée, alors l'œuvre perd à son tour son caractère sacré, pour devenir un objet d'usage comme un autre. L'image peut donc être sacrée ou non selon qu'elle est unique, singulière, ou reproductible, banale, et cette alternative redouble, en sens inversé, la première, qui séparait l'image ritualisée de l'image exposée. Il semble donc que ce n'est qu'à la double condition de n'être ni subordonnée à la religion, ni subordonnée à la technique et à l'économie, que l'image puisse être sacrée. La sacralisation artistique de l'image ne sera « sans doute » qu'une parenthèse dans l'histoire des productions humaines, d'autant plus que la technique, en contribuant à multiplier les exemplaires de l'image, en détruit la singularité.

On s'est demandé si l'image pouvait être sacrée. Mais notre question de départ implique aussi de s'interroger sur la possibilité ou la légitimité, pour le domaine du sacré, qui est d'abord le domaine du divin, de se faire image, de se laisser engager dans des figurations. Ce qui revient à une question très classique : celle de l'idole ou de l'icône : peut-on représenter figurativement les dieux, n'est-ce pas offenser ou altérer leur divinité que de les mettre en image ?

III. L'image rend sensible le sacré

Cette question se pose spécifiquement dans les monothéismes. En effet, dans les religions polythéistes, les dieux doivent être différenciés et peuvent donc être figurés en leurs caractères spécifiques. On dira des religions qui forgent une image de leurs dieux qu'elles sont iconodoules. À l'inverse, le propre des monothéismes issus du Livre, c'est de marquer l'écart qui sépare Dieu de sa création, de souligner sa transcendance. De fait, Dieu n'est pas de ce monde, il y est absent, et si sa présence peut y être spirituellement décelée, on ne saurait dire pour autant qu'il y est visible. Les religions monothéistes sont plutôt, sinon iconoclastes, c'est-à-dire rejetant et condamnant la mise en image de Dieu, du moins aniconiques, c'est-à-dire estimant que cette mise en image ne saurait être à la mesure de la présence du Dieu qu'il s'agit de figurer. Dieu étant infini, toute image apparaît non plus comme sacrée, mais comme sacrilège, idolâtrique.

Le christianisme représente toutefois, au sens de ce mouvement de séparation entre image et sacré, une exception, liée à sa doctrine théologique. Dieu ayant pris forme humaine, n'est-il pas possible de le représenter, au moins sous la forme de Jésus Christ ? Mais l'image du Christ peut-elle être pour autant tenue pour sacrée ? La question fut tranchée au terme de ce qui fut appelé la querelle de l'iconoclasme, dont le contenu nous donne à conceptualiser différents niveaux de sacralité des images. La solution de cette querelle nous est donnée par Nicéphore, qui définit ainsi la peinture, c'est-à-dire l'image : « la peinture se rapporte à la ressemblance (*homoiousia*), elle est peinture de l'archétype, mais elle en est séparée, subsiste à part, et à un moment donné ». L'image du Christ n'est pas le Christ lui-même, elle n'en est pas la présence mais la présentation. De fait, l'image n'est pas sacrée, mais, présentant le sacré, elle n'est pas non plus sacrilège. On mesure la différence avec l'art polythéiste, tel que le décrit Heidegger dans *L'origine de l'œuvre d'art* : « la statue du dieu n'est pas une représentation du dieu, destinée à fixer les idées quant à l'aspect extérieur du dieu. C'est une œuvre qui laisse advenir à la présence le dieu lui-même et qui est ainsi le dieu lui-même ». Mais le christianisme primitif a lui-même longtemps suivi cette conception, au travers de ce qu'on nomme les « images acheiropoïètes », c'est-à-dire considérées comme non faites de main d'homme. Ainsi le *Mandylion d'Edesse* est supposé être la fixation sur un tissu du visage du Christ : cette image n'est pas qu'une présentation, elle est la présence même du Dieu incarné, et peut ainsi être adorée comme telle, puisqu'en elle *existe* cette présence, sans qu'elle en soit la figuration. Mais avec l'interprétation de Nicéphore, la sacralité de l'image ne sera plus celle du dieu : elle sera celle de l'image capable de rendre Dieu sensible, sans pour autant que Dieu lui-même s'y présente. On distinguera alors l'hostie, que l'on adore, et l'image, que l'on vénère, mais que l'on n'adore pas : la vénération est à la représentation ce que l'adoration est à la présence. Et de fait, l'image « ressemble » à Dieu, elle possède avec lui un rapport de similitude, qui n'est pas un rapport d'identité, et qui ne consiste pas en ce que l'image « imite » le modèle mais en ce qu'elle « rend sensible » ce qui fut, ailleurs, sa présence, sensibilisation que la modernité pourra interpréter en termes de valeur esthétique.

De fait, l'inflexion opérée par Nicéphore dans la relation entre image et sacré légitime la représentation, sans pour autant considérer que l'image *est le sacré lui-même* : on est passés de l'*homoousia* (de même substance) à l'*homoiousia* (ressemblance). Or, ce passage ne consiste rien moins qu'en la valorisation des arts figuratifs, qui, par le tournant théologique de la querelle, acquièrent une véritable autorité culturelle, étant capable de représenter ce qui ne saurait être présent. Et à partir de là, le tableau, fût-il peinture de choses divines, n'est plus à proprement parler un objet sacré, ne peut être ni adoré (iconodoulie), ni exécré (iconoclastie), mais il peut être apprécié pour lui-même (iconophilie), au point que cette appréciation pousse à y reconnaître une présence singulière, sacrée en un autre sens, non religieux : la présence du beau ou celle de ce que Benjamin appelait la « valeur artistique ». Que l'image puisse en effet être appréciée pour elle-même l'inscrit dans une nouvelle dimension, celle du jugement, qui y verra quelque chose pouvant être, selon la valeur qu'on lui attribue, sacralisé comme absolument singulier ou désacralisé comme absolument banal. Cette alternative se lit d'ailleurs dans la définition du tableau donné par le critique et peintre Maurice Denis au début du XXe siècle : « se rappeler qu'un tableau, avant d'être un cheval de bataille, une femme nue, ou une quelconque anecdote, est essentiellement une surface plane recouverte de couleurs en un certain ordre assemblées ». L'image ne devient alors rien d'autre que sa propre présence.

Achevé d'imprimer en mai 2024
par la Société TIRAGE - 91941 COURTABŒUF

Dépôt légal : mai 2024
Imprimé en France